NCS
서울도시철도
엔지니어링

필기평가

PREFACE

우리나라 기업들은 1960년대 이후 현재까지 비약적인 발전을 이루었다. 이렇게 급속한 성장을 이룰 수 있었던 배경에는 우리나라 국민들의 근면성 및 도전정신이 있었다. 그러나 빠르게 변화하는 세계 경제의 환경에 적응하기 위해서는 근면성과 도전정신 이외에 또 다른 성장 요인이 필요하다.

최근 많은 공사·공단에서는 기존의 직무 관련성에 대한 고려 없이 인·적성, 지식 중심으로 치러지던 필기전형을 탈피하고, 산업현장에서 직무를 수행하기 위해 요구되는 능력을 산업부문별·수준별로 체계화 및 표준화한 NCS를 기반으로 하여 채용공고 단계에서 제시되는 '직무 설명자료'에서 제시되는 직업기초능력과 직무수행능력을 측정하기 위한 직업기초능력평가, 직무수행능력평가 등을 도입하고 있다.

서울도시철도엔지니어링에서도 업무에 필요한 역량 및 책임감과 적응력 등을 구비한 인재를 선발하기 위하여 고유의 직업기초능력평가를 치르고 있다. 본서는 서울도시철도엔지니어링 채용대비를 위한 필독서로 서울도시철도엔지니어링 직업기초능력평가의 출제경향을 철저히 분석하여 응시자들이 보다 쉽게 시험유형을 파악하고 효율적으로 대비할 수 있도록 구성하였다.

신념을 가지고 도전하는 사람은 반드시 그 꿈을 이룰 수 있습니다. 처음에 품은 신념과 열정이 취업 성공의 그 날까지 빛바래지 않도록 서원각이 수험생 여러분을 응원합니다.

STRUCTURE

01 의사소통능력

1 의사소통과 의사소통능력

(1) 의사소통

① 개념 ─ 사람들 간에 생각이나 감정, 정보, 의견 등을 교환하는 총체적인 행위로, 직장생활에서의 의사소통은 조직과 팀의 효율성과 효과성을 성취할 목적으로 이루어지는 구성원 간의 정보와 지식 전달 과정이라고 할 수 있다.

② 기능 ─ 공동의 목표를 추구해 나가는 집단 내의 기본적 존재 기반이며 성과를 결정하는 핵심 기능이다.

핵심이론정리

NCS 직업기초능력평가의 각 영역에 대한 핵심이론을 수록하였습니다.

Chapter 01 의사소통능력

출제예상문제

1 다음에서 설명하고 있는 문서의 종류는 무엇인가?

> 회사의 업무에 대한 협조를 구하거나 의견을 전달할 때 작성하며 흔히 사내 공문서라고 합니다.

① 보도자료 　　　　　② 기획서
③ 기안서 　　　　　　④ 보고서
⑤ 설명서

TIP 제시된 내용은 기안서에 대한 설명이다.
① 보도자료: 정부 기관이나 기업체, 각종 단체 등이 언론을 상대로 자신들의 정보가 기사

출제예상문제

각 영역에 대한 다양한 유형의 출제예상문제를 수록하여 실전에 대비할 수 있습니다.

---

01 면접의 기본

1 면접준비

(1) 면접의 기본 원칙

① 면접의 의미 ─ 면접이란 다양한 면접기법을 활용하여 지원한 직무에 필요한 능력을 지원자가 보유하고 있는지를 확인하고자 한 수 있다. 즉, 지원자의 입장에서는 채용 직무수행에 필요한 요건들과 관련하여 자신의 환경, 경험, 관심사, 성격 등에 대해 기업에 직접 어필할 수 있는 기회를 제공받는 것이며, 기업의 입장에서는 서류전형만으로 알 수 없는 지원자에 대한 정보를 직접적으로 수집하고 평가하는 것이다.

② 면접의 특징 ─ 면접은 기업의 입장에서 서류전형이나 필기전형에서 드러나지 않는 지원자

면접

성공취업을 위한 면접의 기본 및 최신 면접기출을 수록하여 취업의 마무리까지 깔끔하게 책임집니다.

CONTENTS

서울도시철도엔지니어링 소개

서울도시철도엔지니어링에 대한 기업 및 채용 정보를 수록하여 서류와 면접에
대비할 수 있도록 하였습니다.

서울도시철도엔지니어링 소개

01 기업소개

(1) 개요

서울도시철도엔지니어링㈜는 2008년 서울도시철도공사(現 서울교통공사)가 전액출자하여 설립한 자회사로서 시민고객의 안전과 편의를 최우선가치로 하여 1~8호선 철도차량 및 철도기반시설에 대한 유지보수 업무를 담당하고 있다.

(2) 경영이념

무한책임의 품질보장	내부역량 강화	소통과 상생의 기업문화
• 작업공정의 표준화 • 전문기술인력 육성	• 안전사고 제로사업장 구현 • 고 부가가치 사업기반 구축	• 노사일체감 조성 • 행복한 직장만들기

(3) 사업분야

① **주요업무** … 도시철도 5~8호선 157개 역사 시설관리

　㉠ 수배전, MCC, 전등, 전열 등 유지관리

　㉡ 냉난방 설비, 공기조화 설비, 위생설비, 급배수설비 유지관리

　㉢ 소방설비 유지관리

　㉣ 건축시설물 유지관리

　㉤ 전화, 방송설비, CCTV, DVR, TV 수신 설비 등의 설치 및 유지관리

② 세부내용

　㉠ 위생급수설비 유지보수 : 도시철도 5~8호선 157개역 역사(각 현업관리소 포함)

　　• 위생기수, 배수관 등의 누수, 파손, 교체 등 보수업무

　　• 급수펌프와 급수배관 및 제어반 보수, 정비/ 오수펌프와 오수배관 및 제어반 보수, 정비

　　• 그 외 각종 위생설비시설물의 점검 및 유지보수

ⓛ **소방설비 유지보수** : 도시철도 5~8호선 157개역 역사(각 현업관리소 포함)
- CO 소화설비, 소화설비, 경보설비, 피난설비 등의 시설물 점검 및 유지보수
- 소방펌프 제어반, 제어회로 점검보수
- 소방시설물 종합정밀점검(157개 역사, 각 관리소 및 청사, 6개 차량기지 포함)

ⓒ **냉방 및 환기설비 유지보수** : 도시철도 5~8호선(154개역) 정거장 및 본선에 설치된 냉방 및 환기설비
- 냉방설비 및 냉방펌프 청소 및 주유, 드라이필터, 실외기, 냉동기, 냉동기 제어반 등
- 각종 냉방설비 유지보수, 시운전 업무
- 송풍기, 브라켓, 냉각팬, 방진 스프링 등 각종 부품 교체 및 유지보수 업무

ⓔ **청사 및 6개 차량기지 시설관리**

02 채용안내

(1) 모집분야 및 인원(2019년 신입사원 정규직 기준)

분야	직급	인원	직무내용
시설 (전기/소방/냉방/위생)	7급	34명	• 시설 : 서울교통공사 운영구간 시설물 유지보수관리 등
안전지원 (유실물/홍보)		5명	• 안전지원 : 유실물처리 및 관리, 안전체험관 · 홍보관 홍보업무 등

(2) 전형방법

① 시설분야

　㉠ **서류평가** : 자기소개서 평가(채용예정 인원의 5배수 선정)

　㉡ **필기평가**

　　• 시험과목 : NCS 직업기초능력(50문항 60분)

　　– 의사소통능력, 수리능력, 문제해결능력, 자기개발능력, 자원관리능력, 대인관계능력, 정보능력, 기술능력, 조직이해능력, 직업윤리

　　• 합격결정 : 40% 이상 득점자중 가산점수를 합산한 고득점자순(모집인원의 1.5배수 범위 내)

　㉢ **면접전형** : 리더십, 업무능력, 직무태도 등

　㉣ **합격결정** : 필기평가(50%) + 면접평가(50%) 합산 후 고득점자순으로 결정

② 안전지원분야

　㉠ **서류평가** : 자기소개서 평가(채용예정 인원의 5배수 선정)

　㉡ **면접전형** : 리더십, 업무능력, 직무태도 등

　㉢ **합격결정** : 서류평가(50%) + 면접평가(50%) 합산 후 고득점자순으로 결정

(3) 응시자격

① 공통자격

    ㉠ 인사규정 제11조(임용결격사유)에 해당하지 않는 자(응시제한)

- 피성년후견인과 피한정후견인
- 파산선고를 받고 복권되지 아니한 자
- 금고 이상의 형을 받고 그 집행이 종료되거나 또는 집행을 받지 아니하기로 확정된 후 3년을 경과하지 아니한 자
- 금고 이상의 형을 받고 그 집행유예 기간이 종료된 날로부터 1년을 경과하지 아니한 자
- 금고 이상의 형의 선고유예를 받은 경우에 그 선고유예기간 중에 있는 자
- 법원의 판결 또는 다른 법률에 의하여 자격이 상실 또는 정지된 자
- 징계에 의하여 면직·해임 처분을 받은 날로부터 3년, 파면처분을 받은 날로부터 5년을 경과하지 아니한 자
- 병역기피자(군복무이탈자 포함)
- 공직자 및 공직자윤리법에 에 따른 공직 유관단체의 장과 그 직원으로 재직 중 직무와 관련된 부패행위로 당연퇴직, 파면 또는 해임된 자로서 퇴직일로부터 5년이 경과되지 아니한 자

    ㉡ 남자의 경우 공고일 현재 병역필 또는 면제자

    ㉢ 통상근무, 교대근무, 변형근무 가능한 자

    ㉣ 서울교통공사 운영구간에 근무가능한 자

    ㉤ 응시연령 : 공고일 현재 만 18세 이상~만 61세 이하인 자(남여 불문)

② 시설(전기/소방/냉방/위생) … 제한 없음

③ ·안전지원(유실물/홍보) … 제한 없음

(4) 최종합격자 결정

① 최종합격자결정 … 신체검사 합격자를 최종합격자로 결정함

② 차순위자 운영제도 시행 … 채용예정인원의 20%, 수습기간 내 임용포기 시

직업기초능력평가

직업기초능력평가 영역별로 핵심이론을 정리하고 적중률 높은 출제예상문제를 상세한
설명과 함께 수록하여 학습효율을 확실하게 높였습니다.

Ⅱ

직업기초능력평가

01 의사소통능력

1 의사소통과 의사소통능력

(1) 의사소통

① **개념** … 사람들 간에 생각이나 감정, 정보, 의견 등을 교환하는 총체적인 행위로, 직장생활에서의 의사소통은 조직과 팀의 효율성과 효과성을 성취할 목적으로 이루어지는 구성원 간의 정보와 지식 전달 과정이라고 할 수 있다.

② **기능** … 공동의 목표를 추구해 나가는 집단 내의 기본적 존재 기반이며 성과를 결정하는 핵심 기능이다.

③ **의사소통의 종류**
 ㉠ **언어적인 것** : 대화, 전화통화, 토론 등
 ㉡ **문서적인 것** : 메모, 편지, 기획안 등
 ㉢ **비언어적인 것** : 몸짓, 표정 등

④ **의사소통을 저해하는 요인** … 정보의 과다, 메시지의 복잡성 및 메시지 간의 경쟁, 상이한 직위와 과업지향형, 신뢰의 부족, 의사소통을 위한 구조상의 권한, 잘못된 매체의 선택, 폐쇄적인 의사소통 분위기 등

(2) 의사소통능력

① **개념** … 의사소통능력은 직장생활에서 문서나 상대방이 하는 말의 의미를 파악하는 능력, 자신의 의사를 정확하게 표현하는 능력, 간단한 외국어 자료를 읽거나 외국인의 의사표시를 이해하는 능력을 포함한다.

② **의사소통능력 개발을 위한 방법**
 ㉠ 사후검토와 피드백을 활용한다.
 ㉡ 명확한 의미를 가진 이해하기 쉬운 단어를 선택하여 이해도를 높인다.
 ㉢ 적극적으로 경청한다.
 ㉣ 메시지를 감정적으로 곡해하지 않는다.

2 의사소통능력을 구성하는 하위능력

(1) 문서이해능력

① 문서와 문서이해능력

ㄱ 문서 : 제안서, 보고서, 기획서, 이메일, 팩스 등 문자로 구성된 것으로 상대방에게 의사를 전달하여 설득하는 것을 목적으로 한다.

ㄴ 문서이해능력 : 직업현장에서 자신의 업무와 관련된 문서를 읽고, 내용을 이해하고 요점을 파악할 수 있는 능력을 말한다.

┃ 예제 1

다음은 신용카드 약관의 주요내용이다. 규정 약관을 제대로 이해하지 못한 사람은?

> [부가서비스]
> 카드사는 법령에서 정한 경우를 제외하고 상품을 새로 출시한 후 1년 이내에 부가서비스를 줄이거나 없앨 수가 없다. 또한 부가서비스를 줄이거나 없앨 경우에는 그 세부내용을 변경일 6개월 이전에 회원에게 알려주어야 한다.
> [중도 해지 시 연회비 반환]
> 연회비 부과기간이 끝나기 이전에 카드를 중도해지하는 경우 남은 기간에 해당하는 연회비를 계산하여 10 영업일 이내에 돌려줘야 한다. 다만, 카드 발급 및 부가서비스 제공에 이미 지출된 비용은 제외된다.
> [카드 이용한도]
> 카드 이용한도는 카드 발급을 신청할 때에 회원이 신청한 금액과 카드사의 심사 기준을 종합적으로 반영하여 회원이 신청한 금액 범위 이내에서 책정되며 회원의 신용도가 변동되었을 때에는 카드사는 회원의 이용한도를 조정할 수 있다.
> [부정사용 책임]
> 카드 위조 및 변조로 인하여 발생된 부정사용 금액에 대해서는 카드사가 책임을 진다. 다만, 회원이 비밀번호를 다른 사람에게 알려주거나 카드를 다른 사람에게 빌려주는 등의 중대한 과실로 인해 부정사용이 발생하는 경우에는 회원이 그 책임의 전부 또는 일부를 부담할 수 있다.

① 혜수 : 카드사는 법령에서 정한 경우를 제외하고는 1년 이내에 부가서비스를 줄일 수 없어.

② 진성 : 카드 위조 및 변조로 인하여 발생된 부정사용 금액은 일괄 카드사가 책임을 지게 돼.

③ 영훈 : 회원의 신용도가 변경되었을 때 카드사가 이용한도를 조정할 수 있어.

④ 영호 : 연회비 부과기간이 끝나기 이전에 카드를 중도 해지하는 경우에는 남은 기간에 해당하는 연회비를 카드사는 돌려줘야 해.

[출제의도]
주어진 약관의 내용을 읽고 그에 대한 상세 내용의 정보를 이해하는 능력을 측정하는 문항이다.

[해설]
② 부정사용에 대해 고객의 과실이 있으면 회원이 그 책임의 전부 또는 일부를 부담할 수 있다.

답 ②

② 문서의 종류

    ㉠ **공문서** : 정부기관에서 공무를 집행하기 위해 작성하는 문서로, 단체 또는 일반회사에서 정부기관을 상대로 사업을 진행할 때 작성하는 문서도 포함된다. 엄격한 규격과 양식이 특징이다.

    ㉡ **기획서** : 아이디어를 바탕으로 기획한 프로젝트에 대해 상대방에게 전달하여 시행하도록 설득하는 문서이다.

    ㉢ **기안서** : 업무에 대한 협조를 구하거나 의견을 전달할 때 작성하는 사내 공문서이다.

    ㉣ **보고서** : 특정한 업무에 관한 현황이나 진행 상황, 연구·검토 결과 등을 보고하고자 할 때 작성하는 문서이다.

    ㉤ **설명서** : 상품의 특성이나 작동 방법 등을 소비자에게 설명하기 위해 작성하는 문서이다.

    ㉥ **보도자료** : 정부기관이나 기업체 등이 언론을 상대로 자신들의 정보를 기사화 되도록 하기 위해 보내는 자료이다.

    ㉦ **자기소개서** : 개인이 자신의 성장과정이나, 입사 동기, 포부 등에 대해 구체적으로 기술하여 자신을 소개하는 문서이다.

    ㉧ **비즈니스 레터(E-mail)** : 사업상의 이유로 고객에게 보내는 편지다.

    ㉨ **비즈니스 메모** : 업무상 확인해야 할 일을 메모형식으로 작성하여 전달하는 글이다.

③ **문서이해의 절차** … 문서의 목적 이해→문서 작성 배경·주제 파악→정보 확인 및 현안문제 파악→문서 작성자의 의도 파악 및 자신에게 요구되는 행동 분석→목적 달성을 위해 취해야 할 행동 고려→문서 작성자의 의도를 도표나 그림 등으로 요약·정리

(2) 문서작성능력

① 작성되는 문서에는 대상과 목적, 시기, 기대효과 등이 포함되어야 한다.

② **문서작성의 구성요소**

    ㉠ 짜임새 있는 골격, 이해하기 쉬운 구조

    ㉡ 객관적이고 논리적인 내용

    ㉢ 명료하고 설득력 있는 문장

    ㉣ 세련되고 인상적인 레이아웃

│ 예제 2

다음은 들은 내용을 구조적으로 정리하는 방법이다. 순서에 맞게 배열하면?

> ㉠ 관련 있는 내용끼리 묶는다.
> ㉡ 묶은 내용에 적절한 이름을 붙인다.
> ㉢ 전체 내용을 이해하기 쉽게 구조화한다.
> ㉣ 중복된 내용이나 덜 중요한 내용을 삭제한다.

① ㉠㉡㉢㉣　　　　　　　② ㉠㉡㉣㉢
③ ㉡㉠㉢㉣　　　　　　　④ ㉡㉠㉣㉢

③ 문서의 종류에 따른 작성방법

　㉠ 공문서

　　• 육하원칙이 드러나도록 써야 한다.
　　• 날짜는 반드시 연도와 월, 일을 함께 언급하며, 날짜 다음에 괄호를 사용할 때는 마침표를 찍지 않는다.
　　• 대외문서이며, 장기간 보관되기 때문에 정확하게 기술해야 한다.
　　• 내용이 복잡할 경우 '-다음-', '-아래-'와 같은 항목을 만들어 구분한다.
　　• 한 장에 담아내는 것을 원칙으로 하며, 마지막엔 반드시 '끝'자로 마무리 한다.

　㉡ 설명서

　　• 정확하고 간결하게 작성한다.
　　• 이해하기 어려운 전문용어의 사용은 삼가고, 복잡한 내용은 도표화 한다.
　　• 명령문보다는 평서문을 사용하고, 동어 반복보다는 다양한 표현을 구사하는 것이 바람직하다.

　㉢ 기획서

　　• 상대를 설득하여 기획서가 채택되는 것이 목적이므로 상대가 요구하는 것이 무엇인지 고려하여 작성하며, 기획의 핵심을 잘 전달하였는지 확인한다.
　　• 분량이 많을 경우 전체 내용을 한눈에 파악할 수 있도록 목차구성을 신중히 한다.
　　• 효과적인 내용 전달을 위한 표나 그래프를 적절히 활용하고 산뜻한 느낌을 줄 수 있도록 한다.
　　• 인용한 자료의 출처 및 내용이 정확해야 하며 제출 전 충분히 검토한다.

ⓒ 보고서
- 도출하고자 한 핵심내용을 구체적이고 간결하게 작성한다.
- 내용이 복잡할 경우 도표나 그림을 활용하고, 참고자료는 정확하게 제시한다.
- 제출하기 전에 최종점검을 하며 질의를 받을 것에 대비한다.

예제 3

다음 중 공문서 작성에 대한 설명으로 가장 적절하지 못한 것은?

① 공문서나 유가증권 등에 금액을 표시할 때에는 한글로 기재하고 그 옆에 괄호를 넣어 숫자로 표기한다.
② 날짜는 숫자로 표기하되 년, 월, 일의 글자는 생략하고 그 자리에 온점(.)을 찍어 표시한다.
③ 첨부물이 있는 경우에는 붙임 표시문 끝에 1자 띄우고 "끝."이라고 표시한다.
④ 공문서의 본문이 끝났을 경우에는 1자를 띄우고 "끝."이라고 표시한다.

[출제의도]
업무를 할 때 필요한 공문서 작성법을 잘 알고 있는지를 측정하는 문항이다.
[해설]
공문서 금액 표시
아라비아 숫자로 쓰고, 숫자 다음에 괄호를 하여 한글로 기재한다.
예) 금 123,456원(금 일십이만삼천사백오십육원)

답 ①

---

④ 문서작성의 원칙
ㄱ 문장은 짧고 간결하게 작성한다(간결체 사용).
ㄴ 상대방이 이해하기 쉽게 쓴다.
ㄷ 불필요한 한자의 사용을 자제한다.
ㄹ 문장은 긍정문의 형식을 사용한다.
ㅁ 간단한 표제를 붙인다.
ㅂ 문서의 핵심내용을 먼저 쓰도록 한다(두괄식 구성).

⑤ 문서작성 시 주의사항
ㄱ 육하원칙에 의해 작성한다.
ㄴ 문서 작성시기가 중요하다.
ㄷ 한 사안은 한 장의 용지에 작성한다.
ㄹ 반드시 필요한 자료만 첨부한다.
ㅁ 금액, 수량, 일자 등은 기재에 정확성을 기한다.
ㅂ 경어나 단어사용 등 표현에 신경 쓴다.
ㅅ 문서작성 후 반드시 최종적으로 검토한다.

⑥ 효과적인 문서작성 요령

　　㉠ **내용이해** : 전달하고자 하는 내용과 핵심을 정확하게 이해해야 한다.

　　㉡ **목표설정** : 전달하고자 하는 목표를 분명하게 설정한다.

　　㉢ **구성** : 내용 전달 및 설득에 효과적인 구성과 형식을 고려한다.

　　㉣ **자료수집** : 목표를 뒷받침할 자료를 수집한다.

　　㉤ **핵심전달** : 단락별 핵심을 하위목차로 요약한다.

　　㉥ **대상파악** : 대상에 대한 이해와 분석을 통해 철저히 파악한다.

　　㉦ **보충설명** : 예상되는 질문을 정리하여 구체적인 답변을 준비한다.

　　㉧ **문서표현의 시각화** : 그래프, 그림, 사진 등을 적절히 사용하여 이해를 돕는다.

(3) 경청능력

① **경청의 중요성** … 경청은 다른 사람의 말을 주의 깊게 들으며 공감하는 능력으로 경청을 통해 상대방을 한 개인으로 존중하고 성실한 마음으로 대하게 되며, 상대방의 입장에 공감하고 이해하게 된다.

② **경청을 방해하는 습관** … 짐작하기, 대답할 말 준비하기, 걸러내기, 판단하기, 다른 생각하기, 조언하기, 언쟁하기, 옳아야만 하기, 슬쩍 넘어가기, 비위 맞추기 등

③ **효과적인 경청방법**

　　㉠ **준비하기** : 강연이나 프레젠테이션 이전에 나누어주는 자료를 읽어 미리 주제를 파악하고 등장하는 용어를 익혀둔다.

　　㉡ **주의 집중** : 말하는 사람의 모든 것에 집중해서 적극적으로 듣는다.

　　㉢ **예측하기** : 다음에 무엇을 말할 것인가를 추측하려고 노력한다.

　　㉣ **나와 관련짓기** : 상대방이 전달하고자 하는 메시지를 나의 경험과 관련지어 생각해 본다.

　　㉤ **질문하기** : 질문은 듣는 행위를 적극적으로 하게 만들고 집중력을 높인다.

　　㉥ **요약하기** : 주기적으로 상대방이 전달하려는 내용을 요약한다.

　　㉦ **반응하기** : 피드백을 통해 의사소통을 점검한다.

예제 4

다음은 면접스터디 중 일어난 대화이다. 민아의 고민을 해소하기 위한 조언으로 가장 적절한 것은?

> 지섭 : 민아씨, 어디 아파요? 표정이 안 좋아 보여요.
>
> 민아 : 제가 원서 넣은 공단이 내일 면접이어서요. 그동안 스터디를 통해서 면접 연습을 많이 했는데도 벌써부터 긴장이 되네요.
>
> 지섭 : 민아씨는 자기 의견도 명확히 피력할 줄 알고 조리 있게 설명을 잘 하시니 걱정 안 하셔도 될 것 같아요. 아, 손에 꽉 쥐고 계신 건 뭔가요?
>
> 민아 : 아, 제가 예상 답변을 정리해서 모아둔거예요. 내용은 거의 외웠는데 이렇게 쥐고 있지 않으면 불안해서
>
> 지섭 : 그 정도로 준비를 철저히 하셨으면 걱정할 이유 없을 것 같아요.
>
> 민아 : 그래도 압박면접이거나 예상치 못한 질문이 들어오면 어떻게 하죠?
>
> 지섭 : _____

① 시선을 적절히 처리하면서 부드러운 어투로 말하는 연습을 해보는 건 어때요?
② 공식적인 자리인 만큼 옷차림을 신경 쓰는 게 좋을 것 같아요.
③ 당황하지 말고 질문자의 의도를 잘 파악해서 침착하게 대답하면 되지 않을까요?
④ 예상 질문에 대한 답변을 좀 더 정확하게 외워보는 건 어떨까요?

(4) 의사표현능력

① 의사표현의 개념과 종류

  ㉠ 개념 : 화자가 자신의 생각과 감정을 청자에게 음성언어나 신체언어로 표현하는 행위이다.

  ㉡ 종류

   • 공식적 말하기 : 사전에 준비된 내용을 대중을 대상으로 말하는 것으로 연설, 토의, 토론 등이 있다.

   • 의례적 말하기 : 사회 · 문화적 행사에서와 같이 절차에 따라 하는 말하기로 식사, 주례, 회의 등이 있다.

   • 친교적 말하기 : 친근한 사람들 사이에서 자연스럽게 주고받는 대화 등을 말한다.

② 의사표현의 방해요인

  ㉠ **연단공포증** : 연단에 섰을 때 가슴이 두근거리거나 땀이 나고 얼굴이 달아오르는 등의 현상으로 충분한 분석과 준비, 더 많은 말하기 기회 등을 통해 극복할 수 있다.

ⓒ 말 : 말의 장단, 고저, 발음, 속도, 쉼 등을 포함한다.

ⓒ 음성 : 목소리와 관련된 것으로 음색, 고저, 명료도, 완급 등을 의미한다.

ⓔ 몸짓 : 비언어적 요소로 화자의 외모, 표정, 동작 등이다.

ⓜ 유머 : 말하기 상황에 따른 적절한 유머를 구사할 수 있어야 한다.

③ 상황과 대상에 따른 의사표현법

ㄱ 잘못을 지적할 때 : 모호한 표현을 삼가고 확실하게 지적하며, 당장 꾸짖고 있는 내용에만 한정한다.

ㄴ 칭찬할 때 : 자칫 아부로 여겨질 수 있으므로 센스 있는 칭찬이 필요하다.

ㄷ 부탁할 때 : 먼저 상대방의 사정을 듣고 응하기 쉽게 구체적으로 부탁하며 거절을 당해도 싫은 내색을 하지 않는다.

ㄹ 요구를 거절할 때 : 먼저 사과하고 응해줄 수 없는 이유를 설명한다.

ㅁ 명령할 때 : 강압적인 말투보다는 '○○을 이렇게 해주는 것이 어떻겠습니까?'와 같은 식으로 부드럽게 표현하는 것이 효과적이다.

ㅂ 설득할 때 : 일방적으로 강요하기보다는 먼저 양보해서 이익을 공유하겠다는 의지를 보여주는 것이 좋다.

ㅅ 충고할 때 : 충고는 가장 최후의 방법이다. 반드시 충고가 필요한 상황이라면 예화를 들어 비유적으로 깨우쳐주는 것이 바람직하다.

ㅇ 질책할 때 : 샌드위치 화법(칭찬의 말 + 질책의 말 + 격려의 말)을 사용하여 청자의 반발을 최소화 한다.

예제 5

당신은 팀장님께 업무 지시내용을 수행하고 결과물을 보고 드렸다. 하지만 팀장님께서는 "최대리 업무를 이렇게 처리하면 어떡하나? 누락된 부분이 있지 않은가."라고 말하였다. 이에 대해 당신이 행할 수 있는 가장 부적절한 대처 자세는?

① "죄송합니다. 제가 잘 모르는 부분이라 이수혁 과장님께 부탁을 했는데 과장님께서 실수를 하신 것 같습니다."

② "주의를 기울이지 못해 죄송합니다. 어느 부분을 수정보완하면 될까요?"

③ "지시하신 내용을 제가 충분히 이해하지 못하였습니다. 내용을 다시 한 번 여쭤보아도 되겠습니까?"

④ "부족한 내용을 보완하는 자료를 취합하기 위해서 하루정도가 더 소요될 것 같습니다. 언제까지 재작성하여 드리면 될까요?"

[출제의도]
상사가 잘못을 지적하는 상황에서 어떻게 대처해야 하는지를 묻는 문항이다.

[해설]
상사가 부탁한 지시사항을 다른 사람에게 부탁하는 것은 옳지 못하며 설사 그렇다고 해도 그 일의 과오에 대해 책임을 전가하는 것은 지양해야 할 자세이다.

답 ①

④ 원활한 의사표현을 위한 지침

　　㉠ 올바른 화법을 위해 독서를 하라.

　　㉡ 좋은 청중이 되라.

　　㉢ 칭찬을 아끼지 마라.

　　㉣ 공감하고, 긍정적으로 보이게 하라.

　　㉤ 겸손은 최고의 미덕임을 잊지 마라.

　　㉥ 과감하게 공개하라.

　　㉦ 뒷말을 숨기지 마라.

　　㉧ 첫마디 말을 준비하라.

　　㉨ 이성과 감성의 조화를 꾀하라.

　　㉩ 대화의 룰을 지켜라.

　　㉪ 문장을 완전하게 말하라.

⑤ 설득력 있는 의사표현을 위한 지침

　　㉠ 'Yes'를 유도하여 미리 설득 분위기를 조성하라.

　　㉡ 대비 효과로 분발심을 불러 일으켜라.

　　㉢ 침묵을 지키는 사람의 참여도를 높여라.

　　㉣ 여운을 남기는 말로 상대방의 감정을 누그러뜨려라.

　　㉤ 하던 말을 갑자기 멈춤으로써 상대방의 주의를 끌어라.

　　㉥ 호칭을 바꿔서 심리적 간격을 좁혀라.

　　㉦ 끄집어 말하여 자존심을 건드려라.

　　㉧ 정보전달 공식을 이용하여 설득하라.

　　㉨ 상대방의 불평이 가져올 결과를 강조하라.

　　㉩ 권위 있는 사람의 말이나 작품을 인용하라.

　　㉪ 약점을 보여 주어 심리적 거리를 좁혀라.

　　㉫ 이상과 현실의 구체적 차이를 확인시켜라.

　　㉬ 자신의 잘못도 솔직하게 인정하라.

　　㉭ 집단의 요구를 거절하려면 개개인의 의견을 물어라.

　　ⓐ 동조 심리를 이용하여 설득하라.

　　ⓑ 지금까지의 노고를 치하한 뒤 새로운 요구를 하라.

　　ⓒ 담당자가 대변자 역할을 하도록 하여 윗사람을 설득하게 하라.

　　ⓓ 겉치레 양보로 기선을 제압하라.

　　ⓔ 변명의 여지를 만들어 주고 설득하라.

　　ⓕ 혼자 말하는 척하면서 상대의 잘못을 지적하라.

(5) 기초외국어능력

① 기초외국어능력의 개념과 필요성
  ㉠ 개념 : 기초외국어능력은 외국어로 된 간단한 자료를 이해하거나, 외국인과의 전화응대
    와 간단한 대화 등 외국인의 의사표현을 이해하고, 자신의 의사를 기초외국어로 표현
    할 수 있는 능력이다.
  ㉡ 필요성 : 국제화·세계화 시대에 다른 나라와의 무역을 위해 우리의 언어가 아닌 국제적
    인 통용어를 사용하거나 그들의 언어로 의사소통을 해야 하는 경우가 생길 수 있다.

② 외국인과의 의사소통에서 피해야 할 행동
  ㉠ 상대를 볼 때 흘겨보거나, 노려보거나, 아예 보지 않는 행동
  ㉡ 팔이나 다리를 꼬는 행동
  ㉢ 표정이 없는 것
  ㉣ 다리를 흔들거나 펜을 돌리는 행동
  ㉤ 맞장구를 치지 않거나 고개를 끄덕이지 않는 행동
  ㉥ 생각 없이 메모하는 행동
  ㉦ 자료만 들여다보는 행동
  ㉧ 바르지 못한 자세로 앉는 행동
  ㉨ 한숨, 하품, 신음소리를 내는 행동
  ㉩ 다른 일을 하며 듣는 행동
  ㉪ 상대방에게 이름이나 호칭을 어떻게 부를지 묻지 않고 마음대로 부르는 행동

③ 기초외국어능력 향상을 위한 공부법
  ㉠ 외국어공부의 목적부터 정하라.
  ㉡ 매일 30분씩 눈과 손과 입에 밸 정도로 반복하라.
  ㉢ 실수를 두려워하지 말고 기회가 있을 때마다 외국어로 말하라.
  ㉣ 외국어 잡지나 원서와 친해져라.
  ㉤ 소홀해지지 않도록 라이벌을 정하고 공부하라.
  ㉥ 업무와 관련된 주요 용어의 외국어는 꼭 알아두자.
  ㉦ 출퇴근 시간에 외국어 방송을 보거나, 듣는 것만으로도 귀가 트인다.
  ㉧ 어린이가 단어를 배우듯 외국어 단어를 암기할 때 그림카드를 사용해 보라.
  ㉨ 가능하면 외국인 친구를 사귀고 대화를 자주 나눠 보라.

출제예상문제

1 다음에서 설명하고 있는 문서의 종류는 무엇인가?

> 회사의 업무에 대한 협조를 구하거나 의견을 전달할 때 작성하며 흔히 사내 공문서로 불린다.

① 보도자료　　　　　　　　　　　② 기획서

③ 기안서　　　　　　　　　　　　④ 보고서

⑤ 설명서

  TIP 》 제시된 내용은 기안서에 대한 설명이다.
   ① **보도자료** : 정부 기관이나 기업체, 각종 단체 등이 언론을 상대로 자신들의 정보가 기사로 보도되도록 하기 위해 보내는 자료이다.
   ② **기획서** : 적극적으로 아이디어를 내고 기획해 하나의 프로젝트를 문서형태로 만들어, 상대방에게 기획의 내용을 전달하여 기획을 시행하도록 설득하는 문서이다.
   ④ **보고서** : 특정 일에 관한 현황이나 그 진행 상황 또는 연구·검토 결과 등을 보고하고자 할 때 작성하는 문서이다.
   ⑤ **설명서** : 대개 상품의 특성이나 사물의 성질과 가치, 작동 방법이나 과정을 소비자에게 설명하는 것을 목적으로 작성한 문서이다.

2 다음 중 공문서에 대한 설명으로 옳지 않은 것은?

① 정부 행정기관에서 대내적, 혹은 대외적 공무를 집행하기 위해 작성하는 문서이다.

② 정부기관이 일반회사, 또는 단체로부터 접수하는 문서 및 일반회사에서 정부기관을 상대로 사업을 진행하려고 할 때 작성하는 문서도 포함된다.

③ 엄격한 규격과 양식에 따라 정당한 권리를 가진 사람이 작성해야 한다.

④ 문서번호, 시행일자, 수신인, 참조인, 담당자 등의 내용이 포함된다.

⑤ 최종 결재권자의 결재가 없어도 문서로서의 기능이 성립된다.

  TIP 》 ⑤ 최종 결재권자의 결재가 있어야 문서로서의 기능이 성립된다.

3   다음 중 언어적인 의사소통과 비교한 문서적 측면으로서 의사소통의 특징이 아닌 것은?

① 권위감이 있다.

② 정확성을 기하기 쉽다.

③ 전달성이 높다.

④ 상대방의 반응이나 감정을 살필 수 있다.

⑤ 보존성이 크다.

　　　　TIP 》 ④ 언어적인 측면으로서 의사소통의 특징이다.

4   다음의 괄호에 알맞은 한자성어는?

　　　　일을 하다 보면 균형과 절제가 필요하다는 것을 알게 된다. 일의 수행 과정에서 부분적 잘못을 바로 잡으려다 정작 일 자체를 뒤엎어 버리는 경우가 왕왕 발생하기 때문이다. 흔히 속담에 "빈대 잡으려다 초가삼간 태운다."라는 말은 여기에 해당할 것이다. 따라서 부분적 결점을 바로잡으려다 본질을 해치는 (　　　)의 어리석음을 저질러서는 안 된다.

① 개과불린(改過不吝)

② 경거망동(輕擧妄動)

③ 교각살우(矯角殺牛)

④ 부화뇌동(附和雷同)

⑤ 낭중지추(囊中之錐)

　　　　TIP 》 ① 개과불린 : 허물을 고침에 인색하지 않음을 이르는 말
　　　　　　　② 경거망동 : 경솔하여 생각 없이 망령되게 행동함. 또는 그런 행동
　　　　　　　③ 교각살우 : 소의 뿔을 바로잡으려다가 소를 죽인다는 뜻으로, 잘못된 점을 고치려다가 그 방법이나 정도가 지나쳐 오히려 일을 그르침을 이르는 말
　　　　　　　④ 부화뇌동 : 우레 소리에 맞춰 함께 한다는 뜻으로, 자신의 뚜렷한 소신 없이 그저 남이 하는 대로 따라가는 것을 이르는 말
　　　　　　　⑤ 낭중지추 : 주머니 속의 송곳이라는 뜻으로, 재능이 뛰어난 사람은 숨어 있어도 저절로 사람들에게 알려짐을 이르는 말

ANSWER 〉 1.③ 2.⑤ 3.④ 4.③

5 다음 헌법조항의 취지에 부합하는 진술로 석설한 것을 고르면?

> 〈헌법 제37조〉
> ① 국민의 자유와 권리는 헌법에 열거되지 아니한 이유로 경시되지 아니한다.
> ② 국민의 모든 자유와 권리는 국가안전보장·질서유지 또는 공공복리를 위하여 필요한 경우에 한하여 법률로써 제한할 수 있으며, 제한하는 경우에도 자유와 권리의 본질적인 내용을 침해할 수 없다.

① 헌법에 열거되어 있지 않은 국민의 권리와 자유는 무시해도 된다.
② 국가안전보장은 개인의 기본권에 우선하는 개념이다.
③ 자유보다는 평등이 중요한 기본권이다.
④ 국가가 국민의 기본권을 제한하려면 관련 법률이 필요하다.
⑤ 국가는 국민의 자유와 권리 보장을 위해 조세를 사용하여야 한다.

> TIP 》 ① 국민의 권리와 자유는 헌법에 열거되지 아니한 이유로 경시되어서는 안 된다고 제1항에 명시되어 있다.
> ② 국가안전보장을 위해 기본권을 제한할 수 있으나 기본권보다 우선된다는 개념은 아니다.
> ③⑤ 제시되어 있지 않은 지문이다.

6 다음은 사내홍보물에 사용하기 위한 인터뷰 내용이다. ㉠~㉣에 대한 설명으로 적절하지 않은 것을 고르면?

甲 : 안녕하세요. 저번에 인사드렸던 홍보팀 대리 甲입니다. 바쁘신 데도 이렇게 인터뷰에 응해주셔서 감사합니다. ㉠이번 호 사내 홍보물 기사에 참고하려고 하는데 혹시 녹음을 해도 괜찮을까요?

乙 : 네, 그렇게 하세요.

甲 : 그럼 ㉡우선 사랑의 도시락 배달이란 무엇이고 어떤 목적을 갖고 있는지 간단히 말씀해 주시겠어요?

乙 : 사랑의 도시락 배달은 끼니를 챙겨 드시기 어려운 독거노인분들을 찾아가 사랑의 도시락을 전달하는 일이에요. 이 활동은 회사 이미지를 홍보하는 데 기여할 뿐만 아니라 개인적으로는 마음 따뜻해지는 보람을 느끼게 된답니다.

甲 : 그렇군요. ㉢한 번 봉사를 할 때에는 하루에 몇 십 가구를 방문하신다고 들었는데요, 어떻게 그렇게 많은 가구들을 다 방문할 수가 있나요?

乙 : 아, 비결이 있다면 역할을 분담한다는 거예요.

甲 : 어떻게 역할을 나누나요?

乙 : 도시락을 포장하는 일, 배달하는 일, 말동무 해드리는 일 등을 팀별로 분담해서 맡으니 효율적으로 운영할 수 있어요.

甲 : ㉣(고개를 끄덕이며) 그런 방법이 있었군요. 마지막으로 이런 봉사활동에 관심 있는 사원들에게 한 마디 해주세요.

乙 : ㉤주중 내내 일을 하고 주말에 또 봉사활동을 가려고 하면 몸은 굉장히 피곤합니다. 하지만 거기에서 오는 보람은 잠깐의 휴식과 비교할 수 없으니 꼭 한번 참석해 보시라고 말씀드리고 싶네요.

甲 : 네, 그렇군요. 오늘 귀중한 시간을 내어 주셔서 감사합니다.

---

① ㉠ : 기록을 위한 보조기구를 사용하기 위해서 사전에 허락을 구하고 있다.

② ㉡ : 면담의 목적을 분명히 밝히면서 동의를 구하고 있다.

③ ㉢ : 미리 알고 있던 정보를 바탕으로 질문을 하고 있다.

④ ㉣ : 적절한 비언어적 표현을 사용하며 상대방의 말에 반응하고 있다.

⑤ ㉤ : 자신의 경험을 바탕으로 봉사활동에 참석하기를 권유하고 있다.

TIP 》 甲은 사랑의 도시락 배달에 대한 정보를 얻기 위해 乙과 면담을 하고 있다. 그러므로 ㉡은 면담의 목적에 대한 동의를 구하는 질문이 아니라 알고 싶은 정보를 얻기 위한 질문에 해당한다고 할 수 있다.

7 다음은 '전교생을 대상으로 무료급식을 시행해야 하는가?'라는 주제로 철수와 영수가 토론을 하고 있다. 보기 중 옳지 않은 것은?

> 철수 : 무료급식은 급식비를 낼 형편이 없는 학생들을 위해서 마련되어야 하는데 지금 대부분의 학교에서는 이 아이들뿐만 아니라 형편이 넉넉한 아이들까지도 모두 대상으로 삼고 있으니 이는 문제가 있다고 봐.
>
> 영수 : 하지만 누구는 무료로 급식을 먹고 누구는 돈을 내고 급식을 먹는다면 이는 형평성에 어긋난다고 생각해. 그래서 난 이왕 무료급식을 할 거라면 전교생에게 동등하게 그 혜택이 돌아가야 한다고 봐.
>
> 철수 : 음… 돈이 없는 사람은 무료로 급식을 먹고 돈이 있는 사람은 돈을 내고 급식을 먹는 것이 과연 형평성에 어긋난다고 할 수 있을까? 형평성이란 국어사전을 찾아보면 형평을 이루는 성질을 말하잖아. 여기서 형평이란 균형이 맞음. 또는 그런 상태를 말하는 것이고. 그러니까 형평이란 다시 말하면…
>
> 영수 : 아, 그래 네가 무슨 말을 하려고 하는지 알겠어. 그런데 나는 어차피 무료급식을 할 거라면 전교생이 다 같이 무료급식을 했으면 좋겠다는 거야. 그래야 서로 불화도 생기지 않으니까. 그리고 누구는 무료로 먹고 누구는 돈을 내고 먹을 거라면 난 차라리 무료급식을 안 하는 것이 낫다고 생각해.

① 위 토론에서 철수는 주제에서 벗어난 말을 하고 있다.
② 영수는 상대방의 말을 자르고 자기주장만을 말하고 있다.
③ 영수는 자신의 주장이 뚜렷하지 않다.
④ 위 토론의 주제는 애매모호하므로 주제를 수정해야 한다.
⑤ 토론자는 자신의 주장을 뒷받침할 객관적 근거를 제시해야 한다.

> **TIP** 》 토론의 주제는 찬성과 반대로 뚜렷하게 나뉘어 질 수 있는 주제가 좋다. 위 토론의 주제는 찬성(전교생을 대상으로 무료급식을 시행해야 한다.)과 반대(전교생을 대상으로 무료급식을 시행해서는 안 된다.)로 뚜렷하게 나뉘어지므로 옳은 주제라 할 수 있다.

8 다음 글은 합리적 의사결정을 위해 필요한 절차적 조건 중의 하나에 관한 설명이다. 다음 보기 중 이 조건을 위배한 것끼리 묶은 것은?

합리적 의사결정을 위해서는 정해진 절차를 충실히 따르는 것이 필요하다. 고도로 복잡하고 불확실하나 문제상황 속에서 결정의 절차가 합리적이기 위해서는 다음과 같은 조건이 충족되어야 한다.

〈조건〉

정책결정 절차에서 논의되었던 모든 내용이 결정절차에 참여하지 않은 다른 사람들에게 투명하게 공개되어야 한다. 그렇지 않으면 이성적 토론이 무력해지고 객관적 증거나 논리 대신 강압이나 회유 등의 방법으로 결론이 도출되기 쉽기 때문이다.

〈보기〉

㉠ 심의에 참여한 분들의 프라이버시 보호를 위해 오늘 회의의 결론만 간략히 알려드리겠습니다.
㉡ 시간이 촉박하니 회의 참석자 중에서 부장급 이상만 발언하도록 합시다.
㉢ 오늘 논의하는 안건은 매우 민감한 사안이니만큼 비참석자에게는 그 내용을 알리지 않을 것입니다. 그러니 회의자료 및 메모한 내용도 두고 가시기 바랍니다.
㉣ 우리가 외부에 자문을 구한 박사님은 이 분야의 최고 전문가이기 때문에 참석자 간의 별도 토론 없이 박사님의 의견을 그대로 채택하도록 합시다.
㉤ 오늘 안건은 매우 첨예한 이해관계가 걸려 있으니 상대방에 대한 반론은 자제해 주시고 자신의 주장만 말씀해주시기 바랍니다.

① ㉠, ㉡
② ㉠, ㉢
③ ㉢, ㉣
④ ㉢, ㉤
⑤ ㉣, ㉤

TIP 》 합리적 의사결정의 조건으로 회의에서 논의된 내용이 투명하게 공개되어야 한다는 조건을 명시하고 있으나, ㉠과 ㉢에서는 비공개주의를 원칙으로 하고 있기 때문에 조건에 위배된다.

【9~10】 다음 내용을 읽고 물음에 답하시오.

공급업체 : 과장님, 이번 달 인쇄용지 주문량이 급격히 ㉠감소하여 이렇게 방문하였습니다. 혹시 저희 물품에 어떠한 문제가 있는 건가요?

총무과장 : 지난 10년간 ㉡납품해 주고 계신 것에 저희는 정말 만족하고 있습니다. 하지만 요즘 경기가 안 좋아서 비용절감차원에서 주문량을 줄이게 되었습니다.

공급업체 : 아, 그렇군요. 얼마 전 다른 업체에서도 ㉢견적 받으신 것을 우연히 알게 되어서요, 괜찮으시다면 어떠한 점 때문에 견적을 받아보신지 알 수 있을까요? 저희도 참고하려 하니 말씀해주시면 감사하겠습니다.

총무과장 : 아, 그러셨군요. 사실 내부 회의 결과, 인쇄용지의 ㉣지출이 너무 높다는 지적이 나왔습니다. 품질은 우수하지만 가격적인 면 때문에 그러한 ㉤결정을 하게 되었습니다.

9 다음 대화 중 밑줄 친 단어가 한자로 바르게 표기된 것을 고르면?

① ㉠ – 減小(감소)
② ㉡ – 納稟(납품)
③ ㉢ – 見積(견적)
④ ㉣ – 持出(지출)
⑤ ㉤ – 結晶(결정)

TIP 》 ① 減少(감소) : 양이나 수치가 줆
② 納品(납품) : 계약한 곳에 주문받은 물품을 가져다 줌
④ 支出(지출) : 어떤 목적을 위하여 돈을 지급하는 일
⑤ 決定(결정) : 행동이나 태도를 분명하게 정함

10 다음 중 거래처 관리를 위한 총무과장의 업무방식으로 가장 바람직한 것은?

① 같은 시장에 신규 유입 기업은 많으므로 가격 및 서비스 비교를 통해 적절한 업체로 자주 변경하는 것이 바람직하다.

② 사내 임원이나 지인의 추천으로 거래처를 소개받았을 경우에는 기존의 거래처에서 변경하는 것이 바람직하다.

③ 믿음과 신뢰를 바탕으로 한 번 선정된 업체는 변경하지 않고 동일조건 하에 계속 거래를 유지하는 것이 바람직하다.

④ 오랫동안 거래했던 업체라 하더라도 가끔 상호관계와 서비스에 대해 교차점검을 하는 것이 바람직하다.

⑤ 다른 업체의 견적 결과를 가지고 현재 거래하는 업체에게 가격 인하를 무리하게 요구하여 지출을 줄이는 것이 바람직하다.

TIP 》 ① 잦은 업체 변경은 오히려 신뢰관계를 무너뜨릴 수 있으니 장기거래와 신규거래의 이점을 비교 분석해서 유리하게 활용하는 것이 필요하다.

② 단순한 주위의 추천보다는 서비스와 가격, 품질을 적절히 비교해서 업체를 선정해야 한다.

③ 한 번 선정된 업체라 하더라도 지속적으로 교차점검을 하여 거래의 유리한 조건으로 활용해야 한다.

⑤ 무리한 가격 인하를 요구하는 것은 바람직하지 않다.

11 다음은 2017년 연말 우수사원 시상식에서 최우수 사원을 받은 장그래씨의 감사 인사말이다. 밑줄 친 단어 중 잘못 고쳐 쓴 것을 고르면?

> 사실 입사 후 저는 실수투성이로 아무 것도 모르는 <u>풋나기</u>였습니다. 그런 제가 최우수 사원에 선정되어 상을 받을 수 있게 된 것은 오차장님을 비롯한 영업3팀의 여러 선배님들 <u>탓</u>이라고 생각합니다. 어색하게 있던 제게 친근히 말을 <u>부쳐</u>주시던 김대리님, <u>묵묵이</u> 지켜봐주셨던 천과장님, 그리고 그밖에 도움을 주셨던 영업팀 팀원들에게 이 자리를 <u>빌려서</u> 감사의 말씀 드리고 싶습니다.

① 풋나기 → 풋내기

② 탓 → 덕분

③ 부쳐 → 붙여

④ 묵묵이 → 묵묵히

⑤ 빌려서 → 빌어서

TIP 》 어떤 기회를 이용해서 감사나 사과의 의미를 전달할 때는 '이 자리를 빌려서 감사드린다.'라는 표현을 쓰는 것이 적절하다.

※ 빌다 vs. 빌리다

㉠ 빌다
- 바라는 바를 이루게 하여 달라고 신이나 사람, 사물 따위에 간청하다.
- 잘못을 용서하여 달라고 호소하다.
- 생각한 대로 이루어지길 바라다.

㉡ 빌리다
- 남의 물건이나 돈 따위를 나중에 도로 돌려주거나 대가를 갚기로 하고 얼마 동안 쓰다.
- 남의 도움을 받거나 사람이나 물건 따위를 믿고 기대다.
- 일정한 형식이나 이론, 또는 남의 말이나 글 따위를 취하여 따르다.

ANSWER 》 9.③ 10.④ 11.⑤

12 다음 공고를 보고 잘못 이해한 것을 고르면?

<신입사원 정규채용 공고>

분야	인원	응시자격	연령	비고
콘텐츠 기획	5	• 해당분야 유경험자(3년 이상) • 외국어 사이트 운영 경력자 우대 • 외국어(영어/일어) 전공자	제한 없음	정규직
제휴 마케팅	3	• 해당분야 유경험자(5년 이상) • 웹 프로모션 경력자 우대 • 콘텐츠산업(온라인) 지식 보유자	제한 없음	정규직
웹디자인	2	• 응시제한 없음 • 웹디자인 유경험자 우대	제한 없음	정규직

■ 입사지원서 및 기타 구비서류
(1) 접수방법
  • 인터넷(www.seowon.co.kr)을 통해서만 접수(우편 이용 또는 방문접수 불가)
  • 채용분야별 복수지원 불가
(2) 입사지원서 접수 시 유의사항
  • 입사지원서는 인터넷 접수만 가능함
  • 접수 마감일에는 지원자 폭주 및 서버의 네트워크 사정에 따라 접속이 불안정해질 수 있으니 가급적 마감일 1~2일 전까지 입사지원서 작성바람
  • 입사지원서를 작성하여 접수하고 수험번호가 부여된 후 재입력이나 수정은 채용공고 종료일 18:00까지만 가능하오니, 기재내용 입력에 신중을 기하여 정확하게 입력하기 바람
(3) 구비서류 접수
  • 접수방법 : 최종면접 전형 당일 시험장에서만 접수하며, 미제출자는 불합격 처리
  – 최종학력졸업증명서 1부
  – 자격증 사본 1부(해당자에 한함)
■ 기타 사항
  • 상기 모집분야에 대해 최종 전형결과 적격자가 없는 것으로 판단될 경우, 선발하지 아니 할 수 있으며, 추후 입사지원서의 기재사항이나 제출서류가 허위로 판명될 경우 합격 또는 임용을 취소함
  • 최종합격자라도 신체검사에서 불합격 판정을 받거나 공사 인사규정상 채용 결격사유가 발견될 경우 임용을 취소함
  • 3개월 인턴 후 평가(70점 이상)에 따라 정식 고용 여부를 결정함
■ 문의 및 접수처
  • 기타 문의사항은 ㈜서원 홈페이지(www.seowon.co.kr) 참고

① 우편 및 방문접수는 불가하며 입사지원은 인터넷 접수만 가능하다.

② 지원서 수정은 마감일 이후 불가능하다.

③ 최종합격자라도 신체검사에서 불합격 판정을 받으면 임용이 취소된다.

④ 자격증 사본은 해당자에 한해 제출하면 된다.

⑤ 3개월 인턴과정을 거치고 나면 별도의 제약 없이 정식 고용된다.

> **TIP 》** ⑤ 기타사항에 3개월 인턴 후 평가(70점 이상)에 따라 정식 고용 여부를 결정한다고 명시되어 있다.

13 다음 사례를 통해 알 수 있는 소셜미디어의 특징으로 가장 적절한 것은?

○○일보

2018년 1월 15일

소셜미디어의 활약, 너무 반짝반짝 눈이 부셔!

자연재해 시마다 소셜미디어의 활약이 눈부시다. 지난 14일 100년만의 폭설로 인해 지하철 운행이 중단되고 곳곳의 도로가 정체되는 등 교통대란이 벌어졌지만 많은 사람들이 스마트폰의 도움으로 최악의 상황을 피할 수 있었다.

누리꾼들은,

'폭설로 인한 전력공급 중단으로 지하철 1호선 영등포역 정차 중'

'올림픽대로 상행선 가양대교부터 서강대교까지 정체 중'

등 서로 소셜미디어를 통해 실시간 피해상황을 주고받았으며 이로 인해 출근 준비 중이던 대부분의 시민들은 다른 교통수단으로 혼란 없이 회사로 출근할 수 있었다.

① 정보전달방식이 일방적이다.

② 상위계층만 누리던 고급문화가 대중화된 사례이다.

③ 정보의 무비판적 수용을 조장한다.

④ 정보수용자와 제공자 간의 경계가 모호하다.

⑤ 정보 습득을 위한 비용이 많이 든다.

> **TIP 》** 제시된 글은 누구나 쉽게 정보를 생산하고 공유할 수 있는 소셜미디어의 장점이 부각된 기사로 ①②③⑤의 보기들은 사례내용과 관련이 없다.

|14~15| 다음 대화를 읽고 물음에 답하시오.

> 상담원 : 네, ㈜애플망고 소비자센터입니다.
> 고객 : 제가 최근에 인터넷으로 핸드폰을 구입했는데요, 제품에 문제가 있는 것 같아서요.
> 상담원 : 아, 어떤 문제가 있으신지 여쭈어 봐도 될까요?
> 고객 : 제가 물건을 받고 핸드폰을 사용했는데 통화음질도 안 좋을 뿐더러 통화 연결이 잘 안 되
> 더라고요. 그래서 통신 문제인 줄 알고 통신사 고객센터에 연락해보니 테스트해보더니 통신의
> 문제는 아니라고 해서요, 제가 보기엔 핸드폰 기종 자체가 통화 음질이 떨어지는 거 같거든요?
> 그래서 구매한지 5일 정도 지났지만 반품하고 싶은데 가능할까요?
> 상담원 : 네, 고객님. 「전자상거래 등 소비자보호에 관한 법」에 의거해서 물건 수령 후 7일 이내
> 에 청약철회가 가능합니다. 저희 쪽에 물건을 보내주시면 곧바로 환불처리 해 드리겠습니다.
> 고객 : 아, 감사합니다.
> 상담원 : 행복한 하루 되세요. 상담원 ○○○였습니다.

14 위 대화의 의사소통 유형으로 적절한 것은?

① 대화하는 사람들의 친교와 관계유지를 위한 의사소통이다.
② 화자가 청자의 긍정적 반응을 유도하는 의사소통이다.
③ 일대일 형식의 공식적 의사소통이다.
④ 정보전달적 성격의 비공식적 의사소통이다.
⑤ 객관적인 증거를 들어 청자를 설득하기 위한 의사소통이다.

> **TIP »** 주어진 대화는 소비자센터의 상담원과 반품문의를 물어보는 고객과의 일대일 면담으로 정
> 보전달적 공식적 의사소통이다.

15 위 대화에서 상담원의 말하기 방식으로 적절한 것은?

① 상대방이 알고자 하는 정보를 정확히 제공한다.
② 타협을 통해 문제 해결방안을 찾고자 한다.
③ 주로 비언어적 표현을 활용하여 설명하고 있다.
④ 상대방을 배려하기보다 자신의 의견을 전달하는데 중점을 두고 있다.
⑤ 직설적인 표현을 삼가고, 에둘러 표현하고 있다.

> **TIP »** 상담원은 반품 문제에 대한 해결방안을 요구하는 고객에게 정확한 정보를 제공하여 전달하
> 고 있다.

16 다음 업무일지를 바르게 이해하지 못한 것은?

[2018년 7월 6일 업무보고서]

편집팀 팀장 박○○

시간	내용	비고
09:00~10:00	편집팀 회의	- 일주일 후 나올 신간 논의
10:00~12:00	통상업무	
12:00~13:00	점심식사	
13:00~14:30	릴레이 회의	- 편집팀 인원충원에 관해 인사팀 김서현 대리에게 보고 - 디자인팀에 신간 표지디자인 샘플 부탁
14:30~16:00	협력업체 사장과 미팅	- 내일 오전까지 인쇄물 400부 도착
16:00~18:00	서점 방문	- 지난 시즌 발간한 서적 동향 파악

① 7월 13일 신간이 나올 예정이다.
② 편집팀은 현재 인력이 부족한 상황이다.
③ 저번 달에도 신간을 발간했다.
④ 내일 오전 인쇄물 400부가 배송될 예정이다.
⑤ 박 팀장은 오후 4시 이후에 사무실에 없을 예정이다.

TIP 》 ③ 지난 시즌이라고만 명시했지 구체적으로 언제 발간했는지 밝혀지지 않았다.

17 다음 말하기의 문제점을 해결하기 위한 의사소통 전략으로 적절한 것은?

> - (부장님이 팀장님께) "어이, 김팀장 이번에 성과 오르면 내가 술 사줄게."
> - (팀장님이 거래처 과장에게) "그럼 그렇게 일정을 맞혀보도록 하죠."
> - (뉴스에서 아나운서가) "이번 부동산 정책은 이전과 비교해서 많이 틀려졌습니다."

① 청자의 배경지식을 고려해서 표현을 달리한다.
② 문화적 차이에서 비롯되는 갈등에 효과적으로 대처한다.
③ 상대방의 공감을 이끌어 낼 수 있는 전략을 효과적으로 활용한다.
④ 상황이나 어법에 맞는 적절한 언어표현을 사용한다.
⑤ 정확한 의사전달을 위해 비언어적 표현을 효과적으로 사용한다.

> **TIP》** 제시된 글들은 모두 상황이나 어법에 맞지 않는 표현을 사용한 것이다. 상황에 따라 존대
> 어, 겸양어를 적절히 사용하고 의미가 분명하게 드러나도록 어법에 맞는 적절한 언어표현
> 이 필요하다.

18 다음은 스티븐 씨의 한국방문일정이다. 정확하지 않은 것은?

> Tues, march, 24, 2018
> 10:30 Arrive Seoul (KE 086)
> 12:00~14:00 Luncheon with Directors at Seoul Branch
> 14:30~16:00 Meeting with Suppliers
> 16:30~18:00 Tour of Insa-dong
> 19:00 Depart for Dinner
>
> Wed, march, 25, 2018
> 8:30 Depart for New York (OZ 222)
> 11:00 Arrive New York

① 총 2대의 비행기를 이용할 것이다.
② 오후에 인사동을 관광할 것이다.
③ 서울에 도착 후 이사와 오찬을 먹을 것이다.
④ 둘째 날 일정은 오후 11시에 끝난다.
⑤ OZ 222편으로 뉴욕으로 돌아간다.

TIP 》 ④ 둘째 날은 따로 일정이 없으며 8시 30분에 뉴욕으로 떠난다.

① KE 086, OZ 222을 탔다는 내용을 보아 두 편의 항공기를 이용했음을 알 수 있다.

② 4시 30분부터 6시까지 인사동 관광이 예정되어 있다.

③ 12시부터 2시까지 이사와 Seoul Branch에서 오찬약속이 있다.

⑤ OZ 222편을 이용하여 뉴욕으로 떠난다.

19 다음에 제시된 대화의 빈칸에 들어갈 적절한 문장을 고르면?

Mr. Lee : Dr. KIM! It's been a while since we spoke.

Secretary : Who am I speaking to?

Mr. Lee : Oh! I'm sorry. I'm Lee from ABC Pharmaceutical Company. I'd like to speak to Dr. KIM.

Secretary : Hold on. _____

(after a while)

Secretary : I'm sorry, but he's not at his desk now. Can I take a message for you?

Mr. Lee : Please tell him I called.

---

① Would you like some coffee?

② I'll put you through.

③ I'll go and powder my nose.

④ Don't be late.

⑤ What's your mobile number?

TIP 》 ① 커피 좀 드릴까요?

② 바꿔드리겠습니다.

③ 화장실 다녀올게요.

④ 늦지 마세요.

⑤ 휴대폰 번호가 어떻게 되세요?

「Mr. Lee : KIM 박사님! 오랜만에 통화하는군요.

Secretary : 실례지만 누구시죠?

Mr. Lee : 오! 죄송합니다. 저는 ABC 제약회사에 Lee입니다. KIM 박사님과 통화하고 싶습니다.

Secretary : 잠깐만요. 바꿔드릴게요.

(잠시 후)

Secretary : 죄송합니다만, 그는 자리에 계시지 않습니다. 메모 남기시겠습니까?

Mr. Lee : 저한테 전화가 왔었다고 전해 주세요.」

ANSWER 》 17.④ 18.④ 19.②

20 다음 빈칸에 들어갈 단어로 적절한 것은?

> People ask you for criticism, but they only want _____.

① praise   ② dissatisfaction

③ honor   ④ wealth

⑤ fact

> **TIP 》** 사람들은 당신에게 비평을 요구하지만, 사실 그들이 원하는 것은 <u>칭찬</u>이다.
> ① 칭찬 ② 불만 ③ 명예 ④ 부 ⑤ 사실

21 다음 밑줄 친 단어의 의미와 동일하게 쓰인 것을 고르시오.

> 김동연 경제부총리 겸 기획재정부 장관은 26일 최근 노동이슈 관련 "다음 주부터 시행되는 노동시간 단축 관련 올해 말까지 계도기간을 설정해 단속보다는 제도 정착에 초점을 두고 추진할 것"이라고 밝혔다.
> 김동연 부총리는 이날 정부서울청사에서 노동현안 관련 경제현안간담회를 주재하고 "7월부터 노동시간 단축제도가 시행되는 모든 기업에 대해 시정조치 기간을 최장 6개월로 <u>늘리고</u>, 고소·고발 등 법적인 문제의 처리 과정에서도 사업주의 단축 노력이 충분히 참작될 수 있도록 하겠다."라며 이같이 말했다.
> 김 부총리는 "노동시간 단축 시행 실태를 면밀히 조사해 탄력 근로단위기간 확대 등 제도개선 방안도 조속히 마련하겠다."라며 "불가피한 경우 특별 연장근로를 인가받아 활용할 수 있도록 구체적인 방안을 강구할 것"이라고 밝혔다.

① 우리는 10년 만에 넓은 평수로 <u>늘려</u> 이사했다.

② 그 집은 알뜰한 며느리가 들어오더니 금세 재산을 <u>늘려</u> 부자가 되었다.

③ 적군은 세력을 <u>늘린</u> 후 다시 침범하였다.

④ 실력을 <u>늘려서</u> 다음에 다시 도전해 보아라.

⑤ 대학은 학생들의 건의를 받아들여 쉬는 시간을 <u>늘리는</u> 방안을 추진 중이다.

> **TIP 》** 밑줄 친 '늘리고'는 '시간이나 기간이 길어지다.'의 뜻으로 쓰였다. 따라서 이와 의미가 동일하게 쓰인 것은 ⑤이다.
> ① 물체의 넓이, 부피 따위를 본디보다 커지게 하다.
> ② 살림이 넉넉해지다.
> ③ 힘이나 기운, 세력 따위가 이전보다 큰 상태가 되다.
> ④ 재주나 능력 따위가 나아지다.

PASS

22 다음은 □□기관 A 사원이 작성한 '도농(都農)교류 활성화 방안'이라는 보고서의 개요이다. 본론Ⅰ을 바탕으로 구성한 본론Ⅱ의 항목들로 적절하지 않은 것은?

A. 서론
 1. 도시와 농촌의 현재 상황과 미래 전망
 2. 생산적이고 쾌적한 농촌 만들기를 위한 도농교류의 필요성

B. 본론Ⅰ: 현재 실시되고 있는 도농교류제도의 문제점
 1. 행정적 차원
  1) 소규모의 일회성 사업 난립
  2) 지속적이고 안정적인 예산 확보 미비
  3) □□기관 내 일원화된 추진체계 미흡
 2. 소통적 차원
  1) 도시민들의 농촌에 대한 부정적 인식
  2) 농민들의 시장상황에 대한 정보 부족

C. 본론Ⅱ: 도농교류 활성화를 위한 추진과제

D. 결론

① 지역별 브랜드화 전략을 통한 농촌 이미지 제고
② 도농교류사업 추진 건수에 따른 예산 배정
③ 1사1촌(1社1村) 운동과 같은 교류 프로그램 활성화
④ 도농교류 책임기관으로서 □□기관 산하에 도농교류센터 신설
⑤ 농촌 기초지자체와 대도시 자치구의 연계사업을 위한 장기적 지원금 확보

TIP》 도농교류사업 추진 건수에 따라 예산을 배정할 경우, 소규모의 일회성 사업이 난립하게 된다. 또한 지속적이고 안정적인 예산 확보도 어렵다.
① 본론Ⅰ-2-1) 도시민들의 농촌에 대한 부정적 인식을 개선하기 위한 과제로 적절하다.
③ 본론Ⅰ-1-1) 소규모의 일회성 사업 난립에 대한 개선책으로 적절하다.
④ 본론Ⅰ-1-3) □□기관 내 일원화된 추진체계 미흡을 해결하기 위한 과제로 적절하다.
⑤ 본론Ⅰ-1-2) 지속적이고 안정적인 예산 확보 미비에 대한 해결책으로 적절하다.

ANSWER 》 20.① 21.⑤ 22.②

01. 의사소통능력 》 39

23 다음은 ○○문화회관 전시기획팀의 주간회의록이다. 자료에 대한 내용으로 옳은 것은?

주 간 회 의 록					
회의일시	2018. 7. 2(월)	부 서	전시기획팀	작 성 자	사원 甲
참 석 자	戊 팀장, 丁 대리, 丙 사원, 乙 사원				
회의안건	1. 개인 주간 스케줄 및 업무 점검 2. 2018년 하반기 전시 일정 조정				

	내 용	비 고
회의내용	1. 개인 주간 스케줄 및 업무 점검 • 戊 팀장 : 하반기 전시 참여 기관 미팅, 　외부 전시장 섭외 • 丁 대리 : 하반기 전시 브로슈어 작업, 　브로슈어 인쇄 업체 선정 • 丙 사원 : 홈페이지 전시 일정 업데이트 • 乙 사원 : 2018년 상반기 전시 만족도 조사 2. 2018년 하반기 전시 일정 조정 • 하반기 전시 기간 : 9~11월, 총 3개월 • 전시 참여 기관 : A~I 총 9팀 - 관내 전시장 6팀, 외부 전시장 3팀 • 전시 일정 : 관내 2팀, 외부 1팀으로 3회 진행	• 7월 7일 AM 10:00 외부 전시장 사전답사 (戊 팀장, 丁 대리) • 회의 종료 후, 전시 참여 기관에 일정 안내 (7월 4일까지 변경 요청 없을 시 그대로 확정)

장소 / 기간	관내 전시장	외부 전시장
9월	A, B	C
10월	D, E	F
11월	G, H	I

결정사항	내용	작업자	진행일정
	브로슈어 표지 이미지 샘플조사	丙 사원	2018. 7. 2~2018. 7. 3
	상반기 전시 만족도 설문조사	乙 사원	2018. 7. 2~2018. 7. 5

특이사항	다음 회의 일정 : 7월 9일 • 2018년 상반기 전시 만족도 확인 • 브로슈어 표지 결정, 내지 1차 시안 논의

① 이번 주 금요일 외부 전시장 사전 답사에는 戊 팀장과 丁 대리만 참석한다.

② 丙 사원은 이번 주에 홈페이지 전시 일정 업데이트만 하면 된다.

③ 7월 4일까지 전시 참여 기관에서 별도의 연락이 없었다면, H팀의 전시는 2018년 11월 관내 전시장에 볼 수 있다.

④ 2018년 하반기 전시는 ○○문화회관 관내 전시장에서만 열릴 예정이다.

⑤ 乙 사원은 이번 주 금요일까지 상반기 전시 만족도 설문조사를 진행할 예정이다.

　　TIP 》 ① 외부 전시장 사전 답사일인 7월 7일은 토요일이다.

　　　　② 丙 사원은 개인 주간 스케줄인 '홈페이지 전시 일정 업데이트' 외에 7월 2일부터 7월 3일까지 '브로슈어 표지 이미지 샘플조사'를 하기로 결정되었다.

　　　　④ 2018년 하반기 전시는 관내 전시장과 외부 전시장에서 열릴 예정이다.

　　　　⑤ 乙 사원은 7. 2(월)~7. 5(목)까지 상반기 전시 만족도 설문조사를 진행할 예정이다.

24 다음은 K방송국 신입사원 甲이 모니터링 업무를 하던 중 문제가 될 수 있는 보도 자료들을 수집한 것이다. 다음 중 그 문제의 성격이 다른 하나는?

⑦ 2004년 성매매특별법이 도입되었다. 한 지방경찰청의 범죄통계에 따르면 특별법 도입 직후 한 달 동안 성폭력 범죄 신고 및 강간사건의 수치가 지난 5년 동안의 월 평균보다 약간 높게 나타났다. 성범죄 수치는 계절과 주기별로 다르게 나타난다. K방송국 이 통계에 근거해 "성매매특별법 시행 이후 성범죄 급속히 늘어"라는 제목의 기사를 내었다.

ⓘ 1994~1996년 사이 항공 사고로 인한 사망자가 적은 해에는 10명 미만, 많은 해에는 200~300명 발생하였다. 같은 기간 산업재해로 인한 사망자는 매년 5,000명 이상, 상해자는 700만 명 가량 발생하였다. 이 시기 K방송국은 항공 사고에 대한 보도를 50편 가량 발표했다. 반면, 위험한 장비와 관련한 안전사고, 비위생적 노동조건으로 인한 질병 등 산업재해로 인한 사망사건에 대한 보도는 거의 없었다.

ⓓ 1996~1997년 사이 통계를 보면 미국 사회 전체에서 폭력사건으로 인한 사망자 수는 5,400명이었다. 이 가운데 학교에서 발생한 폭력사건으로 인한 사망자 수는 19명이었으며 10개 공립학교에서 발생했다. 이로부터 K방송국은 "시한폭탄 같은 10대들"이라는 제하에 헤드라인 기사로 청소년 폭력문제를 다루었고, 뉴스 프로그램을 통해 청소년들의 흉악한 행동이 미국 전역의 학교와 도시에서 만연하고 있다고 보도했다.

ⓡ 1990~1997년 사이 교통사고로 인한 사망자 25만 명 중 난폭 운전에 의해 사망한 사람은 218명이었다. 그리고 같은 시기 부상을 당한 2,000만 명의 자동차 운전자들 가운데 난폭 운전자에 의해 사고를 당했다고 추정되는 사람은 전체 부상자의 0.1% 미만이었다. 이에 대해 K방송국은 "교통사고의 주범 난폭운전"이란 제하에 난폭운전으로 인한 인명피해가 최근 전국적으로 넘쳐나고 있다고 보도했다.

ⓜ 1996년 한 연구기관에서 미국사회의 질병에 관한 통계 조사를 실시했다. 그 결과에 따르면 미국인 가운데 비만에 걸린 사람은 190만 명으로 미국인 전체 성인 중 약 1.5%를 차지했다. 이로부터 K방송국은 미국 성인의 대부분이 비만에 걸려 있으며 앞으로 비만이 미국사회의 가장 심각한 사회문제가 될 것이라는 내용의 기사를 실었다.

① (가)

② (나)

③ (다)

④ (라)

⑤ (마)

TIP 》 (가), (다), (라), (마)는 통계 조사 등의 결과를 과대 해석하여 보도하였다는 공통적인 문제가 있다. 반면 (나)의 경우는 같은 기간 훨씬 더 많이 발생한 산업재해 사망사건에 대해서는 거의 보도하지 않으면서, 상대적으로 적은 항공 사고에 대해서는 많은 보도를 발표하였다는 점에서 문제를 제기할 수 있다.

25 다음 문맥상 ㉠과 바꾸어 쓸 수 있는 단어를 탐구한 내용으로 가장 적절한 것은?

> 옛날 독서하는 사람에게는 다섯 가지 방법이 있었다. 첫 번째 방법은 박학(博學)이다. 곧 두루 혹은 널리 배운다는 것이다. 두 번째 방법은 심문(審問)이다. 곧 자세히 묻는다는 것이다. 세 번째 방법은 신사(愼思)로서 신중하게 생각한다는 것이다. 네 번째 방법은 명변(明辯)인데 명백하게 분별한다는 것이다. 마지막 다섯 번째 방법은 독행(篤行)으로 곧 진실한 마음으로 성실하게 실천한다는 것이다.
> 그런데 오늘날 독서하는 사람은 두루 혹은 널리 배운다는 박학에만 집착할 뿐 심문을 비롯한 네 가지 방법에 대해서는 관심조차 두지 않는다. 또한 한나라 시대 유학자의 학설이라면 그 요점과 본줄기도 따져 보지 않고, 그 끝맺는 취지도 ㉠살피지 않은 채 오로지 한마음으로 믿고 추종한다. 이 때문에 가깝게는 마음을 다스리고 성품을 찾을 생각은 하지도 않고, 멀게는 세상을 올바르게 인도하고 백성을 잘 다스리는 일에 대해서는 관심조차 두지 않는다. 오로지 자신만이 널리 듣고 많이 기억하며, 시나 문장을 잘 짓고 논리나 주장을 잘 펼치는 것을 자랑삼아 떠벌리면서 '세상은 고루하다'고 비웃고 다닌다.

① 한 곳을 똑바로 바라본다는 뜻이니 '응시(凝視)하지'로 바꿀 수 있겠군.

② 생각하고 헤아려 본다는 뜻이니 '고려(考慮)하지'로 바꿀 수 있겠군.

③ 자기의 마음을 반성하고 살핀다는 뜻이니 '성찰(省察)하지'로 바꿀 수 있겠군.

④ 일을 해결할 수 있는 방법을 찾는다는 뜻이니 '모색(摸索)하지'로 바꿀 수 있겠군.

⑤ 사물이나 현상을 주의하여 자세히 살펴본다는 뜻이니 '관찰(觀察)하지'로 바꿀 수 있겠군.

TIP 》 ㉠은 '자세히 따지거나 헤아려 보다'의 의미로 쓰였다. 따라서 바꾸어 쓸 수 있는 단어를 탐구한 내용으로는 ②가 가장 적절하다.

ANSWER 》 24.② 25.②

02 수리능력

1 직장생활과 수리능력

(1) 기초직업능력으로서의 수리능력

① 개념 … 직장생활에서 요구되는 사칙연산과 기초적인 통계를 이해하고 도표의 의미를 파악하거나 도표를 이용해서 결과를 효과적으로 제시하는 능력을 말한다.

② 수리능력은 크게 기초연산능력, 기초통계능력, 도표분석능력, 도표작성능력으로 구성된다.
  ㉠ **기초연산능력** : 직장생활에서 필요한 기초적인 사칙연산과 계산방법을 이해하고 활용할 수 있는 능력
  ㉡ **기초통계능력** : 평균, 합계, 빈도 등 직장생활에서 자주 사용되는 기초적인 통계기법을 활용하여 자료의 특성과 경향성을 파악하는 능력
  ㉢ **도표분석능력** : 그래프, 그림 등 도표의 의미를 파악하고 필요한 정보를 해석하는 능력
  ㉣ **도표작성능력** : 도표를 이용하여 결과를 효과적으로 제시하는 능력

(2) 업무수행에서 수리능력이 활용되는 경우

① 업무상 계산을 수행하고 결과를 정리하는 경우

② 업무비용을 측정하는 경우

③ 고객과 소비자의 정보를 조사하고 결과를 종합하는 경우

④ 조직의 예산안을 작성하는 경우

⑤ 업무수행 경비를 제시해야 하는 경우

⑥ 다른 상품과 가격비교를 하는 경우

⑦ 연간 상품 판매실적을 제시하는 경우

⑧ 업무비용을 다른 조직과 비교해야 하는 경우

⑨ 상품판매를 위한 지역조사를 실시해야 하는 경우

⑩ 업무수행과정에서 도표로 주어진 자료를 해석하는 경우

⑪ 도표로 제시된 업무비용을 측정하는 경우

예제 1

다음 자료를 보고 주어진 상황에 대한 물음에 답하시오.

〈근로소득에 대한 간이 세액표〉

월 급여액(천 원) [비과세 및 학자금 제외]		공제대상 가족 수				
이상	미만	1	2	3	4	5
2,500	2,520	38,960	29,280	16,940	13,570	10,190
2,520	2,540	40,670	29,960	17,360	13,990	10,610
2,540	2,560	42,380	30,640	17,790	14,410	11,040
2,560	2,580	44,090	31,330	18,210	14,840	11,460
2,580	2,600	45,800	32,680	18,640	15,260	11,890
2,600	2,620	47,520	34,390	19,240	15,680	12,310
2,620	2,640	49,230	36,100	19,900	16,110	12,730
2,640	2,660	50,940	37,810	20,560	16,530	13,160
2,660	2,680	52,650	39,530	21,220	16,960	13,580
2,680	2,700	54,360	41,240	21,880	17,380	14,010
2,700	2,720	56,070	42,950	22,540	17,800	14,430
2,720	2,740	57,780	44,660	23,200	18,230	14,850
2,740	2,760	59,500	46,370	23,860	18,650	15,280

※ 갑근세는 제시되어 있는 간이 세액표에 따름
※ 주민세 = 갑근세의 10%
※ 국민연금 = 급여액의 4.50%
※ 고용보험 = 국민연금의 10%
※ 건강보험 = 급여액의 2.90%
※ 교육지원금 = 분기별 100,000원(매 분기별 첫 달에 지급)

박○○ 사원의 5월 급여내역이 다음과 같고 전월과 동일하게 근무하였으나 특별수당은 없고 차량지원금으로 100,000원을 받게 된다면, 6월에 받게 되는 급여는 얼마인가? (단, 원 단위 절삭)

(주) 서원플랜테크 5월 급여내역			
성명	박○○	지급일	5월 12일
기본급여	2,240,000	갑근세	39,530
직무수당	400,000	주민세	3,950
명절 상여금		고용보험	11,970
특별수당	20,000	국민연금	119,700
차량지원금		건강보험	77,140
교육지원		기타	
급여계	2,660,000	공제합계	252,290
		지급총액	2,407,710

① 2,443,910
② 2,453,910
③ 2,463,910
④ 2,473,910

[출제의도]
업무상 계산을 수행하거나 결과를 정리하고 업무비용을 측정하는 능력을 평가하기 위한 문제로서, 주어진 자료에서 문제를 해결하는 데에 필요한 부분을 빠르고 정확하게 찾아내는 것이 중요하다.
[해설]

기본 급여	2,240,000	갑근세	46,370
직무 수당	400,000	주민세	4,630
명절 상여금		고용 보험	12,330
특별 수당		국민 연금	123,300
차량 지원금	100,000	건강 보험	79,460
교육 지원		기타	
급여계	2,740,000	공제 합계	266,090
		지급 총액	2,473,910

답 ④

(3) 수리능력의 중요성

① 수학적 사고를 통한 문제해결

② 직업세계의 변화에의 적응

③ 실용적 가치의 구현

(4) 단위환산표

구분	단위환산
길이	$1cm = 10mm$, $1m = 100cm$, $1km = 1,000m$
넓이	$1cm^2 = 100mm^2$, $1m^2 = 10,000cm^2$, $1km^2 = 1,000,000m^2$
부피	$1cm^3 = 1,000mm^3$, $1m^3 = 1,000,000cm^3$, $1km^3 = 1,000,000,000m^3$
들이	$1m\ell = 1cm^3$, $1d\ell = 100cm^3$, $1L = 1,000cm^3 = 10d\ell$
무게	$1kg = 1,000g$, $1t = 1,000kg = 1,000,000g$
시간	$1분 = 60초$, $1시간 = 60분 = 3,600초$
할푼리	$1푼 = 0.1할$, $1리 = 0.01할$, $1모 = 0.001할$

예제 2

둘레의 길이가 4.4km인 정사각형 모양의 공원이 있다. 이 공원의 넓이는 몇 a인가?

① 12,100a
② 1,210a
③ 121a
④ 12.1a

[출제의도]
길이, 넓이, 부피, 들이, 무게, 시간, 속도 등 단위에 대한 기본적인 환산 능력을 평가하는 문제로서, 소수점 계산이 필요하며, 자릿수를 읽고 구분할 줄 알아야 한다.
[해설]
공원의 한 변의 길이는
$4.4 \div 4 = 1.1 (km)$이고
$1km^2 = 10,000a$이므로
공원의 넓이는
$1.1km \times 1.1km = 1.21km^2$
　　　　　　　$= 12,100a$

답 ①

2 수리능력을 구성하는 하위능력

(1) 기초연산능력

① **사칙연산** … 수에 관한 덧셈, 뺄셈, 곱셈, 나눗셈의 네 종류의 계산법으로 업무를 원활하게 수행하기 위해서는 기본적인 사칙연산뿐만 아니라 다단계의 복잡한 사칙연산까지도 수행할 수 있어야 한다.

② **검산** … 연산의 결과를 확인하는 과정으로 대표적인 검산방법으로 역연산과 구거법이 있다.
  - ㉠ **역연산** : 덧셈은 뺄셈으로, 뺄셈은 덧셈으로, 곱셈은 나눗셈으로, 나눗셈은 곱셈으로 확인하는 방법이다.
  - ㉡ **구거법** : 원래의 수와 각 자리 수의 합이 9로 나눈 나머지가 같다는 원리를 이용한 것으로 9를 버리고 남은 수로 계산하는 것이다.

예제 3

다음 식을 바르게 계산한 것은?

$$1 + \frac{2}{3} + \frac{1}{2} - \frac{3}{4}$$

① $\dfrac{13}{12}$ ② $\dfrac{15}{12}$

③ $\dfrac{17}{12}$ ④ $\dfrac{19}{12}$

[출제의도]
직장생활에서 필요한 기초적인 사칙연산과 계산방법을 이해하고 활용할 수 있는 능력을 평가하는 문제로서, 분수의 계산과 통분에 대한 기본적인 이해가 필요하다.

[해설]
$$\frac{12}{12} + \frac{8}{12} + \frac{6}{12} - \frac{9}{12} = \frac{17}{12}$$

답 ③

---

(2) 기초통계능력

① **업무수행과 통계**
  - ㉠ **통계의 의미** : 통계란 집단현상에 대한 구체적인 양적 기술을 반영하는 숫자이다.
  - ㉡ 업무수행에 통계를 활용함으로써 얻을 수 있는 이점
    - 많은 수량적 자료를 처리가능하고 쉽게 이해할 수 있는 형태로 축소
    - 표본을 통해 연구대상 집단의 특성을 유추
    - 의사결정의 보조수단
    - 관찰 가능한 자료를 통해 논리적으로 결론을 추출·검증

ⓒ 기본적인 통계치

- 빈도와 빈도분포 : 빈도란 어떤 사건이 일어나거나 증상이 나타나는 정도를 의미하며, 빈도분포란 빈도를 표나 그래프로 종합적으로 표시하는 것이다.
- 평균 : 모든 사례의 수치를 합한 후 총 사례 수로 나눈 값이다.
- 백분율 : 전체의 수량을 100으로 하여 생각하는 수량이 그중 몇이 되는가를 퍼센트로 나타낸 것이다.

② 통계기법

ⓐ 범위와 평균

- 범위 : 분포의 흩어진 정도를 가장 간단히 알아보는 방법으로 최곳값에서 최젓값을 뺀 값을 의미한다.
- 평균 : 집단의 특성을 요약하기 위해 가장 자주 활용하는 값으로 모든 사례의 수치를 합한 후 총 사례 수로 나눈 값이다.
- 관찰값이 1, 3, 5, 7, 9일 경우 범위는 $9 - 1 = 8$이 되고, 평균은 $\dfrac{1+3+5+7+9}{5}$ $= 5$가 된다.

ⓑ 분산과 표준편차

- 분산 : 관찰값의 흩어진 정도로, 각 관찰값과 평균값의 차의 제곱의 평균이다.
- 표준편차 : 평균으로부터 얼마나 떨어져 있는가를 나타내는 개념으로 분산값의 제곱근 값이다.
- 관찰값이 1, 2, 3이고 평균이 2인 집단의 분산은 $\dfrac{(1-2)^2 + (2-2)^2 + (3-2)^2}{3} = \dfrac{2}{3}$ 이고 표준편차는 분산값의 제곱근 값인 $\sqrt{\dfrac{2}{3}}$ 이다.

③ 통계자료의 해석

ⓐ 다섯숫자요약

- 최솟값 : 원자료 중 값의 크기가 가장 작은 값
- 최댓값 : 원자료 중 값의 크기가 가장 큰 값
- 중앙값 : 최솟값부터 최댓값까지 크기에 의하여 배열했을 때 중앙에 위치하는 사례의 값
- 하위 25%값 · 상위 25%값 : 원자료를 크기 순으로 배열하여 4등분한 값

ⓑ 평균값과 중앙값 : 평균값과 중앙값은 그 개념이 다르기 때문에 명확하게 제시해야 한다.

예제 4

인터넷 쇼핑몰에서 회원가입을 하고 디지털캠코더를 구매하려고 한다. 다음은 구입하고자 하는 모델에 대하여 인터넷 쇼핑몰 세 곳의 가격과 조건을 제시한 표이다. 표에 있는 모든 혜택을 적용하였을 때 디지털캠코더의 배송비를 포함한 실제 구매가격을 바르게 비교한 것은?

구분	A 쇼핑몰	B 쇼핑몰	C 쇼핑몰
정상가격	129,000원	131,000원	130,000원
회원혜택	7,000원 할인	3,500원 할인	7% 할인
할인쿠폰	5% 쿠폰	3% 쿠폰	5,000원
중복할인여부	불가	가능	불가
배송비	2,000원	무료	2,500원

① A<B<C

② B<C<A

③ C<A<B

④ C<B<A

[출제의도]
직장생활에서 자주 사용되는 기초적인 통계기법을 활용하여 자료의 특성과 경향성을 파악하는 능력이 요구되는 문제이다.

[해설]
㉠ A 쇼핑몰
• 회원혜택을 선택한 경우 : $129,000-7,000+2,000=124,000$(원)
• 5% 할인쿠폰을 선택한 경우 : $129,000\times0.95+2,000=124,550$

㉡ B 쇼핑몰 : $131,000\times0.97-3,500=123,570$

㉢ C 쇼핑몰
• 회원혜택을 선택한 경우 : $130,000\times0.93+2,500=123,400$
• 5,000원 할인쿠폰을 선택한 경우 : $130,000-5,000+2,500=127,500$

$\therefore C<B<A$

답 ④

---

(3) 도표분석능력

① 도표의 종류

  ㉠ 목적별 : 관리(계획 및 통제), 해설(분석), 보고

  ㉡ 용도별 : 경과 그래프, 내역 그래프, 비교 그래프, 분포 그래프, 상관 그래프, 계산 그래프

  ㉢ 형상별 : 선 그래프, 막대 그래프, 원 그래프, 점 그래프, 층별 그래프, 레이더 차트

② 도표의 활용

  ㉠ 선 그래프

   • 주로 시간의 경과에 따라 수량에 의한 변화 상황(시계열 변화)을 절선의 기울기로 나타내는 그래프이다.

   • 경과, 비교, 분포를 비롯하여 상관관계 등을 나타낼 때 쓰인다.

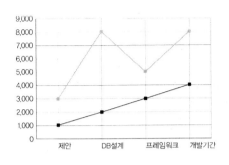

ⓛ 막대 그래프

• 비교하고자 하는 수량을 막대 길이로 표시하고 그 길이를 통해 수량 간의 대소관계를 나타내는 그래프이다.

• 내역, 비교, 경과, 도수 등을 표시하는 용도로 쓰인다.

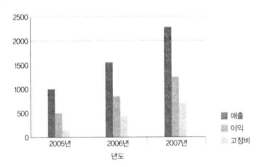

ⓒ 원 그래프

• 내역이나 내용의 구성비를 원을 분할하여 나타낸 그래프이다.

• 전체에 대해 부분이 차지하는 비율을 표시하는 용도로 쓰인다.

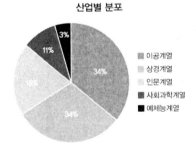

㉣ 점 그래프

• 종축과 횡축에 2요소를 두고 보고자 하는 것이 어떤 위치에 있는가를 나타내는 그래프이다.

• 지역분포를 비롯하여 도시, 기방, 기업, 상품 등의 평가나 위치·성격을 표시하는데 쓰인다.

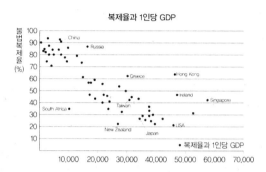

㉤ 층별 그래프

• 선 그래프의 변형으로 연속내역 봉 그래프라고 할 수 있다. 선과 선 사이의 크기로 데이터 변화를 나타낸다.

• 합계와 부분의 크기를 백분율로 나타내고 시간적 변화를 보고자 할 때나 합계와 각 부분의 크기를 실수로 나타내고 시간적 변화를 보고자 할 때 쓰인다.

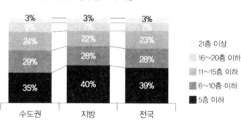

㉥ 레이더 차트(거미줄 그래프)

• 원 그래프의 일종으로 비교하는 수량을 직경, 또는 반경으로 나누어 원의 중심에서의 거리에 따라 각 수량의 관계를 나타내는 그래프이다.

• 비교하거나 경과를 나타내는 용도로 쓰인다.

③ 도표 해석상의 유의사항

    ⊙ 요구되는 지식의 수준을 넓힌다.

    ⓒ 도표에 제시된 자료의 의미를 정확히 숙지한다.

    ⓒ 도표로부터 알 수 있는 것과 없는 것을 구별한다.

    ⓔ 총량의 증가와 비율의 증가를 구분한다.

    ⓜ 백분위수와 사분위수를 정확히 이해하고 있어야 한다.

예제 5

다음 표는 2009 ~ 2010년 지역별 직장인들의 자기개발에 관해 조사한 내용을 정리한 것이다. 이에 대한 분석으로 옳은 것은?

(단위 : %)

연도 지역 구분	2009				2010			
	자기개발 하고 있음	자기개발 비용 부담 주체			자기개발 하고 있음	자기개발 비용 부담 주체		
		직장 100%	본인 100%	직장50%+본인50%		직장 100%	본인 100%	직장50%+본인50%
충청도	36.8	8.5	88.5	3.1	45.9	9.0	65.5	24.5
제주도	57.4	8.3	89.1	2.9	68.5	7.9	68.3	23.8
경기도	58.2	12	86.3	2.6	71.0	7.5	74.0	18.5
서울시	60.6	13.4	84.2	2.4	72.7	11.0	73.7	15.3
경상도	40.5	10.7	86.1	3.2	51.0	13.6	74.9	11.6

① 2009년과 2010년 모두 자기개발 비용을 본인이 100% 부담하는 사람의 수는 응답자의 절반 이상이다.

② 자기개발을 하고 있다고 응답한 사람의 수는 2009년과 2010년 모두 서울시가 가장 많다.

③ 자기개발 비용을 직장과 본인이 각각 절반씩 부담하는 사람의 비율은 2009년과 2010년 모두 서울시가 가장 높다.

④ 2009년과 2010년 모두 자기개발을 하고 있다고 응답한 비율이 가장 높은 지역에서 자기개발비용을 직장이 100% 부담한다고 응답한 사람의 비율이 가장 높다.

[출제의도]

그래프, 그림, 도표 등 주어진 자료를 이해하고 의미를 파악하여 필요한 정보를 해석하는 능력을 평가하는 문제이다.

[해설]

② 지역별 인원수가 제시되어 있지 않으므로, 각 지역별 응답자 수는 알 수 없다.

③ 2009년에는 경상도에서, 2010년에는 충청도에서 가장 높은 비율을 보인다.

④ 2009년과 2010년 모두 '자기개발을 하고 있다'고 응답한 비율이 가장 높은 지역은 서울시이며, 2010년의 경우 자기개발비용을 직장이 100% 부담한다고 응답한 사람의 비율이 가장 높은 지역은 경상도이다.

답 ①

(4) 도표작성능력

① 도표작성 절차
  ㉠ 어떠한 도표로 작성할 것인지를 결정
  ㉡ 가로축과 세로축에 나타낼 것을 결정
  ㉢ 한 눈금의 크기를 결정
  ㉣ 자료의 내용을 가로축과 세로축이 만나는 곳에 표현
  ㉤ 표현한 점들을 선분으로 연결
  ㉥ 도표의 제목을 표기

② 도표작성 시 유의사항
  ㉠ 선 그래프 작성 시 유의점
  • 세로축에 수량, 가로축에 명칭구분을 제시한다.
  • 선의 높이에 따라 수치를 파악하는 경우가 많으므로 세로축의 눈금을 가로축보다 크게 하는 것이 효과적이다.
  • 선이 두 종류 이상일 경우 반드시 그 명칭을 기입한다.
  ㉡ 막대 그래프 작성 시 유의점
  • 막대 수가 많을 경우에는 눈금선을 기입하는 것이 알아보기 쉽다.
  • 막대의 폭은 모두 같게 하여야 한다.
  ㉢ 원 그래프 작성 시 유의점
  • 정각 12시의 선을 기점으로 오른쪽으로 그리는 것이 보통이다.
  • 분할선은 구성비율이 큰 순서로 그린다.
  ㉣ 층별 그래프 작성 시 유의점
  • 눈금은 선 그래프나 막대 그래프보다 적게 하고 눈금선은 넣지 않는다.
  • 층별로 색이나 모양이 완전히 다른 것이어야 한다.
  • 같은 항목은 옆에 있는 층과 선으로 연결하여 보기 쉽도록 한다.

출제예상문제

1 오늘 서울의 기온은 32℃이다. 이는 화씨(℉)로 변환하면?

① 64℉

② 72.4℉

③ 89.6℉

④ 94.8℉

⑤ 106.2℉

> **TIP** ≫ ℃ × $\frac{9}{5}$ + 32 = ℉이므로, $32 \times \frac{9}{5} + 32 = 89.6$℉이다.

2 무게의 단위 관계를 잘못 나타낸 것은?

① 200t = 200,000kg

② 3.6t = 3,600kg

③ 27,000kg = 2.7t

④ 50t = 50,000kg

⑤ 3t = 3,000,000g

> **TIP** ≫ ③ 1000kg = 1t이므로 27000kg = 27t이다.

3 마을에 350ha의 과수원과 $10km^2$의 논이 있다. 과수원과 논의 합은 몇 km^2인가?

① $10.35km^2$

② $13.5km^2$

③ $45km^2$

④ $10.035km^2$

⑤ $100.35km^2$

> **TIP** ≫ $100ha = 1km^2$이므로 $350ha + 10km^2 = 3.5km^2 + 10km^2 = 13.5km^2$이다.

4 다음 중 가장 가벼운 것은?

① 0.0045t

② 4.5kg

③ 450g

④ 4,500,000mg

⑤ 7.5근

> **TIP** 》 0.0045t = 4.5kg = 4,500g = 4,500,000mg = 7.5근
> ※ 1근＝600g

5 가로가 600cm, 세로가 500cm인 거실의 넓이는 몇 m^2인가?

① $0.03m^2$

② $0.3m^2$

③ $3m^2$

④ $30m^2$

⑤ $300m^2$

> **TIP** 》 600cm = 6m, 500cm = 5m이므로 $6 \times 5 = 30m^2$

6 다음 제시된 숫자의 배열을 보고 규칙을 찾아 빈칸에 들어갈 알맞은 숫자를 고르면?

> 5 2 10 4 20 ( ) 40 8

① 30

② 8

③ 40

④ 6

⑤ 50

> **TIP** 》 1, 3, 5, 7항은 ×2의 규칙을, 2, 4, 6, 8항은 +2의 규칙을 가진다. 따라서 빈칸에 들어갈
> 숫자는 4 + 2 = 6이다.

ANSWER 〉 1.③ 2.③ 3.② 4.③ 5.④ 6.④

7 다음은 일정한 규칙에 따라 배열된 수이다. 빈칸에 알맞은 수를 고르면?

> 8 3 2   14 4 3   20 6 3   ( ) 7 4

① 25
② 27
③ 30
④ 34
⑤ 36

    TIP 》 규칙성을 찾으면 $8 = (3 \times 2) + 2$, $14 = (4 \times 3) + 2$, $20 = (6 \times 3) + 2$이므로 빈칸에 들어갈 수는 $(7 \times 4) + 2 = 30$이다.

8 150개의 블록을 각각 일정한 간격으로 세워서 도미노를 만들었다. 블록의 종류는 빨간색과 파란색이 있고, 블록이 넘어질 때 걸리는 시간은 빨간색 블록은 1초에 2개씩, 파란색 블록은 1초에 3개씩 서로 다르다. 제일 앞의 블록부터 시작하여 모든 블록이 연이어 넘어질 때, 150개의 블록이 모두 넘어질 때까지 총 1분이 걸린다고 한다. 빨간색 블록과 파란색 블록은 각각 몇 개인가?

① 빨간색 80개, 빨간색 70개
② 빨간색 70개, 파란색 80개
③ 빨간색 65개, 파란색 85개
④ 빨간색 60개, 파란색 90개
⑤ 빨간색 55개, 파란색 95개

    TIP 》 빨간색 블록의 개수를 x, 파란색 블록의 개수를 y라 하면
전체 블록의 개수가 150개이므로 $x + y = 100$ … ①

빨간색 블록 x개가 넘어지는 데 걸리는 시간은 $\frac{1}{2}x$초이고

파란색 블록 y개가 넘어지는 데 걸리는 시간은 $\frac{1}{3}y$초이므로

$\frac{1}{2}x + \frac{1}{3}y = 60 \Rightarrow 3x + 2y = 360$ … ②

①식과 ②식을 연립하여 풀면
$x = 60$, $y = 90$
따라서 빨간색 블록은 60개, 파란색 블록은 90개이다.

9 △△ 인터넷 사이트에 접속하기 위한 비밀번호의 앞 세 자리는 영문으로, 뒤 네 자리는 숫자로 구성되어 있다. △△ 인터넷 사이트에 접속하려 하는데 비밀번호 끝 두 자리가 생각나지 않아서 접속할 수가 없다. 기억하고 있는 사실이 다음과 같을 때, 사이트 접속 비밀번호를 구하면?

> ㉠ 비밀번호 :
>
> | a | b | c | 4 | 2 | ? | ? |
> |---|---|---|---|---|---|---|
>
> ㉡ 네 자리 숫자의 합은 15
> ㉢ 맨 끝자리의 숫자는 그 바로 앞자리 수의 2배

① abc4200
② abc4212
③ abc4224
④ abc4236
⑤ abc4248

TIP》 비밀번호의 끝 두 자리를 순서대로 x, y라 하면

a	b	c	4	2	x	y

문제에 따라 연립방정식으로 나타내어 풀면

$$\begin{cases} y = 2x \\ 4+2+x+y = 15 \end{cases} \Rightarrow \begin{cases} y = 2x \\ x+y = 9 \end{cases}$$

$x = 3$, $y = 6$

따라서 구하는 비밀번호는 [abc4236]이다.

10 다음은 주어진 문제에 대한 갑과 을의 내화이다. 을이 갑의 풀이가 옳지 않다고 했을 때, 책의 쪽수가 될 수 없는 것은?

> 어떤 책을 하루에 40쪽씩 읽으면 13일째에 다 읽는다고 한다. 이 책은 모두 몇 쪽인가?

> 갑 : 하루에 40쪽씩 읽고 13일째에 다 읽으니까 $40 \times 13 = 520$(쪽), 즉 이 책의 쪽수는 모두 520쪽이네.
> 을 : 꼭 그렇지만은 않아.

① 480쪽   ② 485쪽

③ 490쪽   ④ 500쪽

⑤ 510쪽

    TIP 》 12일째까지 $40 \times 12 = 480$쪽을 읽고,
            마지막 날인 13일째에는 최소 1쪽에서 최대 40쪽까지 읽을 수 있으므로
            이 책의 쪽수는 481쪽 이상 520쪽 이하이다.

11 둘레가 6km인 공원을 영수와 성수가 같은 장소에서 동시에 출발하여 같은 방향으로 돌면 1시간 후에 만나고, 반대 방향으로 돌면 30분 후에 처음으로 만난다고 한다. 영수가 성수보다 걷는 속도가 빠르다고 할 때, 영수가 걷는 속도는?

① 5km/h   ② 6km/h

③ 7km/h   ④ 8km/h

⑤ 9km/h

    TIP 》 영수가 걷는 속도를 x, 성수가 걷는 속도는 y라 하면
            ㉠ 같은 방향으로 돌 경우 : 영수가 걷는 거리 − 성수가 걷는 거리 = 공원 둘레
               → $x - y = 6$
            ㉡ 반대 방향으로 돌 경우 : 영수가 간 거리 + 성수가 간 거리 = 공원 둘레
               → $\frac{1}{2}x + \frac{1}{2}y = 6$ → $x + y = 12$
            $x = 9$, $y = 3$

12 어느 인기 그룹의 공연을 준비하고 있는 기획사는 다음과 같은 조건으로 총 1,500장의 티켓을 판매하려고 한다. 티켓 1,500장을 모두 판매한 금액이 6,000만 원이 되도록 하기 위해 판매해야 할 S석 티켓의 수를 구하면?

> (가) 티켓의 종류는 R석, S석, A석 세 가지이다.
> (나) R석, S석, A석 티켓의 가격은 각각 10만 원, 5만 원, 2만 원이고, A석 티켓의 수는 R석과 S석 티켓의 수의 합과 같다.

① 450장

② 600장

③ 750장

④ 900장

⑤ 1,050장

    TIP》 조건 (가)에서 R석의 티켓의 수를 a, S석의 티켓의 수를 b, A석의 티켓의 수를 c라 놓으면

$a+b+c=1,500$ …… ㉠

조건 (나)에서 R석, S석, A석 티켓의 가격은 각각 10만 원, 5만 원, 2만 원이므로

$10a+5b+2c=6,000$ …… ㉡

A석의 티켓의 수는 R석과 S석 티켓의 수의 합과 같으므로

$a+b=c$ …… ㉢

세 방정식 ㉠, ㉡, ㉢을 연립하여 풀면

㉠, ㉢에서 $2c=1,500$ 이므로 $c=750$

㉠, ㉡에서 연립방정식

$$\begin{cases} a+b=750 \\ 2a+b=900 \end{cases}$$

을 풀면 $a=150$, $b=600$ 이다.

따라서 구하는 S석의 티켓의 수는 600장이다.

13 그림은 ∠B = 90°인 직각심긱형 ABC의 세 변을 각각 한 변으로 하는 정사각형을 그린 것이다. □ADEB의 넓이는 9이고 □BFGC의 넓이가 4일 때, □ACHI의 넓이는?

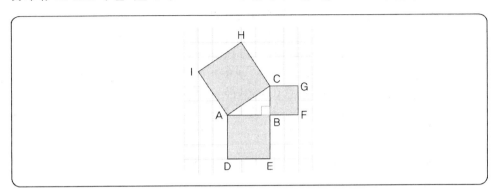

① 13

② 14

③ 15

④ 16

⑤ 17

> **TIP 》** □ADEB의 넓이는 9이고 □BFGC의 넓이가 4이므로, $\overline{AB}$의 길이는 3이고 $\overline{BC}$의 길이는 2이다. 피타고라스의 정리에 의하면 직각삼각형에서 직각을 끼고 있는 두 변의 제곱의 합은 빗변의 길이의 제곱과 같으므로, $\overline{AC}$의 길이를 x라고 할 때, $x^2 = 9+4 = 13$이다.

14 다음은 업무 평가 점수 평균이 같은 다섯 팀의 표준편차를 나타낸 것이다. 직원들의 평가 점수가 평균에 가장 가깝게 분포되어 있는 팀은?

팀	인사팀	영업팀	총무팀	홍보팀	관리팀
표준편차	$\sqrt{23}$	$\sqrt{10}$	5	$\sqrt{15}$	3

① 인사팀

② 영업팀

③ 총무팀

④ 홍보팀

⑤ 관리팀

> **TIP 》** 표준편차는 자료의 값이 평균으로부터 얼마나 떨어져 있는지, 즉 흩어져 있는지를 나타내는 값이다. 표준편차가 0일 때는 자룻값이 모두 같은 값을 가지고, 표준편차가 클수록 자룻값 중에 평균에서 떨어진 값이 많이 존재한다.

15 차고 및 A, B, C 간의 거리는 아래의 표와 같다. 차고에서 출발하여 A, B, C 3개의 수요지를 각각 1대의 차량이 방문하는 경우에 비해, 1대의 차량으로 3개의 수요지를 모두 방문하고 차고지로 되돌아오는 경우, 수송 거리가 최대 몇 km 감소되는가?

구분	A	B	C
차고	10	13	12
A	–	5	10
B	–	–	7

① 24　　　　　　　　　　　　② 30

③ 36　　　　　　　　　　　　④ 46

⑤ 58

　　TIP 》 A, B, C의 장소를 각각 1대의 차량으로 방문할 시의 수송거리는(10 + 13 + 12)×2 = 70km, 하나의 차량으로 3곳 수요지를 방문하고 차고지로 되돌아오는 경우의 수송거리 10 + 5 + 7 + 12 = 34km, 그러므로 70-34 = 36km가 된다.

16 유리는 자신이 운영하는 커피숍에서 커피 1잔에 원가의 3할 정도의 이익을 덧붙여서 판매를 하고 있다. 오전의 경우에는 타임할인을 적용해 450원을 할인해 판매하는데 이 때 원가의 15% 정도의 이익이 발생한다고 한다. 만약 커피 70잔을 오전에 판매하였을 시에 이익금을 계산하면?

① 27,352원　　　　　　　　　② 28,435원

③ 30,091원　　　　　　　　　④ 31,500원

⑤ 32,650원

　　TIP 》 커피 한 잔의 원가를 x라 하면,
　　　　$1.3x - 450 = 1.15x$
　　　　$0.15x = 450$
　　　　$x = 3,000$
　　　　∴ 커피 70잔을 팔았을 때의 총 이익금은 $3,000 \times \dfrac{15}{100} \times 70 = 31,500$원이 된다.

ANSWER 〉 13.① 14.⑤ 15.③ 16.④

17 3개월의 인턴기간 동안 업무평가 점수가 가장 높았던 甲, 乙, 丙, 丁 네 명의 인턴에게 성과급을 지급했다. 제시된 조건에 따라 성과급은 甲 인턴부터 丁 인턴까지 차례로 지급되었다고 할 때, 네 인턴에게 지급된 성과급 총액은 얼마인가?

> • 甲 인턴은 성과급 총액의 1/3보다 20만 원 더 받았다.
> • 乙 인턴은 甲 인턴이 받고 남은 성과급의 1/2보다 10만 원을 더 받았다.
> • 丙 인턴은 乙 인턴이 받고 남은 성과급의 1/3보다 60만 원을 더 받았다.
> • 丁 인턴은 丙 인턴이 받고 남은 성과급의 1/2보다 70만 원을 더 받았다.

① 860만 원
② 900만 원
③ 940만 원
④ 960만 원
⑤ 1,020만 원

TIP》 丁 인턴은 甲, 乙, 丙 인턴에게 주고 남은 성과급의 1/2보다 70만 원을 더 받았다고 하였으므로, 전체 성과급에서 甲, 乙, 丙 인턴에게 주고 남은 성과급을 x라고 하면

丁 인턴이 받은 성과급은 $\frac{1}{2}x + 70 = x$ (∵ 마지막에 받은 丁 인턴에게 남은 성과급을 모두 주는 것이 되므로), ∴ $x = 140$이다.

丙 인턴은 甲, 乙 인턴에게 주고 남은 성과급의 1/3보다 60만 원을 더 받았다고 하였는데, 여기서 甲, 乙 인턴에게 주고 남은 성과급의 2/3는 丁 인턴이 받은 140만 원 + 丙 인턴이 더 받을 60만 원이 되므로, 丙 인턴이 받은 성과급은 160만 원이다.

乙 인턴은 甲 인턴에게 주고 남은 성과급의 1/2보다 10만 원을 더 받았다고 하였는데, 여기서 甲 인턴에게 주고 남은 성과급의 1/2은 丙, 丁 인턴이 받은 300만 원 + 乙 인턴이 더 받을 10만 원이 되므로, 乙 인턴이 받은 성과급은 320만 원이다.

甲 인턴은 성과급 총액의 1/3보다 20만 원 더 받았다고 하였는데, 여기서 성과급 총액의 2/3은 乙, 丙, 丁 인턴이 받은 620만 원 + 甲 인턴이 더 받을 20만 원이 되므로, 甲 인턴이 받은 성과급은 340만 원이다.

따라서 네 인턴에게 지급된 성과급 총액은 340 + 320 + 160 + 140 = 960만 원이다.

18 다음 표는 ⑺, ⑷, ⑸ 세 기업의 남자 사원 400명에 대해 현재의 노동 조건에 만족하는
가에 관한 설문 조사를 실시한 결과이다. ⊙~⊜ 중에서 옳은 것은 어느 것인가?

구분	불만	보통	만족	계
⑺회사	34	38	50	122
⑷회사	73	11	58	142
⑸회사	71	41	24	136

⊙ 이 설문 조사에서는 현재의 노동 조건에 대해 불만을 나타낸 사람은 과반수를
　넘지 않는다.
⊙ 가장 불만 비율이 높은 기업은 ⑸회사이다.
⊙ '보통'이라고 회답한 사람이 가장 적은 ⑷회사는 가장 노동조건이 좋은 기업이다.
⊜ 만족이라고 답변한 사람이 가장 많은 ⑷회사가 가장 노동조건이 좋은 회사이다.

① ⊙, ⊙　　　　　　　　　　　② ⊙, ⊙

③ ⊙, ⊜　　　　　　　　　　　④ ⊙, ⊙

⑤ ⊙, ⊜

TIP 》 각 회사의 조사 회답 지수를 100%로 하고 각각의 회답을 집계하면 다음과 같은 표가 된다.

구분	불만	보통	만족	계
⑺회사	34(27.9)	38(31.1)	50(41.0)	122(100.0)
⑷회사	73(51.4)	11(7.7)	58(40.8)	142(100.0)
⑸회사	71(52.2)	41(30.1)	24(17.6)	136(100.0)
계	178(44.5)	90(22.5)	132(33.0)	400(100.0)

19 다음 표는 2018 평창 동계올림픽대회에서 획득한 메달의 개수에 따른 상위 20개국(선수단)을 조사하여 나타낸 도수분포표이다. 이 대회에서 대한민국은 17개의 메달을 획득하였다. 17개의 메달 수가 속하는 계급의 도수는?

메달 수(개)	국가(선수단) 수
0 이상 ~ 8 미만	6
8 이상 ~ 16 미만	7
16 이상 ~ 24 미만	4
24 이상 ~ 32 미만	2
32 이상 ~ 40 미만	1
합계	20

① 1   ② 2

③ 4   ④ 7

⑤ 6

TIP 》 17개의 메달 수가 속하는 계급의 도수는 4이다.

20 새로운 철로건설 계획에 따라 A, B, C의 세 가지 노선이 제시되었다. 철로 완공 후 연간 평균 기차 통행량은 2만 대로 추산될 때, 건설비용과 사회적 손실비용이 가장 큰 철로를 바르게 짝지은 것은?

> • 각 노선의 총 길이는 터널구간 길이와 교량구간 길이 그리고 일반구간 길이로 구성된다.
> • 건설비용은 터널구간, 교량구간, 일반구간 각각 1km당 1,000억 원, 200억 원, 100억 원이 소요된다.
> • 운행에 따른 사회적 손실비용은 기차 한 대가 10km를 운행할 경우 1,000원이다.
> • 다음 표는 각 노선의 구성을 보여 주고 있다.
>
> | 노선 | 터널구간 길이 | 교량구간 길이 | 총 길이 |
> |------|------|------|------|
> | A | 1.2km | 0.5km | 10km |
> | B | 0 | 0 | 20km |
> | C | 0.8km | 1.5km | 15km |

	건설비용이 가장 큰 철로	사회적 손실비용이 가장 큰 철로
①	A	B
②	B	C
③	C	A
④	A	C
⑤	C	B

TIP 》 각 노선의 건설비용과 사회적 손실비용을 구하면 다음과 같다.

노선	구분	비용
A	건설비용	$(1.2 \times 1,000) + (0.5 \times 200) + (8.3 \times 100) = 2,130$억 원
	사회적 손실비용	$20,000 \times 1,000 = 20,000,000$원
B	건설비용	$20 \times 100 = 2,000$억 원
	사회적 손실비용	$20,000 \times 1,000 \times 2 = 40,000,000$원
C	건설비용	$(0.8 \times 1,000) + (1.5 \times 200) + (12.7 \times 100) = 2,370$억 원
	사회적 손실비용	$20,000 \times 1,000 \times 1.5 = 30,000,000$원

21 다음은 프로야구 선수 Y의 타격기록이다. 이에 대한 설명으로 옳은 것을 고르면?

연도	소속 구단	타율	출전 경기수	타수	안타수	홈런수	타점	4사구수	장타율
1993	A	0.341	106	381	130	23	90	69	0.598
1994	A	0.300	123	427	128	19	87	63	0.487
1995	A	0.313	125	438	137	20	84	83	0.532
1996	A	0.346	126	436	151	28	87	88	0.624
1997	A	0.328	126	442	145	30	98	110	0.627
1998	A	0.342	126	456	156	27	89	92	0.590
1999	B	0.323	131	496	160	21	105	87	0.567
2000	C	0.313	117	432	135	15	92	78	0.495
2001	C	0.355	124	439	156	14	92	81	0.510
2002	A	0.276	132	391	108	14	50	44	0.453
2003	A	0.329	133	490	161	33	92	55	0.614
2004	A	0.315	133	479	151	28	103	102	0.553
2005	A	0.261	124	394	103	13	50	67	0.404
2006	A	0.303	126	413	125	13	81	112	0.477
2007	A	0.337	123	442	149	22	72	98	0.563

① 1997~2002년 중 Y선수의 장타율이 높을수록 4사구도 많았다.

② 1997~2007년 중 Y선수의 타율이 0.310 이하인 해는 4번 있었다.

③ 전체 기간 중 Y선수는 타율이 가장 높은 해에 B구단에 속해 있었다.

④ 2000년 이전까지 볼 때, Y선수는 출전 경기수가 가장 많은 해에 가장 많은 홈런을 기록했다.

⑤ 전체 기간 중 Y선수의 타수와 안타수는 증감 추이가 동일하다.

> **TIP** 》 ② 1997~2007년 중 Y선수의 타율이 0.310 이하인 해는 2002년, 2005년, 2006년으로 3번 있었다.
> ③ 전체 기간 중 Y선수의 타율이 가장 높은 해는 0.355인 2001년으로 C구단에 속해 있었다.
> ④ 2000년 이전 출전 경기수가 가장 많은 해는 1999년이다. 그러나 1997년에 가장 많은 홈런을 기록했다.
> ⑤ 타수와 안타수의 증감 추이는 동일하지 않다.

22 카지노 사업자 甲은 A, B, C 세 곳의 사업장을 가지고 있으며, 각각의 사업장 연간 총 매출액은 10억 원, 90억 원, 200억 원이다. 다음의 세금 징수비율에 따라 세금을 납부한 다고 할 때, A, B 두 곳의 세금은 기한 내 납부하였고 C의 세금은 납부기한이 지난 후 에 납부하였다고 한다면 甲이 낸 총 금액은 얼마인가?

■ 세금 징수비율
• 연간 총매출액이 10억 원 이하인 경우 : 총매출액의 100분의 1
• 연간 총매출액이 10억 원을 초과하고 100억 원 이하인 경우 :
  1천만 원 + (총매출액 중 10억 원을 초과하는 금액의 100분의 5)
• 연간 총매출액이 100억 원을 초과하는 경우 :
  4억 6천만 원 + (총매출액 중 100억 원을 초과하는 금액의 100분의 10)
■ 체납에 따른 가산금
• 납부기한까지 세금을 내지 않으면, 체납된 세금에 대해서 100분의 3에 해당하는
  가산금이 1회에 한하여 부과된다.
• 다만 가산금에 대한 연체료는 없다.

---

① 16억 1,350만 원   ② 17억 4,530만 원
③ 18억 3,560만 원   ④ 19억 2,380만 원
⑤ 20억 1,750만 원

TIP 》 • A의 세금 : 1,000,000,000 × 0.01 = 10,000,000원
        • B의 세금 : 10,000,000 + (8,000,000,000 × 0.05) = 410,000,000원
        • C의 세금 : 460,000,000 + (10,000,000,000 × 0.1) = 1,460,000,000원
        • C의 가산금 : 1,460,000,000 × 0.03 = 43,800,000원
        따라서 甲이 낸 총 금액은 19억 2,380만 원이다.

23 다음은 ○○그룹의 1997년도와 2008년도 7개 계열사의 영업이익률이다. 자료 분석 결과로 옳은 것은?

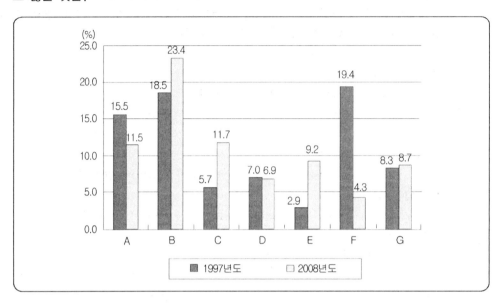

① B계열사의 2008년 영업이익률은 나머지 계열사의 영업이익률의 합보다 많다.

② 1997년도에 가장 높은 영업이익률을 낸 계열사는 2008년에도 가장 높은 영업이익률을 냈다.

③ 2008년 G계열사의 영업이익률은 1997년 E계열사의 영업이익률의 2배가 넘는다.

④ 7개 계열사 모두 1997년 대비 2008년의 영업이익률이 증가하였다.

⑤ 1997년과 2008년 모두 영업이익률이 10%을 넘은 계열사는 3곳이다.

> **TIP ≫** ③ 2008년 G계열사의 영업이익률은 8.7%로 1997년 E계열사의 영업이익률 2.9%의 2배가 넘는다.
> ① B계열사의 2008년 영업이익률은 나머지 계열사의 영업이익률의 합보다 적다.
> ② 1997년도에 가장 높은 영업이익률을 낸 계열사는 F, 2008년에 가장 높은 영업이익률을 낸 계열사는 B이다.
> ④ 1997년 대비 2008년의 영업이익률이 증가한 계열사는 B, C, E, G 4곳이다.
> ⑤ 1997년과 2008년 모두 영업이익률이 10%을 넘은 계열사는 A, B 2곳이다.

【 24~25 】 다음은 우리나라의 에너지 수입액 및 수입의존도에 대한 자료이다. 자료를 읽고 이어지는 질문에 답하시오.

〈에너지 수입액〉

(단위 : 만 달러)

구분＼년도	2008	2009	2010	2011
총수입액	435,275	323,085	425,212	524,413
에너지수입합계	141,474	91,160	121,654	172,490
석탄	12,809	9,995	13,131	18,477
석유	108,130	66,568	90,902	129,346
천연가스	19,806	13,875	17,006	23,859
우라늄	729	722	615	808

※ 총수입액은 에너지수입액을 포함한 국내로 수입되는 모든 제품의 수입액을 의미함

〈에너지 수입의존도〉

(단위 : %)

구분＼년도		2008	2009	2010	2011
에너지 수입의존도	원자력발전제외	96.4	96.4	96.5	96.4
	원자력발전포함	83.0	83.4	84.4	84.7

※ 에너지 수입의존도는 1차 에너지 공급량 중 순수입 에너지가 차지하는 비중을 의미함

ANSWER 〉 23.③

24 다음 중 위 자료를 바르게 설명한 것은?

① 에너지의 수입합계는 2008년에 가장 컸다.

② 에너지 중 천연가스의 수입액은 꾸준히 증가하고 있다.

③ 에너지 중 우라늄의 수입액은 백만 달러 미만의 작은 폭으로 변화하였다.

④ 2009년에 비해 2011년에 총수입액 중 에너지수입 합계의 비중이 늘어났다.

⑤ 2008년 석탄과 석유 수입액은 2011년 석유 수입액보다 많다.

> **TIP》** ④ 2009년과 2011년의 에너지수입합계/총수입액을 계산해보면 2011년에 비중이 훨씬 늘어
> 났음을 알 수 있다.
> ① 2011년에 가장 컸다.
> ② 2008년에서 2009년 사이에는 감소했다.
> ③ 2010년과 2011년 사이에는 백만 달러 이상의 차이를 보인다.
> ⑤ 2008년 석탄과 석유 수입액은 2011년 석유 수입액보다 적다.

25 다음 중 위 자료에 대해 적절하게 설명하지 못한 사람은?

① 시욱 : 2009년에 에너지 수입의존도 중 원자력 발전의 의존도는 13.0%라고 할 수
있어.

② 준성 : 2009년에 에너지 수입합계가 급격하게 감소했고, 그 이후로는 다시 꾸준히
증가하고 있어.

③ 규태 : 우리나라는 에너지 수입의존도가 높은 것으로 보아 에너지를 만들 수 있는 1
차 자원을 대부분 자국 내에서 공급하지 못하고 있다는 것을 알 수 있어.

④ 대선 : 원자력 발전을 포함했을 때 에너지 수입의존도가 낮아지는 것을 보면, 원자
력 에너지는 수입에 의존하지 않고 자국 내에서 공급하는 비중이 높은 것 같아.

⑤ 2008년 이후 에너지 수입의존도의 변화 추이는 원자력발전 포함 여부에 따라 다르다.

> **TIP》** ① 에너지 수입의존도 자료에서 원자력 발전의 의존도가 얼마인지는 이끌어낼 수 없다.

ANSWER 》 24.④ 25.①

03 문제해결능력

1 문제와 문제해결

(1) 문제의 정의와 분류

① 정의 … 문제란 업무를 수행함에 있어서 답을 요구하는 질문이나 의논하여 해결해야 되는 사항이다.

② 문제의 분류

구분	창의적 문제	분석적 문제
문제제시 방법	현재 문제가 없더라도 보다 나은 방법을 찾기 위한 문제 탐구→문제 자체가 명확하지 않음	현재의 문제점이나 미래의 문제로 예견될 것에 대한 문제 탐구→문제 자체가 명확함
해결방법	창의력에 의한 많은 아이디어의 작성을 통해 해결	분석, 논리, 귀납과 같은 논리적 방법을 통해 해결
해답 수	해답의 수가 많으며, 많은 답 가운데 보다 나은 것을 선택	답의 수가 적으며 한정되어 있음
주요특징	주관적, 직관적, 감각적, 정성적, 개별적, 특수성	객관적, 논리적, 정량적, 이성적, 일반적, 공통성

(2) 업무수행과정에서 발생하는 문제 유형

① 발생형 문제(보이는 문제) … 현재 직면하여 해결하기 위해 고민하는 문제이다. 원인이 내재되어 있기 때문에 원인지향적인 문제라고도 한다.
  ㉠ 일탈문제 : 어떤 기준을 일탈함으로써 생기는 문제
  ㉡ 미달문제 : 어떤 기준에 미달하여 생기는 문제

② 탐색형 문제(찾는 문제) … 현재의 상황을 개선하거나 효율을 높이기 위한 문제이다. 방치할 경우 큰 손실이 따르거나 해결할 수 없는 문제로 나타나게 된다.
  ㉠ 잠재문제 : 문제가 잠재되어 있어 인식하지 못하다가 확대되어 해결이 어려운 문제
  ㉡ 예측문제 : 현재로는 문제가 없으나 현 상태의 진행 상황을 예측하여 찾아야 앞으로 일어날 수 있는 문제가 보이는 문제

ⓒ 발견문제 : 현재로서는 담당 업무에 문제가 없으나 선진기업의 업무 방법 등 보다 좋은 제도나 기법을 발견하여 개선시킬 수 있는 문제

③ **설정형 문제(미래 문제)** ··· 장래의 경영전략을 생각하는 것으로 앞으로 어떻게 할 것인가 하는 문제이다. 문제해결에 창조적인 노력이 요구되어 창조적 문제라고도 한다.

┃ 예제 1

D회사 신입사원으로 입사한 귀하는 신입사원 교육에서 업무수행과정에서 발생하는 문제 유형 중 설정형 문제를 하나씩 찾아오라는 지시를 받았다. 이에 대해 귀하는 교육받은 내용을 다시 복습하려고 한다. 설정형 문제에 해당하는 것은?

① 현재 직면하여 해결하기 위해 고민하는 문제
② 현재의 상황을 개선하거나 효율을 높이기 위한 문제
③ 앞으로 어떻게 할 것인가 하는 문제
④ 원인이 내재되어 있는 원인지향적인 문제

[출제의도]
업무수행 중 문제가 발생하였을 때 문제 유형을 구분하는 능력을 측정하는 문항이다.
[해설]
업무수행과정에서 발생하는 문제 유형으로는 발생형 문제, 탐색형 문제, 설정형 문제가 있으며 ①④는 발생형 문제이며 ②는 탐색형 문제, ③이 설정형 문제이다.

답 ③

---

(3) 문제해결

① **정의** ··· 목표와 현상을 분석하고 이 결과를 토대로 과제를 도출하여 최적의 해결책을 찾아 실행·평가해 가는 활동이다.

② **문제해결에 필요한 기본적 사고**
　　ㄱ **전략적 사고** : 문제와 해결방안이 상위 시스템과 어떻게 연결되어 있는지를 생각한다.
　　ㄴ **분석적 사고** : 전체를 각각의 요소로 나누어 그 의미를 도출하고 우선순위를 부여하여 구체적인 문제해결방법을 실행한다.
　　ㄷ **발상의 전환** : 인식의 틀을 전환하여 새로운 관점으로 바라보는 사고를 지향한다.
　　ㄹ **내·외부자원의 활용** : 기술, 재료, 사람 등 필요한 자원을 효과적으로 활용한다.

③ **문제해결의 장애요소**
　　ㄱ 문제를 철저하게 분석하지 않는 경우
　　ㄴ 고정관념에 얽매이는 경우
　　ㄷ 쉽게 떠오르는 단순한 정보에 의지하는 경우
　　ㄹ 너무 많은 자료를 수집하려고 노력하는 경우

④ 문제해결방법

⊙ **소프트 어프로치** : 문제해결을 위해서 직접적인 표현보다는 무언가를 시사하거나 암시를 통하여 의사를 전달하여 문제해결을 도모하고자 한다.

© **하드 어프로치** : 상이한 문화적 토양을 가지고 있는 구성원을 가정하고, 서로의 생각을 직설적으로 주장하고 논쟁이나 협상을 통해 서로의 의견을 조정해 가는 방법이다.

© **퍼실리테이션(facilitation)** : 촉진을 의미하며 어떤 그룹이나 집단이 의사결정을 잘 하도록 도와주는 일을 의미한다.

2 문제해결능력을 구성하는 하위능력

(1) 사고력

① **창의적 사고** … 개인이 가지고 있는 경험과 지식을 통해 새로운 가치 있는 아이디어를 산출하는 사고능력이다.

⊙ 창의적 사고의 특징

- 정보와 정보의 조합
- 사회나 개인에게 새로운 가치 창출
- 창조적인 가능성

예제 2

M사 홍보팀에서 근무하고 있는 귀하는 입사 5년차로 창의적인 기획안을 제출하기로 유명하다. S부장은 이번 신입사원 교육 때 귀하에게 창의적인 사고란 무엇인지 교육을 맡아달라고 부탁하였다. 창의적인 사고에 대한 귀하의 설명으로 옳지 않은 것은?

① 창의적인 사고는 새롭고 유용한 아이디어를 생산해 내는 정신적인 과정이다.
② 창의적인 사고는 특별한 사람들만이 할 수 있는 대단한 능력이다.
③ 창의적인 사고는 기존의 정보들을 특정한 요구조건에 맞거나 유용하도록 새롭게 조합시킨 것이다.
④ 창의적인 사고는 통상적인 것이 아니라 기발하거나, 신기하며 독창적인 것이다.

[출제의도]
창의적 사고에 대한 개념을 정확히 파악하고 있는지를 묻는 문항이다.
[해설]
흔히 사람들은 창의적인 사고에 대해 특별한 사람들만이 할 수 있는 대단한 능력이라고 생각하지만 그리 대단한 능력이 아니며 이미 알고 있는 경험과 지식을 해체하여 다시 새로운 정보로 결합하여 가치 있는 아이디어를 산출하는 사고라고 할 수 있다.

답 ②

ⓛ 발산석 사고 : 창의직 사고를 위해 필요한 것으로 자유연상법, 강제연상법, 비교발상법 등을 통해 개발할 수 있다.

구분	내용
자유연상법	생각나는 대로 자유롭게 발상 ex) 브레인스토밍
강제연상법	각종 힌트에 강제적으로 연결 지어 발상 ex) 체크리스트
비교발상법	주제의 본질과 닮은 것을 힌트로 발상 ex) NM법, Synectics

Point 》 브레인스토밍
　ⓐ 진행방법
　　• 주제를 구체적이고 명확하게 정한다.
　　• 구성원의 얼굴을 볼 수 있는 좌석 배치와 큰 용지를 준비한다.
　　• 구성원들의 다양한 의견을 도출할 수 있는 사람을 리더로 선출한다.
　　• 구성원은 다양한 분야의 사람들로 5~8명 정도로 구성한다.
　　• 발언은 누구나 자유롭게 할 수 있도록 하며, 모든 발언 내용을 기록한다.
　　• 아이디어에 대한 평가는 비판해서는 안 된다.
　ⓑ 4대 원칙
　　• 비판엄금(Support) : 평가 단계 이전에 결코 비판이나 판단을 해서는 안 되며 평가는 나중까지 유보한다.
　　• 자유분방(Silly) : 무엇이든 자유롭게 말하고 이런 바보 같은 소리를 해서는 안 된다는 등의 생각은 하지 않아야 한다.
　　• 질보다 양(Speed) : 질에는 관계없이 가능한 많은 아이디어들을 생성해내도록 격려한다.
　　• 결합과 개선(Synergy) : 다른 사람의 아이디어에 자극되어 보다 좋은 생각이 떠오르고, 서로 조합하면 재미있는 아이디어가 될 것 같은 생각이 들면 즉시 조합시킨다.

② 논리적 사고 … 사고의 전개에 있어 전후의 관계가 일치하고 있는가를 살피고 아이디어를 평가하는 사고능력이다.
　㉠ 논리적 사고를 위한 5가지 요소 : 생각하는 습관, 상대 논리의 구조화, 구체적인 생각, 타인에 대한 이해, 설득
　㉡ 논리적 사고 개발 방법
　　• 피라미드 구조 : 하위의 사실이나 현상부터 사고하여 상위의 주장을 만들어가는 방법
　　• so what기법 : '그래서 무엇이지?'하고 자문자답하여 주어진 정보로부터 가치 있는 정보를 이끌어 내는 사고 기법

③ 비판적 사고 … 어떤 주제나 주장에 대해서 적극적으로 분석하고 종합하며 평가하는 능동적인 사고이다.
　㉠ 비판적 사고 개발 태도 : 비판적 사고를 개발하기 위해서는 지적 호기심, 객관성, 개방성, 융통성, 지적 회의성, 지적 정직성, 체계성, 지속성, 결단성, 다른 관점에 대한 존중과 같은 태도가 요구된다.

ⓒ 비판적 사고를 위한 태도

- 문제의식 : 비판적인 사고를 위해서 가장 먼저 필요한 것은 바로 문제의식이다. 자신이 지니고 있는 문제와 목적을 확실하고 정확하게 파악하는 것이 비판적인 사고의 시작이다.
- 고정관념 타파 : 지각의 폭을 넓히는 일은 정보에 대한 개방성을 가지고 편견을 갖지 않는 것으로 고정관념을 타파하는 일이 중요하다.

(2) 문제처리능력과 문제해결절차

① 문제처리능력 … 목표와 현상을 분석하고 이를 토대로 문제를 도출하여 최적의 해결책을 찾아 실행·평가하는 능력이다.

② 문제해결절차 … 문제 인식 → 문제 도출 → 원인 분석 → 해결안 개발 → 실행 및 평가

ⓐ 문제 인식 : 문제해결과정 중 'waht'을 결정하는 단계로 환경 분석 → 주요 과제 도출 → 과제 선정의 절차를 통해 수행된다.

- 3C 분석 : 환경 분석 방법의 하나로 사업환경을 구성하고 있는 요소인 자사 (Company), 경쟁사(Competitor), 고객(Customer)을 분석하는 것이다.

예제 3

L사에서 주력 상품으로 밀고 있는 TV의 판매 이익이 감소하고 있는 상황에서 귀하는 B부장으로부터 3C분석을 통해 해결방안을 강구해 오라는 지시를 받았다. 다음 중 3C에 해당하지 않는 것은?

① Customer ② Company
③ Competitor ④ Content

[출제의도]
3C의 개념과 구성요소를 정확히 숙지하고 있는지를 측정하는 문항이다.

[해설]
3C 분석에서 사업 환경을 구성하고 있는 요소인 자사(Company), 경쟁사(Competitor), 고객을 3C (Customer)라고 한다. 3C 분석에서 고객 분석에서는 '고객은 자사의 상품·서비스에 만족하고 있는지'를, 자사 분석에서는 '자사가 세운 달성목표와 현상 간에 차이가 없는지'를 경쟁사 분석에서는 '경쟁기업의 우수한 점과 자사의 현상과 차이가 없는지'에 대한 질문을 통해서 환경을 분석하게 된다.

답 ④

- SWOT 분석 : 기업내부의 강점과 약점, 외부환경의 기회와 위협요인을 분석·평가하여 문제해결 방안을 개발하는 방법이다.

		내부환경요인	
		강점(Strengths)	약점(Weaknesses)
외부환경요인	기회 (Opportunities)	SO 내부강점과 외부기회 요인을 극대화	WO 외부기회를 이용하여 내부약점을 강점으로 전환
	위협 (Threat)	ST 외부위협을 최소화하기 위해 내부강점을 극대화	WT 내부약점과 외부위협을 최소화

ⓛ **문제 도출** : 선정된 문제를 분석하여 해결해야 할 것이 무엇인지를 명확히 하는 단계로, 문제 구조 파악 → 핵심 문제 선정 단계를 거쳐 수행된다.

- Logic Tree : 문제의 원인을 파고들거나 해결책을 구체화할 때 제한된 시간 안에서 넓이와 깊이를 추구하는데 도움이 되는 기술로 주요 과제를 나무모양으로 분해·정리하는 기술이다.

ⓒ **원인 분석** : 문제 도출 후 파악된 핵심 문제에 대한 분석을 통해 근본 원인을 찾는 단계로 Issue 분석 → Data 분석 → 원인 파악의 절차로 진행된다.

ⓔ **해결안 개발** : 원인이 밝혀지면 이를 효과적으로 해결할 수 있는 다양한 해결안을 개발하고 최선의 해결안을 선택하는 것이 필요하다.

ⓜ **실행 및 평가** : 해결안 개발을 통해 만들어진 실행계획을 실제 상황에 적용하는 활동으로 실행계획 수립 → 실행 → Follow-up의 절차로 진행된다.

예제 4

C사는 최근 국내 매출이 지속적으로 하락하고 있어 사내 분위기가 심상치 않다. 이에 대해 Y부장은 이 문제를 극복하고자 문제처리 팀을 구성하여 해결방안을 모색하도록 지시하였다. 문제처리 팀의 문제해결 절차를 올바른 순서로 나열한 것은?

① 문제 인식 → 원인 분석 → 해결안 개발 → 문제 도출 → 실행 및 평가
② 문제 도출 → 문제 인식 → 해결안 개발 → 원인 분석 → 실행 및 평가
③ 문제 인식 → 원인 분석 → 문제 도출 → 해결안 개발 → 실행 및 평가
④ 문제 인식 → 문제 도출 → 원인 분석 → 해결안 개발 → 실행 및 평가

[출제의도]
실제 업무 상황에서 문제가 일어났을 때 해결 절차를 알고 있는지를 측정하는 문항이다.
[해설]
일반적인 문제해결절차는 '문제 인식 → 문제 도출 → 원인 분석 → 해결안 개발 → 실행 및 평가'로 이루어진다.

답 ④

출제예상문제

1 다음 중 업무수행과정에서 발생하는 문제 유형에 대한 설명으로 옳지 않은 것은?

① 발생형 문제는 보이는 문제로, 현재 직면하여 해결하기 위해 고민하는 문제이다.

② 발생형 문제는 원인이 내재되어 있는 문제로, 일탈문제와 미달문제가 있다.

③ 탐색형 문제는 찾는 문제로, 시급하지 않아 방치하더라도 문제가 되지 않는다.

④ 설정형 문제는 장래의 경영전략을 생각하는 것으로 앞으로 어떻게 할 것인가 하는 미래 문제이다.

⑤ 설정형 문제는 문제해결에 창조적인 노력이 요구되어 창조적 문제라고도 한다.

> **TIP 》** ③ 탐색형 문제는 현재의 상황을 개선하거나 효율을 높이기 위한 문제로, 방치할 경우 큰 손실이 따르거나 해결할 수 없는 문제로 나타나게 된다.

2 다음에 설명하고 있는 문제해결 방법은?

> 상이한 문화적 배경을 가지고 있는 구성원을 가정하고, 서로의 생각을 직설적으로 주장하고 논쟁이나 협상을 통해 서로의 의견을 조정해 가는 방법

① 소프트 어프로치   ② 하드 어프로치

③ 퍼실리테이션   ④ 3C 분석

⑤ 브레인스토밍

> **TIP 》** 제시된 내용은 하드 어프로치에 대한 설명이다.
> ① 소프트 어프로치 : 문제해결을 위해서 직접적인 표현보다는 무언가를 시사하거나 암시를 통하여 의사를 전달하여 문제해결을 도모하고자 한다.
> ③ 퍼실리테이션(facilitation) : 촉진을 의미하며 어떤 그룹이나 집단이 의사결정을 잘 하도록 도와주는 일을 의미한다.
> ④ 3C 분석 : 환경 분석 방법의 하나로 사업 환경을 구성하고 있는 요소인 자사(Company), 경쟁사(Competitor), 고객(Customer)을 분석하는 것이다.
> ⑤ 브레인스토밍 : 구성원의 자유발언을 통해 최대한 많은 아이디어를 얻는 방법이다.

ANSWER 》 1.③ 2.②

3   아이디어를 얻기 위해 의도적으로 시험할 수 있는 7가지 규칙인 SCAMPER 기법에 대한 설명으로 옳지 않은 것은?

    ① S : 기존의 것을 다른 것으로 대체해 보라.

    ② C : 제거해 보라.

    ③ A : 다른 데 적용해 보라.

    ④ M : 변경, 축소, 확대해 보라.

    ⑤ R : 거꾸로 또는 재배치해 보라.

> **TIP 》** S = Substitute : 기존의 것을 다른 것으로 대체해 보라.
> C = Combine : A와 B를 합쳐 보라.
> A = Adapt : 다른 데 적용해 보라.
> M = Modify, Minify, Magnify : 변경, 축소, 확대해 보라.
> P = Put to other uses : 다른 용도로 써 보라.
> E = Eliminate : 제거해 보라.
> R = Reverse, Rearrange : 거꾸로 또는 재배치해 보라.

4   문제해결 절차를 바르게 나열한 것은?

    ① 문제 도출 → 문제 인식 → 원인 분석 → 실행 및 평가 → 해결안 개발

    ② 문제 도출 → 원인 분석 → 문제 인식 → 해결안 개발 → 실행 및 평가

    ③ 원인 분석 → 문제 인식 → 문제 도출 → 해결안 개발 → 실행 및 평가

    ④ 문제 인식 → 원인 분석 → 문제 도출 → 해결안 개발 → 실행 및 평가

    ⑤ 문제 인식 → 문제 도출 → 원인 분석 → 해결안 개발 → 실행 및 평가

> **TIP 》** 문제해결 절차는 문제 인식 → 문제 도출 → 원인 분석 → 해결안 개발 → 실행 및 평가 순이다.

5 다음은 3C 분석을 위한 도표이다. 빈칸에 들어갈 질문으로 옳지 않은 것은?

구분	내용
고객/시장(Customer)	• 우리의 현재와 미래의 고객은 누구인가? • _____ ㉠ _____ • _____ ㉡ _____ • 시장의 주 고객들의 속성과 특성은 어떠한가?
경쟁사(Competitor)	• _____ ㉢ _____ • 현재의 경쟁사들의 강점과 약점은 무엇인가? • _____ ㉣ _____
자사(Company)	• 해당 사업이 기업의 목표와 일치하는가? • 기존 사업의 마케팅과 연결되어 시너지효과를 낼 수 있는가? • _____ ㉤ _____

① ㉠ : 새로운 경쟁사들이 시장에 진입할 가능성은 없는가?

② ㉡ : 성장 가능성이 있는 사업인가?

③ ㉢ : 고객들은 경쟁사에 대해 어떤 이미지를 가지고 있는가?

④ ㉣ : 경쟁사의 최근 수익률 동향은 어떠한가?

⑤ ㉤ : 인적 · 물적 · 기술적 자원을 보유하고 있는가?

> **TIP 》** ① 새로운 경쟁사들이 시장에 진입할 가능성은 경쟁사(Competitor) 분석에 들어가야 할 질문이다.

6 문제의 원인을 파고들거나 해결책을 구체화할 때 제한된 시간 안에서 넓이와 깊이를 추구하는 데 도움이 되는 기술로, 주요 과제를 나무 모양으로 분해 · 정리하는 기술은?

① Logic Tree

② Pro Tree

③ Tree Solution

④ Pedigree

⑤ Genogram

> **TIP 》** Logic Tree는 주요 과제를 나무 모양으로 분해 · 정리하여 문제의 원인을 파고들거나 해결책을 구체화할 때 제한된 시간 안에서 넓이와 깊이를 추구하는 데 도움이 되는 기술로, 문제 도출 단계에서 활용할 수 있다.

ANSWER 〉 3.② 4.⑤ 5.① 6.①

7 甲회사 인사부에 근무하고 있는 H부장은 각 과의 요구를 모두 충족시켜 신규직원을 배치하여야 한다. 각 과의 요구가 다음과 같을 때 홍보과에 배정되는 사람은 누구인가?

> 〈신규직원 배치에 대한 각 과의 요구〉
> • 관리과 : 5급이 1명 배정되어야 한다.
> • 홍보과 : 5급이 1명 배정되거나 6급이 2명 배정되어야 한다.
> • 재무과 : B가 배정되거나 A와 E가 배정되어야 한다.
> • 총무과 : C와 D가 배정되어야 한다.
>
> 〈신규직원〉
> • 5급 2명(A, B)
> • 6급 4명(C, D, E, F)

① A   ② B
③ C와 D   ④ D와 F
⑤ E와 F

TIP 》 주어진 조건을 보면 관리과와 재무과에는 반드시 각각 5급이 1명씩 배정되고, 총무과에는 6급 2명이 배정된다. 인원수를 따져보면 홍보과에는 5급을 배정할 수 없기 때문에 6급이 2명 배정된다. 6급 4명 중에 C와 D는 총무과에 배정되므로 홍보과에 배정되는 사람은 E와 F이다. 각 과별로 배정되는 사람을 정리하면 다음과 같다.

관리과	A
홍보과	E, F
재무과	B
총무과	C, D

8 다음 주어진 전제가 참일 때 결론으로 옳은 것은?

[전제]
- 사람을 좋아하는 사람은 동호회를 선호하는 사람이다.
- 책을 좋아하는 사람은 동호회를 선호하지 않는 사람이다.
- 나는 동호회를 선호하는 사람이다.

[결론]
- ＿＿＿＿＿＿＿＿＿＿＿＿＿＿＿＿＿＿＿＿

① 나는 사람과 책을 좋아한다.
② 나는 사람을 좋아하지 않는다.
③ 동호회를 선호하는 사람은 사람을 좋아한다.
④ 나는 책을 좋아하지 않는 사람이다.
⑤ 동호회를 선호하지 않는 사람은 책을 좋아한다.

TIP 》 두 번째 전제의 대우인 '동호회를 선호하는 사람은 책을 좋아하지 않는다.'와 세 번째 전제인 '나는 동호회를 선호한다.'를 유추해 볼 때 '나는 책을 좋아하지 않는다.'의 결론을 내릴 수 있다.

|9~10| 다음은 ○○협회에서 주관한 학술세미나 일정에 관한 것으로 다음 세미나를 준비하는 데 필요한 일, 각각의 일에 걸리는 시간, 일의 순서 관계를 나타낸 표이다. 제시된 표를 바탕으로 물음에 답하시오. (단, 모든 작업은 동시에 진행할 수 없다)

■ 세미나 준비 현황

구분	작업	작업시간(일)	먼저 행해져야 할 작업
가	세미나 장소 세팅	1	바
나	현수막 제작	2	다, 마
다	세미나 발표자 선정	1	라
라	세미나 기본계획 수립	2	없음
마	세미나 장소 선정	3	라
바	초청자 확인	2	라

9 현수막 제작을 시작하기 위해서는 최소 며칠이 필요하겠는가?

① 3일   ② 4일
③ 5일   ④ 6일
⑤ 7일

> **TIP 》** 현수막을 제작하기 위해서는 라, 다, 마가 선행되어야 한다. 따라서 세미나 기본계획 수립 (2일) + 세미나 발표자 선정(1일) + 세미나 장소 선정(3일) = 최소한 6일이 소요된다.

10 세미나 기본계획 수립에서 세미나 장소 세팅까지 모든 작업을 마치는 데 필요한 시간은?

① 10일   ② 11일
③ 12일   ④ 13일
⑤ 14일

> **TIP 》** 각 작업에 걸리는 시간을 모두 더하면 총 11일이다.

11 사과 사탕, 포도 사탕, 딸기 사탕이 각각 2개씩 있다. 甲~戊 다섯 명의 사람 중 한 명이 사과 사탕 1개와 딸기 사탕 1개를 함께 먹고, 다른 네 명이 남은 사탕을 각각 1개씩 먹었다. 모두 진실을 말하였다고 할 때, 사과 사탕 1개와 딸기 사탕 1개를 함께 먹은 사람과 戊가 먹은 사탕을 옳게 짝지은 것은?

> 甲 : 나는 포도 사탕을 먹지 않았어.
> 乙 : 나는 사과 사탕만을 먹었어.
> 丙 : 나는 사과 사탕을 먹지 않았어.
> 丁 : 나는 사탕을 한 종류만 먹었어.
> 戊 : 너희 말을 다 듣고 아무리 생각해봐도 나는 딸기 사탕을 먹은 사람 두 명 다 알 수는 없어.

① 甲, 포도 사탕 1개

② 甲, 딸기 사탕 1개

③ 丙, 포도 사탕 1개

④ 丙, 딸기 사탕 1개

⑤ 戊, 사과 사탕 1개와 딸기 사탕 1개

TIP 》 甲~戊가 먹은 사탕을 정리하면 다음과 같다.

구분	甲	乙	丙	丁	戊
맛	사과 + 딸기	사과	포도 or 딸기	포도 or 딸기	포도
개수	2개	1개	1개	1개	1개

12 다음으로부터 바르게 주론한 것으로 옳은 것을 보기에서 고르면?

- 5개의 갑, 을, 병, 정, 무 팀이 있다.
- 현재 '갑'팀은 0개, '을'팀은 1개, '병'팀은 2개, '정'팀은 2개, '무'팀은 3개의 프로젝트를 수행하고 있다.
- 8개의 새로운 프로젝트 a, b, c, d, e, f, g, h를 5개의 팀에게 분배하려고 한다.
- 5개의 팀은 새로운 프로젝트 1개 이상을 맡아야 한다.
- 기존에 수행하던 프로젝트를 포함하여 한 팀이 맡을 수 있는 프로젝트 수는 최대 4개이다.
- 기존의 프로젝트를 포함하여 4개의 프로젝트를 맡은 팀은 2팀이다.
- 프로젝트 a, b는 한 팀이 맡아야 한다.
- 프로젝트 c, d, e는 한 팀이 맡아야 한다.

〈보기〉

⊙ a를 '을'팀이 맡을 수 없다.
ⓒ f를 '갑'팀이 맡을 수 있다.
ⓒ 기존에 수행하던 프로젝트를 포함해서 2개의 프로젝트를 맡는 팀이 있다.

① ⊙
② ⓒ
③ ⓒ
④ ⊙ⓒ
⑤ ⓒⓒ

TIP 》 ⊙ a를 '을'팀이 맡는 경우 : 4개의 프로젝트를 맡은 팀이 2팀이라는 조건에 어긋난다. 따라서 a를 '을'팀이 맡을 수 없다.

갑	c, d, e	0→3개
을	a, b	1→3개
병		2→3개
정		2→3개
무		3→4개

ⓒ f를 '갑'팀이 맡는 경우 : a, b를 '병'팀 혹은 '정'팀이 맡게 되는데 4개의 프로젝트를 맡은 팀이 2팀이라는 조건에 어긋난다. 따라서 f를 '갑'팀이 맡을 수 없다.

갑	f	0→1개
을	c, d, e	1→4개
병	a, b	2→4개
정		2→3개
무		3→4개

ⓒ a, b를 '갑'팀이 맡는 경우 기존에 수행하던 프로젝트를 포함해서 2개의 프로젝트를 맡게 된다.

갑	a, b	0→2개
을	c, d, e	1→4개
병		2→3개
정		2→3개
무		3→4개

13 G 음료회사는 신제품 출시를 위해 시제품 3개를 만들어 전직원을 대상으로 블라인드 테스트를 진행한 후 기획팀에서 회의를 하기로 했다. 독창성, 대중성, 개인선호도 세 가지 영역에 총 15점 만점으로 진행된 테스트 결과가 다음과 같을 때, 기획팀 직원들의 발언으로 옳지 않은 것은?

	독창성	대중성	개인선호도	총점
시제품 A	5	2	3	10
시제품 B	4	4	4	12
시제품 C	2	5	5	12

① 우리 회사의 핵심가치 중 하나가 창의성 아닙니까? 저는 독창성 점수가 높은 A를 출시해야 한다고 생각합니다.
② 독창성이 높아질수록 총점이 낮아지는 것을 보지 못하십니까? 저는 그 의견에 반대합니다.
③ 무엇보다 현 시점에서 회사의 재정상황을 타계하기 위해서는 대중성을 고려하여 높은 이윤이 날 것으로 보이는 C를 출시해야 하지 않겠습니까?
④ 그럼 독창성과 대중성, 개인선호도를 모두 고려하여 B를 출시하는 것이 어떻겠습니까?
⑤ 요즘 같은 개성시대에는 개인선호도가 높은 C가 적격이라고 생각합니다.

TIP 》 ② 시제품 B는 C에 비해 독창성 점수가 2점 높지만 총점은 같다. 따라서 옳지 않은 발언이다.

■14~15 ■ 다음 5개의 팀에 인터넷을 연결하기 위해 작업을 하려고 한다. 5개의 팀 사이에 인터넷을 연결하기 위한 시간이 다음과 같을 때 제시된 표를 바탕으로 물음에 답하시오(단, 가팀과 나팀이 연결되고 나팀과 다팀이 연결되면 가팀과 다팀이 연결된 것으로 간주한다).

구분	가	나	다	라	마
가	–	3	6	1	2
나	3	–	1	2	1
다	6	1	–	3	2
라	1	2	3	–	1
마	2	1	2	1	–

14 가팀과 다팀을 인터넷 연결하기 위해 필요한 최소의 시간은?

① 7시간 ② 6시간

③ 5시간 ④ 4시간

⑤ 3시간

> **TIP** 》 가팀, 다팀을 연결하는 방법은 2가지가 있는데.
> ㉠ 가팀과 나팀, 나팀과 다팀 연결 : 3 + 1 = 4시간
> ㉡ 가팀과 다팀 연결 : 6시간
> 즉, 1안이 더 적게 걸리므로 4시간이 답이 된다.

15 다팀과 마팀을 인터넷 연결하기 위해 필요한 최소의 시간은?

① 1시간   ② 2시간

③ 3시간   ④ 4시간

⑤ 5시간

> **TIP》** 다팀, 마팀을 연결하는 방법은 2가지가 있는데.
> ㉠ 다팀과 라팀, 라팀과 마팀 연결 : 3 + 1 = 4시간
> ㉡ 다팀과 마팀 연결 : 2시간
> 즉, 2안이 더 적게 걸리므로 2시간이 답이 된다.

16 '가, 나, 다, 라, 마'가 일렬로 서 있다. 아래와 같은 조건을 만족할 때, '가'가 맨 왼쪽에 서 있을 경우, '나'는 몇 번째에 서 있는가?

> • '가'는 '다' 바로 옆에 서있다.
> • '나'는 '라'와 '마' 사이에 서있다.

① 첫 번째   ② 두 번째

③ 세 번째   ④ 네 번째

⑤ 다섯 번째

> **TIP》** 문제 지문과 조건으로 보아 가, 다의 자리는 정해져 있다.
>
> | 가 | 다 | | | |
> |---|---|---|---|---|
>
> 나는 라와 마 사이에 있으므로 다음과 같이 두 가지 경우가 있을 수 있다.
>
> | 라 | 나 | 마 | | 마 | 나 | 라 |
> |---|---|---|---|---|---|---|
>
> 따라서 가가 맨 왼쪽에 서 있을 때, 나는 네 번째에 서 있게 된다.

17 다음 글과 표를 근거로 판단할 때 세 사람 사이의 관계가 모호한 경우는?

- 조직 내에서 두 사람 사이의 관계는 '동갑'과 '위아래' 두 가지 경우로 나뉜다.
- 두 사람이 태어난 연도가 같은 경우 입사년도에 상관없이 '동갑' 관계가 된다.
- 두 사람이 태어난 연도가 다른 경우 '위아래' 관계가 된다. 이때 생년이 더 빠른 사람이 '윗사람', 더 늦은 사람이 '아랫사람'이 된다.
- 두 사람이 태어난 연도가 다르더라도 입사년도가 같고 생년월일의 차이가 1년 미만이라면 '동갑' 관계가 된다.
- 두 사람 사이의 관계를 바탕으로 임의의 세 사람(A~C) 사이의 관계는 '명확'과 '모호' 두 가지 경우로 나뉜다.
- A와 B, A와 C가 '동갑' 관계이고 B와 C 또한 '동갑' 관계인 경우 세 사람 사이의 관계는 '명확'하다.
- A와 B가 '동갑' 관계이고 A가 C의 '윗사람', B가 C의 '윗사람'인 경우 세 사람 사이의 관계는 '명확'하다.
- A와 B, A와 C가 '동갑' 관계이고 B와 C가 '위아래' 관계인 경우 세 사람 사이의 관계는 '모호'하다.

이름	생년월일	입사년도
甲	1992. 4. 11.	2017
乙	1991. 10. 3.	2017
丙	1991. 3. 1.	2017
丁	1992. 2. 14.	2017
戊	1993. 1 7.	2018

① 甲, 乙, 丙   ② 甲, 乙, 丁

③ 甲, 丁, 戊   ④ 乙, 丁, 戊

⑤ 丙, 丁, 戊

> **TIP 》** ① 乙과 甲, 乙과 丙이 '동갑' 관계이고 甲과 丙이 '위아래' 관계이므로 甲, 乙, 丙의 관계는 '모호'하다.

18 공연기획사인 A사는 이번에 주최한 공연을 보러 오는 관객을 기차역에서 공연장까지 버스로 수송하기로 하였다. 다음의 표와 같이 공연 시작 4시간 전부터 1시간 단위로 전체 관객 대비 기차역에 도착하는 관객의 비율을 예측하여 버스를 운행하고자 하며, 공연 시작 시간까지 관객을 모두 수송해야 한다. 다음을 바탕으로 예상한 수송 시나리오 중 옳은 것을 모두 고르면?

■ 전체 관객 대비 기차역에 도착하는 관객의 비율

시각	전체 관객 대비 비율(%)
공연 시작 4시간 전	a
공연 시작 3시간 전	b
공연 시작 2시간 전	c
공연 시작 1시간 전	d
계	100

• 전체 관객 수는 40,000명이다.
• 버스는 한 번에 대당 최대 40명의 관객을 수송한다.
• 버스가 기차역과 공연장 사이를 왕복하는 데 걸리는 시간은 6분이다.

■ 예상 수송 시나리오
㉠ a = b = c = d = 25라면, 회사가 전체 관객을 기차역에서 공연장으로 수송하는 데 필요한 버스는 최소 20대이다.
㉡ a = 10, b = 20, c = 30, d = 40이라면, 회사가 전체 관객을 기차역에서 공연장으로 수송하는 데 필요한 버스는 최소 40대이다.
㉢ 만일 공연이 끝난 후 2시간 이내에 전체 관객을 공연장에서 기차역까지 버스로 수송해야 한다면, 이때 회사에게 필요한 버스는 최소 50대이다.

① ㉠
② ㉡
③ ㉠, ㉡
④ ㉠, ㉢
⑤ ㉡, ㉢

TIP 》 ㉠ a = b = c = d = 25라면, 1시간당 수송해야 하는 관객의 수는 40,000 × 0.25 = 10,000명이다. 버스는 한 번에 대당 최대 40명의 관객을 수송하고 1시간에 10번 수송 가능하므로, 1시간 동안 1대의 버스가 수송할 수 있는 관객의 수는 400명이다. 따라서 10,000명의 관객을 수송하기 위해서는 최소 25대의 버스가 필요하다.
㉡ d = 40이라면, 공연 시작 1시간 전에 기차역에 도착하는 관객의 수는 16,000명이다. 16,000명을 1시간 동안 모두 수송하기 위해서는 최소 40대의 버스가 필요하다.
㉢ 공연이 끝난 후 2시간 이내에 전체 관객을 공연장에서 기차역까지 수송하려면 시간당 20,000명의 관객을 수송해야 한다. 따라서 회사에게 필요한 버스는 최소 50대이다.

|19~20| 인사팀에 근무하는 S는 2017년도에 새롭게 변경된 사내 복지 제도에 따라 경조사 지원 내역을 정리하는 업무를 담당하고 있다. 다음을 바탕으로 물음에 답하시오.

❑ 2017년도 변경된 사내 복지 제도

종류	주요 내용
주택 지원	• 사택 지원(가~사 총 7동 175가구) 최소 1년 최장 3년 • 지원 대상 – 입사 3년 차 이하 1인 가구 사원 중 무주택자(가~다동 지원) – 입사 4년 차 이상 본인 포함 가구원이 3인 이상인 사원 중 무주택자(라~사동 지원)
경조사 지원	• 본인/가족 결혼, 회갑 등 각종 경조사 시 • 경조금, 화환 및 경조휴가 제공
학자금 지원	• 대학생 자녀의 학자금 지원
기타	• 상병 휴가, 휴직, 4대 보험 지원

❑ 2017년도 1/4분기 지원 내역

이름	부서	직위	내역	변경 전	변경 후	금액(천원)
A	인사팀	부장	자녀 대학진학	지원 불가	지원 가능	2,000
B	총무팀	차장	장인상	변경 내역 없음		100
C	연구1팀	차장	병가	실비 지급	추가 금액 지원	50 (실비 제외)
D	홍보팀	사원	사택 제공(가-102)	변경 내역 없음		–
E	연구2팀	대리	결혼	변경 내역 없음		100
F	영업1팀	차장	모친상	변경 내역 없음		100
G	인사팀	사원	사택 제공(바-305)	변경 내역 없음		–
H	보안팀	대리	부친 회갑	변경 내역 없음		100
I	기획팀	차장	결혼	변경 내역 없음		100
J	영업2팀	과장	생일	상품권	기프트 카드	50
K	전략팀	사원	생일	상품권	기프트 카드	50

19 당신은 S가 정리해 온 2017년도 1/4분기 지원 내역을 확인하였다. 다음 중 잘못 구분된 사원은?

지원 구분	이름
주택 지원	D, G
경조사 지원	B, E, H, I, J, K
학자금 지원	A
기타	F, C

① B
② D
③ F
④ H
⑤ K

> **TIP 》** 지원 구분에 따르면 모친상과 같은 경조사는 경조사 지원에 포함되어야 한다. 따라서 F의 구분이 잘못되었다.

20 S는 2017년도 1/4분기 지원 내역 중 변경 사례를 참고하여 새로운 사내 복지 제도를 정리해 추가로 공시하려 한다. 다음 중 S가 정리한 내용으로 옳지 않은 것은?

① 복지 제도 변경 전후 모두 생일에 현금을 지급하지 않습니다.
② 복지 제도 변경 후 대학생 자녀에 대한 학자금을 지원해드립니다.
③ 변경 전과 달리 미혼 사원의 경우 입주 가능한 사택동 제한이 없어집니다.
④ 변경 전과 같이 경조사 지원금은 직위와 관계없이 동일한 금액으로 지원됩니다.
⑤ 변경 전과 달리 병가 시 실비 외에 5만 원을 추가로 지원합니다.

> **TIP 》** ③ 2017년 변경된 사내 복지 제도에 따르면 1인 가구 사원에게는 가~사 총 7동 중 가~다 동이 지원된다.

21 다음은 □□전자의 스마트폰 사용에 관한 조사 설계의 일부분이다. 본 설문조사의 목적으로 가장 적합하지 않은 것은?

---

1. 조사 목적

2. 과업 범위
① 조사 대상 : 서울과 수도권에 거주하고 있으며 최근 5년 이내에 스마트폰 변경 이력이 있고, 향후 1년 이내에 스마트폰 변경 의향이 있는 만 20~30세의 성인 남녀
② 조사 방법 : 구조화된 질문지를 이용한 온라인 조사
③ 표본 규모 : 총 1,000명

3. 조사 내용
① 시장 환경 파악 : 스마트폰 시장 동향 (사용기기 브랜드 및 가격, 기기사용 기간 등)
② 과거 스마트폰 변경 현황 파악 : 변경 횟수, 변경 사유 등
③ 향후 스마트폰 변경 잠재 수요 파악 : 변경 사유, 선호 브랜드, 변경 예산 등
④ 스마트폰 구매자를 위한 개선 사항 파악 : 스마트폰 구매자를 위한 요금할인, 사은품 제공 등 개선 사항 적용 시 스마트폰 변경 의향
⑤ 배경정보 파악 : 인구사회학적 특성 (연령, 성별, 거주 지역 등)

4. 결론 및 기대효과

---

① 스마트폰 구매자를 위한 요금할인 프로모션 시행의 근거 마련
② 평균 스마트폰 기기사용 기간 및 주요 변경 사유 파악
③ 광고 매체 선정에 참고할 자료 구축
④ 스마트폰 구매 시 사은품 제공 유무가 구입 결정에 미치는 영향 파악
⑤ 향후 출시할 스마트폰 가격 책정에 활용할 자료 구축

> **TIP** 》 제시된 설문조사에는 광고 매체 선정에 참고할 만한 조사 내용이 포함되어 있지 않다. 따라서 ③은 이 설문조사의 목적으로 적합하지 않다.

22 다음은 폐기물관리법의 일부이다. 제시된 내용을 참고할 때 옳은 것은?

제00조 이 법에서 말하는 폐기물이란 쓰레기, 연소재, 폐유, 폐알칼리 및 동물의 사체 등으로 사람의 생활이나 사업활동에 필요하지 않게 된 물질을 말한다.

제00조

① 도지사는 관할 구역의 폐기물을 적정하게 처리하기 위하여 환경부장관이 정하는 지침에 따라 10년마다 '폐기물 처리에 관한 기본계획'(이하 '기본계획'이라 한다)을 세워 환경부장관의 승인을 받아야 한다. 승인사항을 변경하려 할 때에도 또한 같다. 이 경우 환경부장관은 기본계획을 승인하거나 변경승인하려면 관계 중앙행정기관의 장과 협의하여야 한다.

② 시장·군수·구청장은 10년마다 관할 구역의 기본계획을 세워 도지사에게 제출하여야 한다.

③ 제1항과 제2항에 따른 기본계획에는 다음 각 호의 사항이 포함되어야 한다.

  1. 관할 구역의 지리적 환경 등에 관한 개황

  2. 폐기물의 종류별 발생량과 장래의 발생 예상량

  3. 폐기물의 처리 현황과 향후 처리 계획

  4. 폐기물의 감량화와 재활용 등 자원화에 관한 사항

  5. 폐기물처리시설의 설치 현황과 향후 설치 계획

  6. 폐기물 처리의 개선에 관한 사항

  7. 재원의 확보계획

제00조

① 환경부장관은 국가 폐기물을 적정하게 관리하기 위하여 전조 제1항에 따른 기본계획을 기초로 '국가 폐기물관리 종합계획'(이하 '종합계획'이라 한다)을 10년마다 세워야 한다.

② 환경부장관은 종합계획을 세운 날부터 5년이 지나면 그 타당성을 재검토하여 변경할 수 있다.

---

① 재원의 확보계획은 기본계획에 포함되지 않아도 된다.

② A도 도지사가 제출한 기본계획을 승인하려면, 환경부장관은 관계 중앙행정기관의 장과 협의를 거쳐야 한다.

③ 환경부장관은 국가 폐기물을 적정하게 관리하기 위하여 10년마다 기본계획을 수립하여야 한다.

④ B군 군수는 5년마다 종합계획을 세워 환경부장관에게 제출하여야 한다.

⑤ 기본계획 수립 이후 5년이 경과하였다면, 환경부장관은 계획의 타당성을 재검토하여 계획을 변경하여야 한다.

ANSWER 〉 21.③ 22.②

23 ○○기관의 김 대리는 甲, 乙, 丙, 丁, 戊 인턴 5명의 자리를 배치하고자 한다. 다음의 조건에 따를 때 옳지 않은 것은?

> • 최상의 업무 효과를 내기 위해서는 성격이 서로 잘 맞는 사람은 바로 옆자리에 앉혀야 하고, 서로 잘 맞지 않는 사람은 바로 옆자리에 앉혀서는 안 된다.
> • 丙과 乙의 성격은 서로 잘 맞지 않는다.
> • 甲과 乙의 성격은 서로 잘 맞는다.
> • 甲과 丙의 성격은 서로 잘 맞는다.
> • 戊와 丙의 성격은 서로 잘 맞지 않는다.
> • 丁의 성격과 서로 잘 맞지 않는 사람은 없다.
> • 丁은 햇빛 알레르기가 있어 창문 옆(1번) 자리에는 앉을 수 없다.
>
> ■ 자리 배치도
>
> | 창문 | 1 | 2 | 3 | 4 | 5 |
> |---|---|---|---|---|---|
> | | | | | | |

① 甲은 3번 자리에 앉을 수 있다.　② 乙은 5번 자리에 앉을 수 있다.
③ 丙은 2번 자리에 앉을 수 있다.　④ 丁은 3번 자리에 앉을 수 없다.
⑤ 戊는 2번 자리에 앉을 수 없다.

TIP 》 ③ 丙이 2번 자리에 앉을 경우, 丁은 햇빛 알레르기가 있어 1번 자리에 앉을 수 없으므로 3, 4, 5번 중 한 자리에 앉아야 하며, 丙과 성격이 서로 잘 맞지 않는 戊는 4, 5번 중 한 자리에 앉아야 한다. 이 경우 성격이 서로 잘 맞은 甲과 乙이 떨어지게 되므로 최상의 업무 효과를 낼 수 있는 배치가 되기 위해서는 丙은 2번 자리에 앉을 수 없다.
① 창문 - 戊 - 乙 - 甲 - 丙 - 丁 순으로 배치할 경우 甲은 3번 자리에 앉을 수 있다.
② 창문 - 戊 - 丁 - 丙 - 甲 - 乙 순으로 배치할 경우 乙은 5번 자리에 앉을 수 있다.
④ 丁이 3번 자리에 앉을 경우, 甲과 성격이 서로 잘 맞는 乙, 丙 중 한 명은 甲과 떨어지게 되므로 최상의 업무 효과를 낼 수 있는 배치가 되기 위해서는 丁은 3번 자리에 앉을 수 없다.
⑤ 戊가 2번 자리에 앉을 경우, 丁은 햇빛 알레르기가 있어 1번 자리에 앉을 수 없으므로 3, 4, 5번 중 한 자리에 앉아야 하는데, 그러면 甲과 성격이 서로 잘 맞는 乙, 丙 중 한 명은 甲과 떨어지게 되므로 최상의 업무 효과를 낼 수 있는 배치가 되기 위해서는 戊는 2번 자리에 앉을 수 없다.

24 100명의 근로자를 고용하고 있는 ○○기관 인사팀에 근무하는 S는 고용노동법에 따라 기간제 근로자를 채용하였다. 제시된 법령의 내용을 참고할 때, 기간제 근로자로 볼 수 없는 경우는?

> 제10조
> ① 이 법은 상시 5인 이상의 근로자를 사용하는 모든 사업 또는 사업장에 적용한다. 다만 동거의 친족만을 사용하는 사업 또는 사업장과 가사사용인에 대하여는 적용하지 아니한다.
> ② 국가 및 지방자치단체의 기관에 대하여는 상시 사용하는 근로자의 수에 관계없이 이 법을 적용한다.
>
> 제11조
> ① 사용자는 2년을 초과하지 아니하는 범위 안에서(기간제 근로계약의 반복갱신 등의 경우에는 계속 근로한 총 기간이 2년을 초과하지 아니하는 범위 안에서) 기간제 근로자※를 사용할 수 있다. 다만 다음 각 호의 어느 하나에 해당하는 경우에는 2년을 초과하여 기간제 근로자로 사용할 수 있다.
>   1. 사업의 완료 또는 특정한 업무의 완성에 필요한 기간을 정한 경우
>   2. 휴직·파견 등으로 결원이 발생하여 당해 근로자가 복귀할 때까지 그 업무를 대신할 필요가 있는 경우
>   3. 전문적 지식·기술의 활용이 필요한 경우와 박사 학위를 소지하고 해당 분야에 종사하는 경우
> ② 사용자가 제1항 단서의 사유가 없거나 소멸되었음에도 불구하고 2년을 초과하여 기간제 근로자로 사용하는 경우에는 그 기간제 근로자는 기간의 정함이 없는 근로계약을 체결한 근로자로 본다.
> ※ 기간제 근로자라 함은 기간의 정함이 있는 근로계약을 체결한 근로자를 말한다.

① 수습기간 3개월을 포함하여 1년 6개월간 A를 고용하기로 근로계약을 체결한 경우

② 근로자 E의 휴직으로 결원이 발생하여 2년간 B를 계약직으로 고용하였는데, E의 복직 후에도 B가 계속해서 현재 3년 이상 근무하고 있는 경우

③ 사업 관련 분야 박사학위를 취득한 C를 계약직(기간제) 연구원으로 고용하여 C가 현재 3년간 근무하고 있는 경우

④ 국가로부터 도급받은 3년간의 건설공사를 완성하기 위해 D를 그 기간 동안 고용하기로 근로계약을 체결한 경우

⑤ 근로자 F가 해외 파견으로 결원이 발생하여 돌아오기 전까지 3년간 G를 고용하기로 근로계약을 체결한 경우

ANSWER 〉 23.③ 24.②

25 다음의 규정과 공공기관 현황에 근거할 때, 시장형 공기업에 해당하는 공공기관은?

■ 공공기관의 구분

① 기획재정부장관은 공공기관을 공기업·준정부기관과 기타공공기관으로 구분하여 지정한다. 직원 정원이 50인 이상인 공공기관은 공기업 또는 준정부기관으로, 그 외에는 기타공공기관으로 지정한다.

② 기획재정부장관은 제1항의 규정에 따라 공기업과 준정부기관을 지정하는 경우 자체수입액이 총수입액의 2분의 1 이상인 기관은 공기업으로, 그 외에는 준정부기관으로 지정한다.

③ 기획재정부장관은 제1항 및 제2항의 규정에 따른 공기업을 다음 각 호의 구분에 따라 세분하여 지정한다.

   1. 시장형 공기업 : 자산규모가 2조 원 이상이고, 총 수입액 중 자체수입액이 100분의 85 이상인 공기업

   2. 준시장형 공기업 : 시장형 공기업이 아닌 공기업

■ 공공기관 현황

공공기관	직원 정원	자산규모	자체수입비율
A	80명	3조 원	85%
B	40명	1.5조 원	60%
C	60명	1조 원	45%
D	55명	2.5조 원	40%
E	50명	9천억 원	50%

① A   ② B

③ C   ④ D

⑤ E

TIP 》 ① A는 직원 정원이 50명 이상이고 자체수입액이 총수입액의 2분의 1 이상이며, 자산규모
가 2조 원 이상이고 총 수입액 중 자체수입액이 100분의 85 이상이므로 시장형 공기업
에 해당한다.

② B는 직원 정원이 50명 미만이므로 기타공공기관에 해당한다.

③④ C, D는 자체수입액이 총수입액의 2분의 1 미만이므로 준정부기관에 해당한다.

⑤ E는 자산규모가 2조 원 미만이므로 준시장형 공기업에 해당한다.

04 자기개발능력

1 자기개발

(1) 자기개발과 자기개발능력

① 개념
　㉠ **자기개발** : 자신의 능력, 적성 및 특성 등에 있어서 강점과 약점을 확인하고 강점은 강화시키고 약점은 관리하여 성장을 위한 기회로 활용하는 것이다.
　㉡ **자기개발능력** : 직업인으로서 자신의 능력, 적성, 특성 등을 이해하고 목표성취를 위해 스스로를 관리하며 개발해나가는 능력을 말한다.

② 자기개발의 필요성
　㉠ 직장생활에서의 자기개발은 효과적으로 업무를 처리하기 위하여, 즉 업무의 성과를 향상시키기 위하여 이루어진다.
　㉡ 변화하는 환경에 적응하기 위해서 자기개발은 이루어진다.
　㉢ 자기개발은 주변 사람들과 긍정적인 인간관계를 형성하기 위해서도 필요하다.
　㉣ 자기개발은 자신이 달성하고자 하는 목표를 성취하기 위해서 해야 한다.
　㉤ 개인적으로 보람된 삶을 살기 위해서 자기개발을 한다.

③ 자기개발의 특징 및 구성
　㉠ 특징
　　• 자기개발에서 개발의 주체는 타인이 아니라 자기이다.
　　• 자기개발은 개별적인 과정으로 자기개발을 통해 지향하는 바와 선호하는 방법 등이 사람마다 다르다.
　　• 자기개발은 평생에 걸쳐서 이루어지는 과정이다.
　　• 자기개발은 일과 관련하여 이루어지는 활동이다.
　　• 자기개발은 생활 가운데 이루어져야 한다.
　　• 자기개발은 모든 사람이 해야 하는 것이다.

　　ⓒ 구성 : 자기개발은 자기인식, 자기관리, 경력개발로 이루어진다.

　　• 자기인식 : 직업생활과 관련하여 자신의 가치, 신념, 흥미, 적성, 성격 등 자신이 누구인지 아는 것

　　• 자기관리 : 자신을 이해하고 목표를 성취하기 위해 자신의 행동 및 업무수행을 관리하고 조정하는 것

　　• 경력개발 : 개인의 경력목표와 전략을 수립하고 실행하며 피드백하는 과정

④ 자기개발 실패요인

　　㉠ 인간의 욕구와 감정이 작용하기 때문이다.

　　㉡ 제한적으로 사고하기 때문이다.

　　㉢ 문화적인 장애에 부딪히기 때문이다.

　　㉣ 자기개발 방법을 잘 모르기 때문이다.

| 예제 1

자기개발을 할 때에는 인간의 욕구와 감정이 작용하여 자기개발에 대한 태도를 형성하기도 한다. 다음은 어느 회사에 근무하는 사원들이 자신의 욕구를 표현한 것이다. 다음 중 가장 상위의 욕구를 가진 사람은?

① K씨 : 나 너무 피곤해. 일찍 퇴근해서 잠이나 푹 잤으면 좋겠어.

② S씨 : 이번에 팀장으로 승진한 만큼 팀원들이 나를 존경해줬으면 좋겠어.

③ A씨 : 나는 직장 동료들과 좀 친하게 지내고 싶어.

④ H씨 : 나는 내 분야에서 내 꿈을 펼치고야 말겠어.

[출제의도]
자기개발 태도에 영향을 미치는 욕구와 관련하여 매슬로우의 욕구 5단계를 구분할 수 있는지를 측정하는 문항이다.
[해설]
① 생리적 욕구
② 존경의 욕구
③ 사회적 욕구
④ 자기실현의 욕구

답 ④

---

⑤ 자기개발 설계 전략

　　㉠ 장단기 목표 수립 : 장기목표(5~20년), 단기목표(1~3년)

　　㉡ 인간관계 고려

　　㉢ 현재의 직무 고려

　　㉣ 구체적인 방법으로 계획

⑥ 자기개발 계획 수립이 어려운 이유

　　㉠ **자기정보의 부족** : 자신의 흥미, 장점, 가치, 라이프스타일을 충분히 이해하지 못함

　　㉡ **내부 작업정보 부족** : 회사 내의 경력기회 및 직무 가능성에 대해 충분히 알지 못함

　　㉢ **외부 작업정보 부족** : 다른 직업이나 회사 밖의 기회에 대해 충분히 알지 못함

② 의사결정시 사신감의 부족 : 지기개발과 관련된 결정을 내릴 때 자신감 부족

⑩ 일상생활의 요구사항 : 개인의 자기개발 목표와 일상생활(가정) 간 갈등

⑭ 주변상황의 제약 : 재정적 문제, 연령, 시간 등

(2) 개인브랜드

① 개인을 브랜드화하기 위한 전략(차별성)

　　㉠ 친근감 : 편안하고 친숙한 느낌

　　㉡ 열정 : 가지고 싶은 강한 욕구

　　㉢ 책임감 : 관계 지속에 대한 약속

② 자기 브랜드 PR방법

　　㉠ 블로그를 이용하라.

　　㉡ 인적네트워크를 활용하라.

　　㉢ 자신만의 명함을 만들어라.

　　㉣ 경력 포트폴리오를 만들어라.

2 자기개발능력을 구성하는 하위능력

(1) 자아인식능력

① 자아인식과 자아 구성 요소

　　㉠ 자아인식 : 다양한 방법을 활용하여 자신이 어떤 분야에 흥미가 있고, 어떤 능력의 소유자이며, 어떤 행동을 좋아하는지를 종합적으로 분석하는 것이다.

　　㉡ 자아의 구성 요소

구분	내용
내면적 자아	• 자신의 내면을 구성하는 요소 • 측정하기 어려운 특징을 가짐 • 적성, 흥미, 성격, 가치관 등
외면적 자아	• 자신의 외면을 구성하는 요소 • 외모, 나이 등

② 조해리의 창(Johari's Window) : 조셉과 해리라는 두 심리학자에 의해 만들어졌으며 자신과 다른 사람의 두 가지 관점을 통해 파악해보는 자기인식 또는 자기이해의 모델이다.

	내가 아는 나	내가 모르는 나
타인이 아는 나	공개된 자아 Open Self	눈먼 자아 Blind Self
타인이 모르는 나	숨겨진 자아 Hidden Self	아무도 모르는 자아 Unknown Self

예제 2

M회사 편집부에서 근무하는 X대리는 평소에 자신의 능력이 뛰어나고 일의 분배를 공평하게 하는 동시에 사람 관리를 잘하여 사원들이 자신을 잘 따른다고 믿고 있으나, 사원들은 X대리가 독단적으로 일을 결정하며 고집적인 모습을 가지고 있다고 생각하고 있다. X대리는 다른 사람으로부터 이러한 사실을 전해 듣고는 내가 생각하는 나와 타인이 생각하는 내가 다르다는 것을 알았다. 이에 대해 X대리는 조해리의 창을 이용하여 자신을 인식하고자 한다. 이에 대한 설명으로 알맞지 않은 것은?

① '내가 아는 나'와 '타인이 아는 나'를 통해 '공개된 자아'를 알아볼 수 있다.
② 조해리의 창을 통해보면 자신을 공개된 자아, 눈먼 자아, 숨겨진 자아, 아무도 모르는 자아로 나누어 볼 수 있다.
③ 조해리의 창은 자신과 다른 사람의 두 가지 관점을 통해 파악해 보는 자기인식 모델이다.
④ 타인은 나를 알지만 내가 모르는 경우에는 '숨겨진 자아'라고 한다.

[출제의도]
자기인식 또는 자기 이해 모델인 조해리의 창의 내용을 알고 있는지를 측정하는 문항이다.

[해설]
조해리의 창을 통해보면 자신을 공개된 자아, 눈먼 자아, 숨겨진 자아, 아무도 모르는 자아로 나누어 볼 수 있으며, 타인은 나를 알지만 내가 모르는 나인 경우에는 '눈먼 자아'이다.

답 ④

③ 흥미와 적성
　　㉠ 흥미 : 일에 대한 관심이나 재미
　　㉡ 적성 : 개인이 잠재적으로 가지고 있는 재능, 개인이 보다 쉽게 잘 할 수 있는 일

　　　　Point ≫ 흥미나 적성을 개발하는 노력
　　　　　　• 마인드컨트롤을 해라.
　　　　　　• 조금씩 성취감을 느껴라.
　　　　　　• 기업의 문화 및 풍토를 고려해라.

④ 성찰의 필요성
　　㉠ 다른 일을 하는데 노하우가 축적된다.
　　㉡ 성장의 기회가 된다.
　　㉢ 신뢰감을 형성할 수 있다.
　　㉣ 창의적인 사고를 가능하게 한다.

(2) 자기관리능력

① **개념** … 자기관리는 자신을 이해하고, 목표를 성취하기 위해 자신의 행동 및 업무수행을 관리하고 조정하는 것을 말한다.

② 자기관리 절차

	과정	내용
1단계	비전 및 목적 정립	• 자신에게 가장 중요한 것 파악 • 가치관, 원칙, 삶의 목적 정립 • 삶의 의미 파악
2단계	과제 발견	• 현재 주어진 역할 및 능력 • 역할에 따른 활동목표 • 우선순위 설정
3단계	일정 수립	• 하루, 주간, 월간 계획 수립
4단계	수행	• 수행과 관련된 요소분석 • 수행방법 찾기
5단계	반성 및 피드백	• 수행결과 분석 • 피드백

| 예제 3

I회사에 근무하는 L씨는 성실하게 자기 업무를 수행하는 걸로 소문이 나있다. L씨 책상은 깨끗하게 정리되어 있으며 좌우명도 책상에 붙여놓고 실천하도록 노력한다. L씨는 다른 누구보다도 자기관리가 철저하여 자기 일을 수행하고 나면 반드시 반성하고 피드백 시간을 가진다. L씨가 반성과 피드백하면서 하는 질문으로 가장 알맞지 않은 것은?

① 우선순위에 맞게, 계획대로 수행하였는가?
② 일을 수행하면서 어떤 목표를 성취하였는가?
③ 의사결정을 함에 있어서 어떻게 결정을 내리고 행동했는가?
④ 현재 변화되어야 할 것은 없는가?

[출제의도]
자기관리 5단계의 내용을 파악하고 그를 토대로 각 단계에서의 질문들을 적절히 할 수 있는지를 측정하는 문항이다.

[해설]
④는 자기관리의 2단계인 과제 발견에서 해야 할 질문이다. 과제 발견 단계에서는 비전과 목표가 정립되면 현재 자신의 역할 및 능력을 다음 질문을 통해 검토하고, 할 일을 조정하여 자신이 수행해야 할 역할들을 도출한다.

답 ④

③ 업무수행 성과를 높이기 위한 행동전략
    ㉠ 자기자본이익률(ROE)을 높인다.
    ㉡ 일을 미루지 않는다.
    ㉢ 업무를 묶어서 처리한다.
    ㉣ 다른 사람과 다른 방식으로 일한다.
    ㉤ 회사와 팀의 업무 지침을 따른다.
    ㉥ 역할 모델을 설정한다.

④ 합리적인 의사결정 과정 … 문제의 근원 파악 → 의사결정 기준 및 가중치 결정 → 의사결정에 필요한 정보 수집 → 가능한 모든 대안 탐색 → 각 대안을 분석·평가 → 최적안 선택 → 결과 평가 및 피드백

(3) 경력개발능력

① 개념 … 경력개발은 개인이 경력목표와 전략을 수립하고 실행하며 피드백 하는 과정으로, 개인은 한 조직의 구성원으로서 조직과 함께 상호작용하며 자신의 경력을 개발해 나간다.

② 경력개발의 구성
    ㉠ 경력계획 : 자신과 상황을 인식하고 경력 관련 목표를 설정하여 그 목표를 달성하기 위한 과정이다.
    ㉡ 경력관리 : 경력계획에 따라 준비하고 실행하며 피드백하는 과정이다.

③ 경력개발의 필요성

구분	내용
환경변화	• 지식정보의 빠른 변화 • 인력난 심화 • 삶의 질 추구 • 중견사원 이직증가
조직요구	• 경영전략 변화 • 승진적체 • 직무환경 변화 • 능력주의 문화
개인요구	• 발달단계에 따른 가치관·신념 변화 • 전문성 축적 및 성장 요구 증가 • 개인의 고용시장 가치 증대

④ 개인의 경력단계

    ㉠ **직업선택**(0~18세) : 자신에게 적합한 직업이 무엇인지를 탐색하고 이를 선택한 후, 필요한 능력을 키우는 과정

    ㉡ **조직입사**(18~25세) : 학교 졸업 후 자신이 선택한 경력분야에서 원하는 조직의 일자리를 얻으며 직무를 선택하는 과정

    ㉢ **경력초기**(25~40세) : 업무의 내용을 파악하고 조직의 규칙이나 규범·분위기를 알고 적응해 나가는 과정

    ㉣ **경력중기**(40~55세) : 자신이 그동안 성취한 것을 재평가하고 생산성을 그대로 유지하는 단계

    ㉤ **경력말기**(55세~퇴직) : 자신의 가치를 지속적으로 유지하는 동시에 퇴직을 고려하는 단계

예제 4

다음은 어떤 사람의 경력단계이다. 이 사람의 첫 번째 경력 말기는 몇 세부터 몇 세까지인가?

20세   전문대 유통학과 입학
21세   군 입대
23세   군 제대 후 학교 복학
24세   유통학과에 별 뜻이 없고, 조리사가 되고 싶어 조리학원 다니기 시작
25세   유통학과 겨우 졸업, 한식 조리사 자격증 취득
26세   조리사로 취업
30세   일식 조리사 자격증 취득
35세   양식 조리사 자격증 취득
50세   자신의 조리사 생활을 되돌아보고 자신만의 식당을 창업을 하기로 하고 퇴직 준비기간을 가짐
53세   퇴직
55세   음식업 창업
70세   퇴직

① 24~25세   ② 26~30세

③ 50~53세   ④ 70세

[출제의도]
평생에 걸친 경력단계의 내용을 파악하고 실제로 한 사람의 인생을 경력단계에 따라 구분할 수 있는지를 평가하는 문항이다.

[해설]
이 사람은 50세에 자신의 조리사 생활을 되돌아보고 퇴직을 생각하면서 창업을 준비하였고 53세에 퇴직하였다.

답 ③

⑤ 경력개발 과정

	과정	내용
1단계	직무정보 탐색	• 관심 직무에서 요구하는 능력 • 고용이나 승진전망 • 직무만족도 등
2단계	자신과 환경 이해	• 자신의 능력, 흥미, 적성, 가치관 • 직무관련 환경의 기회와 장애요인
3단계	경력목표 설정	• 장기목표 수립 : 5~7년 • 단기목표 수립 : 2~3년
4단계	경력개발 전략수립	• 현재 직무의 성공적 수행 • 역량 강화 • 인적 네트워크 강화
5단계	실행 및 평가	• 실행 • 경력목표, 전략의 수정

예제 5

경력목표를 설정하는 데 도움이 될 수 있도록 하는 탐색의 방법에는 자기탐색과 환경탐색이 있다. 인사팀에서 근무하는 W가 환경탐색의 방법으로 탐색하려고 할 때 가장 거리가 먼 것은?

① 자격정보 사이트인 Q-Net에 접속해 본다.
② 주변 지인과 대화한 것을 메모해 본다.
③ 자신만의 일기를 쓰고 성찰의 과정을 거친다.
④ 회사의 연간 보고서를 훑어본다.

[출제의도]
탐색의 방법에 관한 내용을 숙지하고 자기탐색과 환경탐색을 구분할 수 있는지를 평가하는 문항이다.

[해설]
경력개발 과정 중 '자신과 환경이해'의 2단계에서는 경력목표를 설정하는데 도움이 될 수 있도록 자신의 능력, 흥미, 적성, 가치관 등을 파악하고 직무와 관련된 주변 환경의 기회와 장애요인에 대하여 정확하게 분석한다. 탐색의 방법에는 자기탐색과 환경탐색이 있으며 ③의 방법은 자기탐색에 관한 방법에 해당한다.

답 ③

출제예상문제

1 다음 중 업무수행 성과를 높이기 위한 행동전략으로 옳지 않은 것은?

① 일을 미루지 않는다.

② 업무를 묶어서 처리한다.

③ 회사와 팀의 업무 지침을 따른다.

④ 다른 사람과 같은 방식으로 일한다.

⑤ 역할 모델을 설정한다.

> **TIP 》** 업무수행 성과를 높이기 위한 행동전략
> ㉠ 자기자본이익률(ROE)을 높인다.
> ㉡ 일을 미루지 않는다.
> ㉢ 업무를 묶어서 처리한다.
> ㉣ 다른 사람과 다른 방식으로 일한다.
> ㉤ 회사와 팀의 업무 지침을 따른다.
> ㉥ 역할 모델을 설정한다.

2 다음을 읽고 서원이의 피드백 과정에서 나타날 수 없는 것은?

> 서원이는 모든 일을 성실하게 수행한다. 목적을 정립하는 것을 시작으로 일별, 주간, 월간 계획까지 수립하여 시간 관리에 철저하다. 그리고 일이 마무리 되면 반드시 피드백 과정을 거친다.

① 계획의 목표가 무엇인지 고민한다.

② 우선순위대로 수행했는지 검토한다.

③ 계획이 적절했는지 확인한다.

④ 수행 결과를 판단한다.

⑤ 피드백을 통해 문제점을 파악한다.

TIP 》 목표를 설정하는 것은 자기관리 절차 1단계에서 해결되었어야 한다.

　　 ※ 자기관리 절차

　　　 ㉠ 1단계(비전 및 목적 정립) : 자신의 목적을 정립한다.

　　　 ㉡ 2단계(과제 발견) : 현재 주어진 역할 및 능력, 우선순위 설정

　　　 ㉢ 3단계(일정 수립) : 계획 수립

　　　 ㉣ 4단계(수행) : 수행과 관련된 요소분석 및 수행방법 찾기

　　　 ㉤ 5단계(피드백) : 수행결과 분석 및 피드백

3 다음 중 자기개발 계획 수립이 어려운 이유로 적적하지 않은 것은?

① 자기정보의 과다　　　　　　　② 내부 작업정보 부족

③ 외부 작업정보 부족　　　　　　④ 의사결정시 자신감의 부족

⑤ 주변상황의 제약

TIP 》 자기개발 계획 수립이 어려운 이유

　　 ㉠ 자기정보의 부족 : 자신의 흥미, 장점, 가치, 라이프스타일을 충분히 이해하지 못함

　　 ㉡ 내부 작업정보 부족 : 회사 내의 경력기회 및 직무 가능성에 대해 충분히 알지 못함

　　 ㉢ 외부 작업정보 부족 : 다른 직업이나 회사 밖의 기회에 대해 충분히 알지 못함

　　 ㉣ 의사결정시 자신감의 부족 : 자기개발과 관련된 결정을 내릴 때 자신감 부족

　　 ㉤ 일상생활의 요구사항 : 개인의 자기개발 목표와 일상생활(가정) 간 갈등

　　 ㉥ 주변상황의 제약 : 재정적 문제, 연령, 시간 등

4 조셉과 해리라는 두 심리학자에 의해 만들어졌으며 자신과 다른 사람의 두 가지 관점을 통해 파악해보는 자기인식 또는 자기 이해의 모델은 무엇인가?

① SWOT　　　　　　　　　　② 3Bs

③ 조해리의 창　　　　　　　　④ 자기 브랜드 PR

⑤ 윈-윈(Win-Win) 갈등 관리법

TIP 》 조해리의 창

	내가 아는 나	내가 모르는 나
타인이 아는 나	공개된 자아	눈먼 자아
타인이 모르는 나	숨겨진 자아	아무도 모르는 자아

ANSWER 〉 1.④　2.①　3.①　4.③

┃5~7┃ 다음 글을 읽고 물음에 답하시오.

얼마 전 무역회사에 인턴사원으로 입사하게 된 나는 사실 외국어 실력이 별로 좋지 않다. 하지만 입사 당시 인적성검사와 면접을 잘 본 덕에 운이 좋게 입사하게 된 것이다. 그런데 역시 무역회사라 그런지 입사 첫날부터 다양한 외국어들이 내 눈과 귓가에서 춤을 추었다. 영어부터 시작해서 중국어와 일본어, 프랑스어와 독일어, 심지어 아랍어까지... 나도 이제 이런 언어를 능수능란하게 구사해야 할 것이다. 하지만 안 그래도 회사가 집에서 멀어 매일 아침 6시 50분에 차를 타야 지각을 안 하는데 외국어까지 공부해야 하다니... 더군다나 나는 회사에 취직을 하고나면 남들처럼 주말에 늦게까지 자는 꿈을 꾼 적이 한 두 번이 아니다. 회사 취직 전까지는 취업 공부한다고 도서관에 다녔기 때문에 주말에도 아침 일찍 일어났기 때문이다. 정말 한 번이라도 마음놓고 주말에 늦잠을 자고 싶다. 또 나는 직장인의 로망이란 바로 퇴근 후에 가지는 회식이라고 생각하는 사람이다. 퇴근 후 동료들과 가지는 회식자리에서 나는 비로소 '내가 진정한 직장인이되었구나'라고 느낄 것 같다. 아무튼 회사에 취직을 하고나니 할 일이 너무 많아졌다. 이래서 언제 내 꿈인 억대 연봉을 받는 대기업 임원에 오를 수 있을까? 갈 길이 너무 멀다.

5 위 글을 통해 내가 회사에서 최종적으로 달성하고자 하는 목표는 무엇인가?

① 5개 국어를 하여 해외로 배낭여행을 떠나는 것

② 퇴근 후에 직장 동료들과 회식을 자주 하는 것

③ 나의 능력을 인정받아 해외 지부장이 되는 것

④ 억대 연봉을 받는 대기업 임원이 되는 것

⑤ 직장 동료들보다 먼저 승진하는 것

> **TIP** 》 위 글의 마지막 부분에 있는 '이래서 언제 내 꿈인 억대 연봉을 받는 대기업 임원에 오를 수 있을까?'라는 부분을 통해 나의 최종 목표가 억대 연봉을 받는 대기업 임원이 되는 것임을 알 수 있다.

6 위 글을 읽고 지금 당장 내가 해야 할 일 중 우선순위를 정할 때 가장 먼저 해야 할 일
은 무엇인가?

① 다양한 외국어 공부하기

② 직장 동료들과 퇴근 후에 회식하기

③ 주말에 늦게까지 늦잠자기

④ 도서관에 다니며 독서하기

⑤ 주말에 고향에 내려가기

TIP 》 비록 나는 취직 후 주말에 늦게까지 늦잠도 자고 퇴근 후에 동료들과 회식도 하고 싶지만
지금 당장 나에게 필요한 것은 무역회사의 업무에서 필요한 다양한 외국어 습득이다. 특히
나는 입사 초기부터 외국어 실력이 별로 좋지 않았기 때문에 지금 당장 내가 할 일은 다양
한 외국어를 공부하는 일이다.

7 나는 결국 여러 가지 하고 싶은 일이 많지만 지금 당장 할 일로 외국어 습득을 택했다.
하지만 영어 학원을 등록한 지 일주일도 안 되어 회사 업무로 인해 야근을 수시로 하게
되었다. 따라서 영어 학원은 일주일에 3일은 고사하고 한 달에 3번도 가기 힘든 상황이
다. 이런 상황에서 나는 어떻게 할 것인가?

① 바로 학원 등록을 취소하고 회사 업무에 주력한다.

② 비록 자주 학원에 가지는 못하지만 갈 수 있을 때마다 틈틈이 가서 공부한다.

③ 따로 학원가서 공부할 시간이 없으므로 mp3로 학습 자료를 다운받아 출·퇴근 시
틈틈이 듣는다.

④ 지금은 일단 회사 업무를 배워야 함으로 회사 업무에 익숙해진 후에 다시 영어 학
원을 등록하여 공부한다.

⑤ 회사 야근을 무단으로 불참하고 학원을 다닌다.

TIP 》 외국어는 일단 한 번 시작하면 중간에 그만두지 않고 꾸준히 해야 하기 때문에 학원에 가
서 공부할 시간이 없다면 학습 자료를 mp3로 다운받아 자투리 시간에 틈틈이 들으면서라
도 계속 공부해야 한다.

ANSWER 〉 5.④ 6.① 7.③

8 다음 중 자기개발능력에 대한 정의로 옳은 것은?

① 활동이나 사업에 소요되는 비용을 산정하고, 예산을 편성하는 것뿐만 아니라 예산을 통제하는 능력이다.

② 직장생활에서 요구되는 기초적인 통계나 도표의 의미를 이해·파악하고 이를 이용해서 결과를 제시하는 능력이다.

③ 직장생활에서 협조적인 관계를 유지하고, 조직구성원들에게 도움을 줄 수 있으며, 조직내부 및 외부의 갈등을 원만히 해결하고 고객의 요구를 충족시켜줄 수 있는 능력이다.

④ 자신의 능력, 적성, 특성 등을 이해하고 목표성취를 위해 스스로를 관리하며 개발해 나가는 능력이다.

⑤ 시간을 효율적으로 분배하고, 목표를 달성할 수 있도록 하는 능력이다.

> **TIP** 》 ① 예산관리능력
> ② 수리능력
> ③ 대인관계능력
> ⑤ 시간관리능력

9 신입사원 J씨는 제약회사 영업팀 워크숍에 참여하여 부장과 멘토링 시간을 갖게 되었다. 부장은 회사생활의 출발점인 신입사원으로써 자기관리의 절차를 강조하며 그 중 '과제발견'에 대하여 상세히 설명해 주었다. 다음 중 부장이 신입사원 J씨에게 한 과제발견의 조언으로 적절하지 않은 것을 고르시오.

① 영업팀에 따른 J사원의 활동목표를 확인하고 개인목표도 가져야 할 것 일세.

② J사원 업무를 효과적으로 수행했는지 체크리스트를 만들어 활용하는 것이 중요하네.

③ 영업팀은 급한 것, 중요한 것 등 업무의 우선순위 선정 방법이 매우 중요하다네.

④ 신입사원으로써 앞으로의 J사원의 영업팀 역할이 중요하다네.

⑤ J사원은 영업팀 신입사원으로써 팀 안에서 본인의 능력을 알고 최대 발휘해야 하네.

> **TIP** 》 자기관리 절차는 비전 및 목적정립-과제발견-일정수립-수행-반성 및 피드백의 프로세스이다. 그 중 과제발견은 현재 자신의 역할 및 능력을 검토하고, 할 일을 조정하여 자신이 수행해야 될 역할들을 도출하고 역할에 상응하는 활동목표를 설정한다. ①, ③, ④, ⑤는 과제발견에 대한 설명이며, ②는 반성 및 피드백에 대한 설명이다.

10 신입사원 A씨는 IT 중견기업 사장의 신년사 내용에 눈길이 갔다. 끊임없는 성찰을 습관화하는 것이 핵심으로 '성찰의 필요성'을 강조하고 있다. 성찰의 필요성으로 적절하지 않은 것을 고르시오.

① 성찰은 미래에 어떻게 대처할지 고민하는 것이기 때문이다.

② 성찰을 지속하다 보면 창의적인 생각이 나오기 때문이다.

③ 현재의 부족한 부분을 알게 되므로 성장할 수 있는 기회가 되기 때문이다.

④ 성찰은 과거를 회상할 수 있고 과거의 업적을 제대로 정리할 수 있기 때문이다.

⑤ 다른 일을 해결해 나가는 데 필요한 노하우를 축적할 수 있게 되기 때문이다.

  TIP 》 성찰의 목적은 과거를 바탕으로 좀 더 나은 미래를 성취하기 위함에 있다.

11 다음 중 자기관리 절차로 옳은 것은?

① 비전 및 목적 정립 → 일정수립 → 수행 → 과제발견 → 반성 및 피드백

② 비전 및 목적 정립 → 일정수립 → 과제발견 → 수행 → 반성 및 피드백

③ 비전 및 목적 정립 → 수행 → 과제발견 → 일정수립 → 반성 및 피드백

④ 비전 및 목적 정립 → 과제발견 → 일정수립 → 수행 → 반성 및 피드백

⑤ 비전 및 목적 정립 → 과제발견 → 수행 → 일정수립 → 반성 및 피드백

  TIP 》 자기관리 절차 … 비전 및 목적 정립 → 과제발견 → 일정수립 → 반성 및 피드백

ANSWER 〉 8.④ 9.② 10.④ 11.④

12 다음 중 자기개발의 실패요인으로 옳지 않은 것은?

① 제한적으로 사고하기 때문이다.

② 문화적인 장애에 부딪히기 때문이다.

③ 인간의 욕구와 감정이 작용하기 때문이다.

④ 항상 자신의 부족한 점을 발견하기 때문이다.

⑤ 자기개발 방법을 잘 모르기 때문이다.

> **TIP »** 자기개발의 실패요인
>   ㉠ 인간의 욕구와 감정이 작용하기 때문이다.
>   ㉡ 제한적으로 사고하기 때문이다.
>   ㉢ 문화적인 장애에 부딪히기 때문이다.
>   ㉣ 자기개발 방법을 잘 모르기 때문이다.

13 다음 중 자기개발 계획 수립이 어려운 이유는 무엇인가?

① 자신의 흥미, 장점, 가치, 라이프 스타일 등을 충분히 이해하지 못하기 때문에

② 개인의 자기개발 목표와 일상생활 간에 갈등으로 인해서

③ 다른 직업이나 회사 밖의 기회에 대해 충분히 알지 못하기 때문에

④ 회사 내의 경력기회 및 직무 가능성에 대해 충분히 알고 있기 때문에

⑤ 자신에 대해 너무 잘 알고 있어 안될 일은 시도하지 않기 때문에

> **TIP »** ④ 회사 내의 경력기회 및 직무 가능성에 대해 충분히 알지 못하기 때문에 자기개발 계획 수립이 어렵다.

┃14~16 ┃ 다음 글을 읽고 물음에 답하시오.

나는 초등학교 때까지만 해도 친구들과 잘 어울리며 말도 많이 하고 적극적인 성격이었다. 매주 주말마다 내가 먼저 친구들에게 전화해서 축구며 야구 등을 하자고 했고 거기에 필요한 축구공, 야구배트, 글러브, 테니스 공 등은 내가 준비를 다 했다. 하지만 중학교·고등학교에 들어서면서부터 평소 같이 놀던 친구들이 모두 이사를 가고 사람들과 말을 많이 하지 않아 새로운 친구들을 많이 사귀지 못했다. 반면 학교 수업 때 역사나 윤리과목에 많은 흥미를 가져 그와 관련된 책들을 많이 읽었고 이와 더불어 자연스럽게 한자를 많이 접하게 되었다. 또한 마침 고등학교 2학년 담임선생님의 권유로 한자 자격증 3급을 따게 되었다. 이후 나는 꾸준히 한자를 공부하여 전역 후에는 2급 자격증을 취득하였고 대학교에서도 사학을 전공으로 선택하여 좋은 점수를 받았다. 따라서 대학 재학 중 교직을 이수하여 훗날 역사 선생님이 되겠다는 학창시절의 꿈을 다시 꿀 수 있게 되었다. 또한 나는 이러한 성취감을 통해 자신감을 가지게 되었고 대학생활을 하는 동안 학창시절에 가졌던 내성적인 성격을 고치기 위해 많은 노력을 하였다. 대학 1·2학년 때 기숙사에 있는 같은 방 사람들과 운동도 하고 대화도 많이 하려고 노력한 것이 한 예이다. 그 결과 예전만큼은 아니지만 어느 정도 성격이 변하기 시작했다. 하지만 그런 생활을 계속하게 되자 이번에는 같은 과 친구들과의 관계가 소원해지기 시작했다. 너무 기숙사 사람들과만 생활했기 때문이다. 그래서 군 복무를 마친 후 기숙사를 나가 자취를 하게 됐을 때는 같은 과 사람들과 될 수 있으면 많은 시간을 보내기 위해 노력하였다.

14 다음 중 나에 대해 가장 옳게 설명한 것은?

① 나는 어릴 때부터 친구들과 주말마다 축구·야구 등을 하였으므로 운동을 좋아하는 성격이다.

② 나는 소수의 친한 사람들과만 어울리는 성격으로 앞으로는 다양한 사람들과 함께 어울리려고 노력해야 한다.

③ 초등학교 때는 친구들과 놀고 중·고등학교 때는 역사와 윤리 교과와 관련된 책을 읽은 것으로 보아 새로운 환경 변화에 적응을 잘 한다.

④ 나는 성격이란 선천적인 것이라 생각하여 한 번 바뀐 성격을 고치려고 노력하지 않는다.

⑤ 나는 남의 주장에 대해 적극적으로 분석하는 성격을 가졌다.

TIP》 나는 중·고등학교에 들어가서 초등학교 때 친하게 지내던 친구들과 헤어지자 새로운 친구들을 잘 사귀지 못했고 대학교에 들어가서도 처음에는 기숙사 사람들과만 어울려 같은 과 친구들과의 관계가 소원해졌다는 부분을 통해 나는 소수의 친한 사람들과만 어울리는 성격임을 알 수 있다. 따라서 앞으로는 다양한 사람들을 만나 함께 어울리려고 노력해야 한다는 ②가 정답이다.

ANSWER 》 12.④ 13.④ 14.②

15 위 글을 통해 알 수 있는 니의 능력은 무엇인가?

① 좋아하는 일에 대해 꾸준히 노력하는 끈기
② 사람들을 이끌고 일을 수행할 수 있는 리더쉽
③ 다른 사람들의 이야기를 끝까지 들어주는 경청의 자세
④ 내가 하고자 하는 일에 대해 다른 사람들보다 먼저 행동하는 적극성
⑤ 남의 주장을 분석하는 능력

> **TIP》** 중학교·고등학교 때 관심을 가지게 된 역사와 윤리과목에 대해 평소 관련된 책을 많이 읽고 그런 분야에서 꼭 필요한 언어(한자)를 꾸준히 공부하여 2급 자격증을 딴 점, 그리고 학창시절의 꿈인 역사 선생님이 되기 위해 대학교에서 사학을 전공하고 교직을 이수하려는 계획 등으로 미루어 볼 때 나는 좋아하는 일에 대해 꾸준히 노력하는 끈기를 가진 사람임을 알 수 있다.

16 위 글에 나오는 내가 자신의 능력을 제대로 발휘하기 위한 방법으로 옳은 것은?

① 군 전역 후 다시 장교가 되기 위해 대학 내 설치된 학군단을 찾아가 학군단장과 상의를 한다.
② 나의 내성적인 성격을 고치고 다양한 사람들을 많이 만나보기 위해 대학 졸업 후 취업 지원 시 영업직 위주의 일을 찾아본다.
③ 장차 졸업 후 역사와 함께 한자도 가르칠 수 있도록 대학교 재학 중에 한문교육과를 복수 전공한다.
④ 학창시절 책을 많이 읽었으므로 소설작품을 써서 신춘문예에 도전한다.
⑤ 내 의견보다 남의 주장을 들으려고 노력한다.

> **TIP》** 위 글에서 나는 한자자격증 2급을 취득하였고 학창시절의 꿈이 아이들을 가르치는 선생님이다. 또한 실제로 그렇게 되기 위해 교직 이수도 계획 중이므로 재학 중에 한문교육과를 복수 전공한다면 이러한 나의 능력을 충분히 살릴 수 있을 것이다.

17 다음 중 자기개발의 특징으로 옳지 않은 것은?

① 자기개발은 일과 관련하여 이루어지는 활동이다.

② 자기개발은 일상생활과 동떨어진 가운데 이루어져야 한다.

③ 자기개발의 주체는 자신이다.

④ 자기개발을 통해 지향하는 바와 선호하는 방법은 사람마다 각기 다르다.

⑤ 자기개발은 평생에 걸쳐 이루어진다.

> **TIP 》** 자기개발의 특징
> ㉠ 자기개발에서 개발의 주체는 타인이 아니라 자기 자신이다.
> ㉡ 자기개발은 개별적인 과정으로 자기개발을 통해 지향하는 바와 선호하는 방법 등이 사람마다 다르다.
> ㉢ 자기개발은 평생에 걸쳐 이루어지는 과정이다.
> ㉣ 자기개발은 일과 관련하여 이루어지는 활동이다.
> ㉤ 자기개발은 생활 가운데 이루어져야 한다.
> ㉥ 자기개발은 모든 사람이 해야 하는 것이다.

18 다음 내용의 괄호 안에 들어갈 용어로 옳은 것을 고르시오.

> 오랜 기간 '회사의 일'을 우선시하던 한국 근로자들의 가치관이 개인의 생활을 중시하는 방향으로 변화하고 있다. 이른바 ( )을/를 추구하는 움직임이 본격화 되고 있는 것이다. 2005년 실시된 한국종합사회조사에 의하면 한국 국민의 압도적 다수가 기업이 ( ) 실현을 위한 제도를 도입할 책임이 있다고 인식하고 있다. 기업은 경영적 측면에서 적지 않은 비용이 들어가지만 가시적 효과는 바로 나타나지 않아 망설이고 있는 입장이다. 이들은 기업이 실현을 위한 노력이 상당히 부족하다고 느끼고 있어 ( )을/를 둘러싸고 회사와 근로자간에 갈등이 발생할 우려도 있다.

① 평생학습사회

② 청년실업

③ 투잡스(Two-Jobs)

④ 일과 생활의 균형(WLB)

⑤ 창업경력

> **TIP 》** 일과 생활의 균형(Work Life Balance)은 최근 관심이 증가하고 있으나 기업의 경영적 측면에서 비용 대비 가시적 효과가 바로 나타나지 않아 망설이는 기업도 있다.

ANSWER 》 15.① 16.③ 17.② 18.④

19 성찰을 해야 하는 이유로 옳지 않은 것은?

① 지속적인 성장의 기회를 만들기 위해서

② 다른 일을 하는데 필요한 노하우를 축적하기 위해서

③ 신뢰감을 형성하기 위해서

④ 높은 연봉을 받기 위해서

⑤ 창의적인 사고 능력을 개발하기 위해서

TIP 》 성찰을 해야 하는 이유
ㄱ 지속적인 성장의 기회를 만들기 위해서
ㄴ 다른 일을 하는데 필요한 노하우를 축적하기 위해서
ㄷ 신뢰감을 형성하기 위해서
ㄹ 창의적인 사고 능력을 개발하기 위해서

20 자기 브랜드의 PR 방법으로 옳지 않은 것은?

① 소셜 네트워크를 활용한다.

② 인적 네트워크를 활용한다.

③ 자신만의 명함을 만든다.

④ 다른 사람의 브랜드를 모방한다.

⑤ 경력 포트폴리오를 만든다.

TIP 》 자기 브랜드의 PR 방법
ㄱ 소셜 네트워크를 활용한다.
ㄴ 인적 네트워크를 활용한다.
ㄷ 자신만의 명함을 만든다.
ㄹ 경력 포트폴리오를 만든다.

ANSWER 〉 19.④ 20.④

05 자원관리능력

1 자원과 자원관리

(1) 자원

① 자원의 종류 … 시간, 돈, 물적자원, 인적자원

② 자원의 낭비요인 … 비계획적 행동, 편리성 추구, 자원에 대한 인식 부재, 노하우 부족

(2) 자원관리 기본 과정

① 필요한 자원의 종류와 양 확인

② 이용 가능한 자원 수집하기

③ 자원 활용 계획 세우기

④ 계획대로 수행하기

예제 1

당신은 A출판사 교육훈련 담당자이다. 조직의 효율성을 높이기 위해 전사적인 시간관리에 대한 교육을 실시하기로 하였지만 바쁜 일정 상 직원들을 집합교육에 동원할 수 있는 시간은 제한적이다. 다음 중 귀하가 최우선의 교육 대상으로 삼아야 하는 것은 어느 부분인가?

구분	긴급한 일	긴급하지 않은 일
중요한 일	제1사분면	제2사분면
중요하지 않은 일	제3사분면	제4사분면

[출제의도]

주어진 일들을 중요도와 긴급도에 따른 시간관리 매트릭스에서 우선순위를 구분할 수 있는가를 측정하는 문항이다.

[해설]

교육훈련에서 최우선 교육대상으로 삼아야 하는 것은 긴급하지 않지만 중요한 일이다. 이를 긴급하지 않다고. 해서 뒤로 미루다보면 급박하게 처리해야하는 업무가 증가하여 효율적인 시간관리가 어려워진다.

① 중요하고 긴급한 일로 위기사항이나 급박한 문제, 기간이 정해진 프로젝트 등이 해당되는 제1사분면
② 긴급하지는 않지만 중요한 일로 인간관계구축이나 새로운 기회의 발굴, 중장기 계획 등이 포함되는 제2사분면
③ 긴급하지만 중요하지 않은 일로 잠깐의 급한 질문, 일부 보고서, 눈 앞의 급박한 사항이 해당되는 제3사분면
④ 중요하지 않고 긴급하지 않은 일로 하찮은 일이나 시간낭비거리, 즐거운 활동 등이 포함되는 제4사분면

구분	긴급한 일	긴급하지 않은 일
중요한 일	위기사항, 급박한 문제, 기간이 정해진 프로젝트	인간관계구축, 새로운 기회의 발굴, 중장기계획
중요하지 않은 일	잠깐의 급한 질문, 일부 보고서, 눈앞의 급박한 사항	하찮은 일, 우편물, 전화, 시간낭비거리, 즐거운 활동

답 ②

2 자원관리능력을 구성하는 하위능력

(1) 시간관리능력

① 시간의 특성
  ㉠ 시간은 매일 주어지는 기적이다.
  ㉡ 시간은 똑같은 속도로 흐른다.
  ㉢ 시간의 흐름은 멈추게 할 수 없다.
  ㉣ 시간은 꾸거나 저축할 수 없다.
  ㉤ 시간은 사용하기에 따라 가치가 달라진다.

② 시간관리의 효과
  ㉠ 생산성 향상
  ㉡ 가격 인상
  ㉢ 위험 감소
  ㉣ 시장 점유율 증가

③ 시간계획

   ⊙ 개념 : 시간 자원을 최대한 활용하기 위하여 가장 많이 반복되는 일에 가장 많은 시간을 분배하고, 최단시간에 최선의 목표를 달성하는 것을 의미한다.

   ⓛ 60 : 40의 Rule

계획된 행동 (60%)	계획 외의 행동 (20%)	자발적 행동 (20%)
총 시간		

예제 2

유아용품 홍보팀의 사원 은이씨는 일산 킨텍스에서 열리는 유아용품박람회에 참여하고자 한다. 당일 회의 후 출발해야 하며 회의 종료 시간은 오후 3시이다.

장소	일시
일산 킨텍스 제2전시장	2016. 1. 20(금) PM 15:00~19:00 * 입장가능시간은 종료 2시간 전까지

오시는 길

지하철 : 4호선 대화역(도보 30분 거리)

버스 : 8109번, 8407번(도보 5분 거리)

• 회사에서 버스정류장 및 지하철역까지 소요시간

출발지	도착지		소요시간
회사	×× 정류장	도보	15분
		택시	5분
	지하철역	도보	30분
		택시	10분

• 일산 킨텍스 가는 길

교통편	출발지	도착지	소요시간
지하철	강남역	대화역	1시간 25분
버스	×× 정류장	일산 킨텍스 정류장	1시간 45분

위의 제시 상황을 보고 은이씨가 선택할 교통편으로 가장 적절한 것은?

① 도보 – 지하철   ② 도보 – 버스

③ 택시 – 지하철   ④ 택시 – 버스

[출제의도]

주어진 여러 시간정보를 수집하여 실제 업무 상황에서 시간자원을 어떻게 활용할 것인지 계획하고 할당하는 능력을 측정하는 문항이다.

[해설]

④ 택시로 버스정류장까지 이동해서 버스를 타고 가게 되면 택시(5분), 버스(1시간 45분), 도보(5분)으로 1시간 55분이 걸린다.

① 도보–지하철 : 도보(30분), 지하철(1시간 25분), 도보(30분)이므로 총 2시간 25분이 걸린다.

② 도보–버스 : 도보(15분), 버스(1시간 45분), 도보(5분)이므로 총 2시간 5분이 걸린다.

③ 택시–지하철 : 택시(10분), 지하철(1시간 25분), 도보(30분)이므로 총 2시간 5분이 걸린다.

답 ④

(2) 예산관리능력

① 예산과 예산관리

    ㉠ 예산 : 필요한 비용을 미리 헤아려 계산하는 것이나 그 비용

    ㉡ 예산관리 : 활동이나 사업에 소요되는 비용을 산정하고, 예산을 편성하는 것뿐만 아니라 예산을 통제하는 것 모두를 포함한다.

② 예산의 구성요소

비용	직접비용	재료비, 원료와 장비, 시설비, 여행(출장) 및 잡비, 인건비 등
	간접비용	보험료, 건물관리비, 광고비, 통신비, 사무비품비, 각종 공과금 등

③ 예산수립 과정 … 필요한 과업 및 활동 구명 → 우선순위 결정 → 예산 배정

예제 3

당신은 가을 체육대회에서 총무를 맡으라는 지시를 받았다. 다음과 같은 계획에 따라 예산을 진행하였으나 확보된 예산이 생각보다 적게 되어 불가피하게 비용항목을 줄여야 한다. 다음 중 귀하가 비용 항목을 없애기에 가장 적절한 것은 무엇인가?

〈○○산업공단 춘계 1차 워크숍〉

1. 해당부서 : 인사관리팀, 영업팀, 재무팀
2. 일   정 : 2016년 4월 21일~23일(2박 3일)
3. 장   소 : 강원도 속초 ○○연수원
4. 행사내용 : 바다열차탑승, 체육대회, 친교의 밤 행사, 기타

① 숙박비   ② 식비
③ 교통비   ④ 기념품비

[출제의도]
업무에 소요되는 예산 중 꼭 필요한 것과 예산을 감축해야할 때 삭제 또는 감축이 가능한 것을 구분해내는 능력을 묻는 문항이다.
[해설]
한정된 예산을 가지고 과업을 수행할 때에는 중요도를 기준으로 예산을 사용한다. 위와 같이 불가피하게 비용 항목을 줄여야 한다면 기본적인 항목인 숙박비, 식비, 교통비는 유지되어야 하기에 항목을 없애기 가장 적절한 정답은 ④번이 된다.

답 ④

(3) 물적관리능력

① 물적자원의 종류

ㄱ **자연자원** : 자연상태 그대로의 자원 ex) 석탄, 석유 등

ㄴ **인공자원** : 인위적으로 가공한 자원 ex) 시설, 장비 등

② **물적자원관리** … 물적자원을 효과적으로 관리할 경우 경쟁력 향상이 향상되어 과제 및 사업의 성공으로 이어지며, 관리가 부족할 경우 경제적 손실로 인해 과제 및 사업의 실패 가능성이 커진다.

③ 물적자원 활용의 방해요인

ㄱ 보관 장소의 파악 문제

ㄴ 훼손

ㄷ 분실

④ 물적자원관리 과정

과정	내용
사용 물품과 보관 물품의 구분	• 반복 작업 방지 • 물품활용의 편리성
동일 및 유사 물품으로의 분류	• 동일성의 원칙 • 유사성의 원칙
물품 특성에 맞는 보관 장소 선정	• 물품의 형상 • 물품의 소재

S호텔의 외식사업부 소속인 K씨는 예약일정 관리를 담당하고 있다. 아래의 예약일정과 정보를 보고 K씨의 판단으로 옳지 않은 것은?

<S호텔 일식 뷔페 1월 ROOM 예약 일정>

* 예약 : ROOM 이름(시작시간)

SUN	MON	TUE	WED	THU	FRI	SAT
					1	2
					백합(16)	장미(11) 백합(15)
3	4	5	6	7	8	9
라일락(15)		백향목(10) 백합(15)	장미(10) 백향목(17)	백합(11) 라일락(18)	백향목(15)	장미(10) 라일락(15)

ROOM 구분	수용가능인원	최소투입인력	연회장 이용시간
백합	20	3	2시간
장미	30	5	3시간
라일락	25	4	2시간
백향목	40	8	3시간

- 오후 9시에 모든 업무를 종료함
- 한 타임 끝난 후 1시간씩 세팅 및 정리
- 동 시간 대 서빙 투입인력은 총 10명을 넘을 수 없음

안녕하세요, 1월 첫째 주 또는 둘째 주에 신년회 행사를 위해 ROOM을 예약하려고 하는데요, 저희 동호회의 총 인원은 27명이고 오후 8시쯤 마무리하려고 합니다. 신정과 주말, 월요일은 피하고 싶습니다. 예약이 가능할까요?

① 인원을 고려했을 때 장미ROOM과 백향목ROOM이 적합하겠군.
② 만약 2명이 안 온다면 예약 가능한 ROOM이 늘어나겠구나.
③ 조건을 고려했을 때 예약 가능한 ROOM은 5일 장미ROOM뿐이겠구나.
④ 오후 5시부터 8시까지 가능한 ROOM을 찾아야해.

(4) 인적자원관리능력

① **인맥** ⋯ 가족, 친구, 직장동료 등 자신과 직접적인 관계에 있는 사람들인 핵심인맥과 핵심 인맥들로부터 알게 된 파생인맥이 존재한다.

② **인적자원의 특성** ⋯ 능동성, 개발가능성, 전략적 자원

③ **인력배치의 원칙**

    ㉠ **적재적소주의** : 팀의 효율성을 높이기 위해 팀원의 능력이나 성격 등과 가장 적합한 위치에 배치하여 팀원 개개인의 능력을 최대로 발휘해 줄 것을 기대하는 것

    ㉡ **능력주의** : 개인에게 능력을 발휘할 수 있는 기회와 장소를 부여하고 그 성과를 바르게 평가하며 평가된 능력과 실적에 대해 그에 상응하는 보상을 주는 원칙

    ㉢ **균형주의** : 모든 팀원에 대한 적재적소를 고려

④ **인력배치의 유형**

    ㉠ **양적 배치** : 부문의 작업량과 조업도, 여유 또는 부족 인원을 감안하여 소요인원을 결정하여 배치하는 것

    ㉡ **질적 배치** : 적재적소의 배치

    ㉢ **적성 배치** : 팀원의 적성 및 흥미에 따라 배치하는 것

▌예제 5

최근 조직개편 및 연봉협상 과정에서 직원들의 불만이 높아지고 있다. 온갖 루머가 난무한 가운데 인사팀원인 당신에게 사내 게시판의 직원 불만사항에 대한 진위여부를 파악하고 대안을 세우라는 팀장의 지시를 받았다. 다음 중 당신이 조치를 취해야 하는 직원은 누구인가?

① 사원 A는 팀장으로부터 업무 성과가 탁월하다는 평가를 받았는데도 조직개편으로 인한 부서 통합으로 인해 승진을 못한 것이 불만이다.

② 사원 B는 회사가 예년에 비해 높은 영업 이익을 얻었는데도 불구하고 연봉 인상에 인색한 것이 불만이다.

③ 사원 C는 회사가 급여 정책을 변경해서 고정급 비율을 낮추고 기본급과 인센티브를 지급하는 제도로 바꾼 것이 불만이다.

④ 사원 D는 입사 동기인 동료가 자신보다 업무 실적이 좋지 않고 불성실한 근무태도를 가지고 있는데, 팀장과의 친분으로 인해 자신보다 높은 평가를 받은 것이 불만이다.

[출제의도]
주어진 직원들의 정보를 통해 시급하게 진위여부를 가리고 조치하여 인력배치를 해야 하는 사항을 확인하는 문제이다.

[해설]
사원 A, B, C는 각각 조직 정책에 대한 불만이기에 논의를 통해 조직적으로 대처하는 것이 옳지만, 사원 D는 팀장의 독단적인 전횡에 대한 불만이기 때문에 조사하여 시급히 조치할 필요가 있다. 따라서 가장 적절한 답은 ④번이 된다.

답 ④

출제예상문제

1 다음은 시간계획 법칙 중 하나인 60 : 40의 Rule이다. ㉠~㉢의 내용이 알맞게 짝지어진 것은?

㉠ (60%)	㉡ (20%)	㉢ (20%)
총 시간		

	㉠	㉡	㉢
①	계획된 행동	계획 외의 행동	자발적 행동
②	계획 외의 행동	계획된 행동	자발적 행동
③	자발적 행동	계획 외의 행동	계획된 행동
④	계획된 행동	계획 외의 행동	부차적 행동
⑤	부차적 행동	자발적 행동	계획된 행동

TIP 》 60 : 40의 Rule

계획된 행동 (60%)	계획 외의 행동 (20%)	자발적 행동 (20%)
총 시간		

2 다음 중 간접비용이 아닌 것은?

① 보험료　　　　　　　　② 건물관리비
③ 광고비　　　　　　　　④ 통신비
⑤ 인건비

> **TIP 》** 예산의 구성요소
>
> | 비용 | 직접비용 | 재료비, 원료와 장비, 시설비, 여행(출장) 및 잡비, 인건비 등 |
> |---|---|---|
> | | 간접비용 | 보험료, 건물관리비, 광고비, 통신비, 사무비품비, 각종 공과금 등 |

3 다음에 설명하고 있는 인력배치의 원칙은?

> 개인에게 능력을 발휘할 수 있는 기회와 장소를 부여하고 그 성과를 바르게 평가하며 평가된 능력과 실적에 대해 그에 상응하는 보상을 주는 원칙

① 적재적소주의　　　　　② 능력주의
③ 균형주의　　　　　　　④ 개인주의
⑤ 적성주의

> **TIP 》** 인력배치의 원칙
> ㉠ 적재적소주의 : 팀의 효율성을 높이기 위해 팀원의 능력이나 성격 등과 가장 적합한 위치에 배치하여 팀원 개개인의 능력을 최대로 발휘해 줄 것을 기대하는 것
> ㉡ 능력주의 : 개인에게 능력을 발휘할 수 있는 기회와 장소를 부여하며 그 성과를 바르게 평가하며 평가된 능력과 실적에 대해 그에 상응하는 보상을 주는 원칙
> ㉢ 균형주의 : 모든 팀원에 대한 적재적소를 고려

4 다음 글과 〈조건〉을 근거로 판단할 때, 중국으로 출장 가는 사람으로 짝지어진 것은?

C회사에서는 업무상 외국 출장이 잦은 편이다. 인사부 A씨는 매달 출장 갈 직원들을 정하는 업무를 맡고 있다. 이번 달에는 총 4국가로 출장을 가야 하며 인원은 다음과 같다.

미국	영국	중국	일본
1명	4명	3명	4명

출장을 갈 직원은 이과장, 김과장, 신과장, 류과장, 임과장, 장과장, 최과장이 있으며, 개인별 출장 가능한 국가는 다음과 같다.

국가 \ 직원	이과장	김과장	신과장	류과장	임과장	장과장	최과장
미국	○	×	○	×	×	×	×
영국	○	×	○	○	○	×	×
중국	×	○	○	○	○	×	○
일본	×	×	○	×	○	○	○

※ ○ : 출장 가능, × : 출장 불가능
※ 어떤 출장도 일정이 겹치진 않는다.

〈조건〉
• 한 사람이 두 국가까지만 출장 갈 수 있다.
• 모든 사람은 한 국가 이상 출장을 가야 한다.

① 김과장, 최과장, 류과장
② 김과장, 신과장, 류과장
③ 신과장, 류과장, 임과장
④ 김과장, 임과장, 최과장
⑤ 신과장, 류과장, 최과장

TIP 》 모든 사람이 한 국가 이상 출장을 가야 한다고 했으므로 김과장은 꼭 중국을 가야 하며, 장과장은 꼭 일본을 가야 한다. 또한 영국으로 4명이 출장을 가야 되고, 출장 가능 직원도 4명이므로 이과장, 신과장, 류과장, 임과장이 영국을 가야한다. 4국가 출장에 필요한 직원은 12명인데 김과장과 장과장이 1국가 밖에 못가므로 나머지 5명이 2국가씩 출장가야 한다는 것에 주의한다.

	출장가는 직원
미국(1명)	이과장
영국(4명)	류과장, 이과장, 신과장, 임과장
중국(3명)	김과장, 최과장, 류과장
일본(4명)	장과장, 최과장, 신과장, 임과장

5 다음은 S공사의 지역본부 간 인사이동과 관련된 자료이다. 이에 대한 〈보고서〉의 내용 중 옳지 않은 것은?

〈2015년 직원 인사이동 현황〉

전입 / 전출	A지역본부	B지역본부	C지역본부	D지역본부
A지역본부		190명	145명	390명
B지역본부	123명		302명	260명
C지역본부	165명	185명		110명
D지역본부	310명	220명	130명	

※ 인사이동은 A~D지역본부 간에서만 이루어진다.

※ 2015년 인사이동은 2015년 1월 1일부터 12월 31일까지 발생하며 동일 직원의 인사이동은 최대 1회로 제한된다.

※ 위 표에서 190은 A지역본부에서 B지역본부로 인사이동하였음을 의미한다.

〈2015~2016년 지역본부별 직원 수〉

연도 / 지역본부	2015년	2016년
A지역본부	3,232명	3,105명
B지역본부	3,120명	3,030명
C지역본부	2,931명	( )명
D지역본부	3,080명	( )명

※ 직원 수는 매년 1월 1일 0시를 기준으로 한다.

※ 직원 수는 인사이동에 의해서만 변하며, 신규로 채용되거나 퇴사한 직원은 없다.

〈보고서〉

S공사의 지역본부 간 인사이동을 파악하기 위해 ① 2015년의 전입·전출을 분석한 결과 총 2,530명이 근무지를 이동한 것으로 파악되었다. S공사의 4개 지역본부 가운데 ② 전출직원 수가 가장 많은 지역본부는 A이다. 반면, ③ 전입직원 수가 가장 많은 지역본부는 A, B, D로부터 총 577명이 전입한 C이다. 2015년 인사이동 결과, ④ 2016년 직원이 가장 많은 지역본부는 D이며, ⑤ 2015년과 2016년의 직원 수 차이가 가장 큰 지역본부는 A이다.

ANSWER 〉 4.① 5.③

6 다음은 신입사원 A가 2017년 1월에 현금으로 지출한 생활비 내역이다. 만약 A가 카드회사에서 권유한 A~C카드 중 하나를 발급받아 2017년 2월에도 1월과 동일하게 발급받은 카드로만 생활비를 지출하였다면 예상청구액이 가장 적은 카드는 무엇인가?

〈신입사원 A의 2017년 1월 생활비 지출내역〉

분류	세부항목		금액(만원)
교통비	버스 · 지하철 요금		8
	택시 요금		2
	KTX 요금		10
식비	외식비	평일	10
		주말	5
	카페 지출액		5
	식료품 구입비	대형마트	5
		재래시장	5
의류구입비	온라인		15
	오프라인		15
여가 및 자기계발비	영화관람료(1만원/회 × 2회)		2
	도서구입비 (2만원/권 × 1권, 1만 5천원/권 × 2권, 1만원/권 × 3권)		8
	학원 수강료		20

〈신용카드별 할인혜택〉

A신용카드	• 버스 · 지하철, KTX 요금 20% 할인(단, 할인액의 한도는 월 2만원) • 외식비 주말 결제액 5% 할인 • 학원 수강료 15% 할인 • 최대 총 할인한도액 없음 • 연회비 1만 5천원이 발급 시 부과되어 합산됨
B신용카드	• 버스 · 지하철, KTX 요금 10% 할인(단, 할인액의 한도는 월 1만원) • 온라인 의류구입비 10% 할인 • 도서구입비 권당 3천원 할인(단, 권당 가격이 1만 2천원 이상인 경우에만 적용) • 최대 총 할인한도액은 월 3만원 • 연회비 없음
C신용카드	• 버스 · 지하철, 택시 요금 10% 할인(단, 할인액의 한도는 월 1만원) • 카페 지출액 10% 할인 • 재래시장 식료품 구입비 10% 할인 • 영화관람료 회당 2천원 할인(월 최대 2회) • 최대 총 할인한도액은 월 4만원 • 연회비 없음

① A   ② B

③ C   ④ A와 C

⑤ 세 카드의 예상청구액이 모두 동일하다.

TIP 》 각 신용카드별 할인혜택을 통해 갑이 할인받을 수 있는 내역은 다음과 같다.

신용카드	할인금액
A	• 버스 · 지하철, KTX 요금 20% 할인(단, 한도 월 2만원) → 2만원 • 외식비 주말 결제액 5% 할인 → 2,500원 • 학원 수강료 15% 할인 → 3만원 ※ 최대 총 할인한도액은 없고 연회비 1만 5천원이 부과되므로 줄어드는 금액은 총 37,500원이다.
B	• 버스 · 지하철, KTX 요금 10% 할인(단, 한도 월 1만원) → 1만원 • 온라인 의류구입비 10% 할인 → 1만 5천원 • 도서구입비 권당 3천우너 할인(단, 정가 1만 2천원 이상 적용) → 9,000원 ※ 연회비는 없지만, 최대 총 할인한도액이 월 3만원이므로 줄어드는 금액은 총 3만원이다.
C	• 버스 · 지하철, 택시 요금 10% 할인(단, 한도 월 1만원) → 1만원 • 카페 지출액 10% 할인 → 5,000원 • 재래시장 식료품 구입비 10% 할인 → 5,000원 • 영화관람료 회당 2천원 할인(월 최대 2회) → 4,000원 ※ 최대 총 할인한도액은 월 4만원이고 연회비가 없으므로 줄어드는 금액은 총 24,000원이다.

ANSWER 》 6.①

▌7~8▌ 다음 예제를 보고 물음에 답하시오,

〈프로젝트의 단위활동〉

활동	직전 선행활동	활동시간(일)
A	–	3
B	–	5
C	A	3
D	B	2
E	C, D	4

〈프로젝트의 PERT 네트워크〉

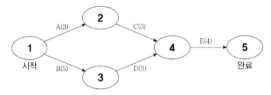

이 프로젝트의 단위활동과 PERT 네트워크를 보면
• A와 B활동은 직전 선행활동이 없으므로 동시에 시작할 수 있다.
• A활동 이후에 C활동을 하고, B활동 이후에 D활동을 하며, C와 D활동이 끝난 후 E활동을 하므로 한 눈에 볼 수 있는 표로 나타내면 다음과 같다.

A(3일)	C(3일)		E(4일)
B(5일)		D(2일)	

∴ 이 프로젝트를 끝내는 데는 최소한 11일이 걸린다.

7 R회사에 근무하는 J대리는 Z프로젝트의 진행을 맡고 있다. J대리는 이 프로젝트를 효율적으로 끝내기 위해 위의 예제를 참고하여 일의 흐름도를 다음과 같이 작성하였다. 이 프로젝트를 끝내는 데 최소한 며칠이 걸리겠는가?

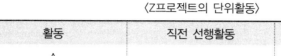

〈Z프로젝트의 단위활동〉

활동	직전 선행활동	활동시간(일)
A	–	7
B	–	5
C	A	4
D	B	2
E	B	4
F	C, D	3
G	C, D, E	2
H	F, G	2

〈Z프로젝트의 PERT 네트워크〉

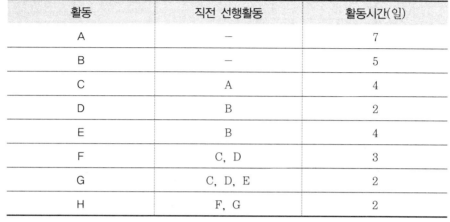

① 15일   ② 16일

③ 17일   ④ 18일

⑤ 20일

TIP 》

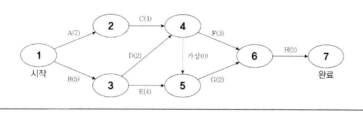

8 위의 문제에서 A활동을 7일에서 3일로 단축시킨다면 전체 일정은 며칠이 단축되겠는가?

① 1일　　　　　　　　　　　② 2일
③ 3일　　　　　　　　　　　④ 4일
⑤ 5일

TIP 》

A(3일)	C(4일)		F(3일)		H(2일)
B(5일)		D(2일)			
		E(4일)		G(2일)	

총 13일이 소요되므로 전체일정은 3일이 단축된다.

9 Z회사는 오늘을 포함하여 30일 동안에 자동차를 생산할 계획이며 Z회사의 하루 최대투입가능 근로자 수는 100명이다. 다음 〈공정표〉에 근거할 때 Z회사가 벌어들일 수 있는 최대 수익은 얼마인가? (단, 작업은 오늘부터 개시되며 각 근로자는 자신이 투입된 자동차의 생산이 끝나야만 다른 자동차의 생산에 투입될 수 있고 1일 필요 근로자 수 이상의 근로자가 투입되더라도 자동차당 생산 소요기간은 변하지 않는다)

〈공정표〉

자동차	소요기간	1일 필요 근로자 수	수익
A	5일	20명	15억 원
B	10일	30명	20억 원
C	10일	50명	40억 원
D	15일	40명	35억 원
E	15일	60명	45억 원
F	20일	70명	85억 원

① 150억 원　　　　　　　　② 155억 원
③ 160억 원　　　　　　　　④ 165억 원
⑤ 170억 원

TIP 》 30일 동안 최대 수익을 올릴 수 있는 진행공정은 다음과 같다.

F(20일, 70명)			C(10일, 50명)
B(10일, 30명)	A(5일, 20명)		

F(85억) + B(20억) + A(15억) + C(40억) = 160억

10 F회사에 입사한지 3개월이 된 사원 A씨는 주어진 일에 대해 우선순위 없이 닥치는 대로 행하고 있다. 그렇다 보니 중요하지 않은 일을 먼저 하기도 해서 상사로부터 꾸중을 들었다. 그런 A씨에게 L대리는 업무를 시간관리 매트릭스에 따라 4단계로 구분해보라고 조언을 하였다. 다음은 〈시간관리 매트릭스〉와 A씨가 해야 할 일들이다. 연결이 잘못 짝지어진 것은?

〈시간관리 매트릭스〉

	긴급함	긴급하지 않음
중요함	제1사분면	제2사분면
중요하지 않음	제3사분면	제4사분면

〈A씨가 해야 할 일〉

㉠ 어제 못 본 드라마보기
㉡ 마감이 정해진 프로젝트
㉢ 인간관계 구축하기
㉣ 업무 보고서 작성하기
㉤ 회의하기
㉥ 자기개발하기
㉦ 상사에게 급한 질문하기

① ㉠ - 제4사분면 ② ㉢ - 제2사분면
③ ㉣ - 제3사분면 ④ ㉥ - 제2사분면
⑤ ㉦ - 제1사분면

　　TIP 》 ㉦은 제3사분면에 들어가야 할 일이다.

11 다음은 ○○그룹 자원관리팀에 근무하는 현수의 상황이다. A자원을 구입하는 것과 B자원을 구입하는 것에 대한 분석으로 옳지 않은 것은?

> 현수는 새로운 프로젝트를 위해 B자원을 구입하였다. 그런데 B자원을 주문한 날 상사가 A자원을 구입하라고 지시하자 고민하다가 결국 상사를 설득시켜 그대로 B자원을 구입하기로 결정했다. 단, 여기서 두 자원을 구입하기 위해 지불해야 할 금액은 각각 50만 원씩으로 같지만 ○○그룹에게 있어 A자원의 실익은 100만 원이고 B자원의 실익은 150만 원이다. 그리고 자원을 주문한 이상 주문 취소는 불가능하다.

① 상사를 설득시켜 그대로 B자원을 구입하기로 결정한 현수의 선택은 합리적이다.
② B자원의 구입으로 인한 기회비용은 100만 원이다.
③ B자원을 구입하기 위해 지불한 50만 원은 회수할 수 없는 매몰비용이다.
④ ○○그룹에게 있어 더 큰 실제의 이익을 주는 자원은 A자원이다.
⑤ 주문 취소가 가능하더라도 B자원을 구입하는 것이 합리적이다.

TIP 》 ④ ○○그룹에게 있어 A자원의 실익은 100만 원이고 B자원의 실익은 150만 원이므로 더 큰 실제의 이익을 주는 자원은 B자원이다.

12 다음 자료에 대한 분석으로 옳지 않은 것은?

> △△그룹에는 총 50명의 직원이 근무하고 있으며 자판기 총 설치비용과 사내 전 직원이 누리는 총 만족감을 돈으로 환산한 값은 아래 표와 같다. (단, 자판기로부터 각 직원이 누리는 만족감의 크기는 동일하며 설치비용은 모든 직원이 똑같이 부담한다)

자판기 수(개)	총 설치비용(만 원)	총 만족감(만 원)
3	150	210
4	200	270
5	250	330
6	300	360
7	350	400

① 자판기를 7개 설치할 경우 각 직원들이 부담해야 하는 설치비용은 7만 원이다.
② 자판기를 최적으로 설치하였을 때 전 직원이 누리는 총 만족감은 400만 원이다.
③ 자판기를 4개 설치할 경우 더 늘리는 것이 합리적이다.
④ 자판기를 한 개 설치할 때마다 추가되는 비용은 일정하다.
⑤ 자판기를 3개에서 4개로 증가시킬 경우 직원 1인당 만족감 증가가 설치비용 증가보다 크다.

TIP》 ② △△그룹에서 자판기의 최적 설치량은 5개이며 이때 전 직원이 누리는 총 만족감은 330만 원이다.

13 다음의 내용을 읽고 밑줄 친 ㉠과 ㉡으로부터 도출된 설명으로 가장 바르지 않은 것을 고르면?

◆ 기업을 가장 잘 아는 대학 한국 폴리텍 IV대학의 기업 파트너십 제도 운영

대학 경쟁력 강화 및 수요자 만족도 향상으로 기업과 대학이 상생할 수 있는 기업 파트너십은 기업으로부터 산업현장 신기술 등의 정보지원과 기업의 애로사항 등을 지원하여 상호 협력관계를 갖는 제도를 운영하며, 기업전담제를 통해 교수 1인당 10개 이상의 기업체를 전담하여 산학협력을 강화함으로써 기업이 원하는 인재를 양상하고, 기업의 요구 기술 및 향상훈련 등 기업이 필요로 하는 서비스를 제공하여 글로벌 인재를 길러내고 있다.

◆ NCS를 기반으로 한 일 학습 병행제 실시대학!

산업현장의 인재 양성을 위해 기업이 취업을 원하는 청년 등을 학습근로자를 채용하여, 폴리텍 대학과 함께 해당 직장에서의 ㉠현장훈련(OJT 훈련)과 ㉡대학에서의 훈련(Off-JT)을 병행하여 체계적인 교육훈련을 제공하고, 일 학습 병행제 프로그램을 마친 자의 역량을 국가 또는 해당 산업분야에서의 자격 또는 학력 등으로 인정하는 제도로 고교졸업자의 선 취업 후 진학의 시스템을 운영하고 있다.

◆ 기업주문식(취업 약정형) 맞춤훈련으로 졸업 전 취업예약!!

한국 폴리텍 IV대학은 기업과 훈련 협약을 체결하고 주문식 맞춤교육을 통해 기업이 원하는 맞춤인력을 양성하며 기업주문식 맞춤훈련을 통해 졸업 전 양질의 취업을 보장받고 기업은 즉시 활용 가능한 인력을 확보가 가능한 시스템을 운영 중이다.

① ㉠의 경우에는 일(업무)을 하면서 동시에 훈련이 가능하다.

② ㉠의 경우에는 상사 또는 동료 간의 이해 및 협조정신을 높일 수 있다는 특징이 있다.

③ ㉡의 경우에는 이들 구성원들을 직무로부터 분리시키고 일정한 장소에 집합시켜 교육훈련을 시키는 방식이라 할 수 있다.

④ ㉡의 경우에는 많은 수의 구성원들에 대한 교육이 불가능하다.

⑤ ㉡의 경우 현 업무와는 별개로 예정된 계획에 따라 실시가 가능하다.

TIP》 ㉡ OFF-JT은 구성원(인적자원)들을 일정기간 동안 직무로부터 분리시켜 기업 내 연수원 또는 교육원 등의 일정한 장소에 집합시켜서 교육훈련을 시키는 방식을 의미하며, 현 업무와는 별개로 예정된 계획에 따라 실시가 가능하고 한 번에 많은 수의 구성원들에 대한 교육이 가능하다.

ANSWER 》 11.④ 12.② 13.④

14 다음은 프랜차이즈와 관련한 기사의 내용 중 일부를 읽고 밑줄 친 부분으로 보아 추측 가능한 내용을 고르면?

- '본○' 대박 김치죽 알고 보니 '쓰레기 죽' 파문 -

먹다 남은 식재료로 죽을 만들어 이른바 '쓰레기 죽' 파장을 몰고 온 본죽 사건이 본사와 가맹점 간 소송으로 이어지게 됐다.

7일 서울중앙지법에 따르면 프랜차이즈 업체 '본○'과 '본□□□'을 운영하고 있는 ㈜본△△△는 다른 손님이 먹다 남긴 김치 등을 재활용해 '낙지김치죽', '참치김치죽'을 만들어 판매했던 가맹점 업주 송모(42)씨와 홍모(43)씨 등을 상대로 각각 3억 원의 손해배상 청구소송을 제기했다. 본△△△ 측은 소장에서 "지난해 11월 서울 관악구와 영등포구에 있는 가맹점 두 곳에서 손님이 반찬으로 남기고 간 김치를 재활용해 다시 죽을 조리하는 모습이 방송 프로그램에 방영되면서 전국 가맹점들의 매출 급감 사태가 발생했다."라고 주장했다.

본△△△는 1,200여 개에 이르는 전국 본○ 가맹점의 매출 손실을 모두 합하면 1개월에 50억 원에 달한다고 추산했다. 본△△△는 "가맹점 매출이 감소함에 따라 식재료를 공급하는 본사의 매출도 38억 원이 줄어 지난해 순수익이 예상보다 약 9억 원 감소했다."라고 덧붙였다. 실제로 소비자들은 일부 본○ 가맹점에서 먹다 남은 식재료를 다시 써서 음식을 만들고 있다는 사실이 알려진 후 인터넷을 통해 '쓰레기 죽을 먹지 않겠다.'는 등의 반응을 보였다. 이에 따라 송씨와 홍씨 등은 지난해 12월 점포를 자진 폐업했다.

---

① 사업 초기부터 소비자에 대한 신뢰도의 구축이 가능하다.

② 하나의 프랜차이지 실패는 타 지점과 전체 시스템에 영향을 미칠 수 있다.

③ 소액의 자본으로도 시작이 가능하다는 것을 알 수 있다.

④ 재료의 대량구매에 의한 규모의 경제달성이 가능하다고 볼 수 있다.

⑤ 가맹점 수는 브랜드 이미지 제고에 중요하다.

TIP》 이 문제는 프랜차이즈 시스템의 특성을 반영한 사례로 프랜차이지의 단점을 문제화한 것이다. 통상적으로 소비자들은 프랜차이즈에 대한 신뢰도를 구축하고 소비를 하고 있지만, 한 지점(가맹점)의 실수로 인해 전체 프랜차이즈 시스템인 '본○'의 브랜드 이미지에 좋지 않은 영향을 미칠 수 있다는 것을 보여주고 있다. 그렇기에 본사에서는 인적자원들에 대한 꾸준한 지원 및 개발을, 각 점포들은 제공된 자원을 적절히 활용하여 본사 서비스의 개발을 발판으로 삼아 조직의 이미지를 개선시킬 수 있는 노력이 필요하다.

15 아래의 내용을 읽고 이 같은 자원관리 활용과 관련성이 높은 항목을 고르면?

> 지난 2월초 소주 업계에서는 두산주류 BG의 '처음처럼'과 진로의 '참이슬'에서 20도 소주를 출시하면서 두 회사 간 치열한 경쟁이 벌어지고 있다. 특히 이 두 소주 회사들은 화장품을 증정하는 프로모션을 함께 벌이면서 고객 끌어들이기에 안간힘을 쓰고 있다. 처음처럼은 지난 4월부터 5월까지 서울 경기 강원 지역 중에 대학가와 20대가 많이 모이는 유흥상권에서 화장품을 이용한 판촉행사를 진행하고 있다. 처음처럼을 마시는 고객에게 게임을 통해 마스크 팩과 핸드크림을 나눠주고 있다. 또한 참이슬에서도 서울 경기 지역에서 폼 클렌징을 증정하고 있다. 두 소주 회사들의 주요 목표 층은 20대와 30대 남성들로 멋 내기에도 관심 있는 계층이어서 화장품에 대한 만족도도 매우 높은 것으로 알려지고 있다. 처음처럼 판촉팀 관계자는 수십 개 판촉팀을 나눠 진행하는데 마스크 팩이나 핸드크림을 증정 받은 남성들의 반응이 좋아 앞으로 화장품 프로모션은 계속 될 것이라고 말했다. 이 관계자는 또 "화장품이 소주의 판촉물로 선호되는 것은 무엇보다도 화장품이라는 아이템이 깨끗하고, 순수한 느낌을 주고 있어 가장 적합한 제품"이라고 덧붙였다. 특히 폼 클렌징을 증정 받아 사용해본 고객들은 사용 후 폼 클렌징을 직접 구매하고 있어 판매로 이어지면서 화장품 업계에서도 적극 권유하고 있다. 업계 관계자는 "화장품과 식품음료업체 간의 이러한 마케팅은 상대적으로 적은 비용으로 브랜드 인지도와 매출을 동시에 높일 수 있는 효과를 거둘 수 있다."라며 "비슷한 소비층을 목표로 한 업종 간의 마케팅이 더욱 활발하게 전개될 것"이라고 전망했다.

① 동일한 유통 경로 수준에 있는 기업들이 자본, 생산, 마케팅 기능 등을 결합해 필요로 하는 최소한의 자원을 동원하여 각 기업의 경쟁 우위를 공유하려는 마케팅 활동이다.

② 제품의 수요 또는 공급을 선택적으로 조절해 장기적인 측면에서 자사의 이미지 제고와 수익의 극대화를 꾀하는 마케팅 활동이다.

③ 시장의 경쟁체제는 치열해지고 이러한 레드 오션 안에서 틈새를 찾아 수익을 창출하는 마케팅 활동이다.

④ 이메일이나 또는 다른 전파 가능한 매체를 통해서 자발적으로 어떤 기업이나 기업의 제품을 홍보할 수 있도록 제작하여 널리 퍼지게 하는 마케팅 활동이다.

⑤ 블로그나 카페 등을 통해 소비자들에게 자연스럽게 정보를 제공하여 기업의 신뢰도 및 인지도를 상승시키고 구매욕구를 자극시키는 마케팅 방식이다.

ANSWER 〉 14.② 15.①

TIP » 위 지문에서는 공생마케팅의 개념을 설명하고 있는데, 소주 업계와 화장품 회사 간의 자원의 연계로 인해 시너지 효과를 극대화시키는 전략(기업 간 자원의 결합으로 인해 시장에서의 입지는 높아지며 독립적으로 시장에 진출할 시에 불필요하게 소요되어지는 많은 인적 및 물적 자원의 소비를 예방할 수 있다)이다. 즉, 공생 마케팅(Symbiotic Marketing)은 동일한 유통 경로 수준에 있는 기업들이 자본, 생산, 마케팅 기능 등을 결합해 각 기업의 경쟁 우위를 공유하려는 마케팅 활동으로써 이에 참여하는 업체가 경쟁 관계에 있는 경우가 보통이며 자신의 브랜드는 그대로 유지한다. 무엇보다도 각 기업이 가지고 있는 자원을 하나로 묶음으로서 그 외 불필요한 인적자원 및 물적 자원의 소비를 막을 수 있다는 이점이 있다.

② 디 마케팅 ③ 니치 마케팅 ④ 바이러스 마케팅 ⑤ 바이럴 마케팅

16 철수와 영희는 서로 간 운송업을 동업의 형식으로 하고 있다. 그런데 이들 기업은 2.5톤 트럭으로 운송하고 있다. 누적실제차량수가 400대, 누적실제가동차량수가 340대, 누적주행거리가 40,000km, 누적실제주행거리가 30,000km, 표준연간차량의 적하일수는 233일, 표준연간일수는 365일, 2.5톤 트럭의 기준용적은 10㎡, 1회 운행당 평균용적이 8㎡이다. 위와 같은 조건이 제시된 상황에서 적재율, 실제가동률, 실차율을 각각 구하면?

① 적재율 80%, 실제가동률 85%, 실차율 75%

② 적재율 85%, 실제가동률 65%, 실차율 80%

③ 적재율 80%, 실제가동률 85%, 실차율 65%

④ 적재율 80%, 실제가동률 65%, 실차율 75%

⑤ 적재율 85%, 실제가동률 80%, 실차율 70%

TIP » 적재율, 실제가동률, 실차율을 구하면 각각 다음과 같다.

ㄱ 적재율이란, 어떤 운송 수단의 짐칸에 실을 수 있는 짐의 분량에 대하여 실제 실은 짐의 비율이다. 따라서 기준용적이 10㎡인 2.5톤 트럭에 대하여 1회 운행당 평균용적이 8㎡이므로 적재율은 $\frac{8}{10} \times 100 = 80\%$이다.

ㄴ 실제가동률은 누적실제차량수에 대한 누적실제가동차량수의 비율이다. 따라서 $\frac{340}{400} \times 100 = 85\%$이다.

ㄷ 실차율이란, 총 주행거리 중 이용되고 있는 좌석 및 화물 수용 용량 비율이다. 따라서 누적주행거리에서 누적실제주행거리가 차지하는 비율인 $\frac{30,000}{40,000} \times 100 = 75\%$이다.

17 J회사 관리부에서 근무하는 L씨는 소모품 구매를 담당하고 있다. 2015년 5월 중에 다음 조건 하에서 A4용지와 토너를 살 때, 총 비용이 가장 적게 드는 경우는? (단, 2015년 5월 1일에는 A4용지와 토너는 남아 있다고 가정하며, 다 썼다는 말이 없으면 그 소모품들은 남아있다고 가정한다)

> - A4용지 100장 한 묶음의 정가는 1만 원, 토너는 2만 원이다. (A4용지는 100장 단위로 구매함)
> - J회사와 거래하는 ◇◇오피스는 매달 15일에 전 품목 20% 할인 행사를 한다.
> - ◇◇오피스에서는 5월 5일에 A사 카드를 사용하면 정가의 10%를 할인해 준다.
> - 총 비용이란 소모품 구매가격과 체감비용(소모품을 다 써서 느끼는 불편)을 합한 것이다.
> - 체감비용은 A4용지와 토너 모두 하루에 500원이다.
> - 체감비용을 계산할 때, 소모품을 다 쓴 당일은 포함하고 구매한 날은 포함하지 않는다.
> - 소모품을 다 쓴 당일에 구매하면 체감비용은 없으며, 소모품이 남은 상태에서 새 제품을 구입할 때도 체감비용은 없다.

① 3일에 A4용지만 다 써서, 5일에 A사 카드로 A4용지와 토너를 살 경우

② 13일에 토너만 다 써서 당일 토너를 사고, 15일에 A4용지를 살 경우

③ 10일에 A4용지와 토너를 다 써서 15일에 A4용지와 토너를 같이 살 경우

④ 3일에 A4용지만 다 써서 당일 A4용지를 사고, 13일에 토너를 다 써서 15일에 토너만 살 경우

⑤ 3일에 토너를 다 써서 5일에 A사 카드로 토너를 사고, 7일에 A4용지를 다 써서 15일에 A4용지를 살 경우

> **TIP** 》 ① 1,000원(체감비용)+27,000원=28,000원
> ② 20,000원(토너)+8,000원(A4용지)=28,000원
> ③ 5,000원(체감비용)+24,000원=29,000원
> ④ 10,000원(A4용지)+1,000원(체감비용)+16,000원(토너)=27,000원
> ⑤ 1,000원(체감비용)+18,000(토너)+4,000원(체감비용)+8,000(A4용지)=31,000원

18 인사팀에 신입사원 민기씨는 회사에서 NCS채용 도입을 위한 정보를 얻기 위해 NCS기반 능력중심채용 설명회를 다녀오려고 한다. 민기씨는 오늘 오후 1시까지 김대리님께 보고서를 작성해서 드리고 30분 동안 피드백을 받기로 했다. 오전 중에 정리를 마치려면 시간이 빠듯할 것 같다. 다음에 제시된 설명회 자료와 교통편을 보고 민기씨가 생각한 것으로 틀린 것은?

최근 이슈가 되고 있는 공공기관의 NCS 기반 능력중심 채용에 관한 기업들의 궁금증 해소를 위하여 붙임과 같이 설명회를 개최하오니 많은 관심 부탁드립니다.
감사합니다.

－붙임－

설명회 장소	일시	비고
서울고용노동청(5층) 컨벤션홀	2015. 11. 13(금) PM 15:00~17:00	설명회의 원활한 진행을 위해 설명회시작 15분 뒤부터는 입장을 제한합니다.

오시는 길
지하철 : 2호선 을지로입구역 4번 출구(도보 10분 거리)
버스 : 149, 152번 ○○센터(도보 5분 거리)

• 회사에서 버스정류장 및 지하철역까지 소요시간

출발지	도착지	소요시간	
회사	×× 정류장	도보	30분
		택시	10분
	지하철역	도보	20분
		택시	5분

• 서울고용노동청 가는 길

교통편	출발지	도착지	소요시간
지하철	잠실역	을지로입구역	1시간(환승포함)
버스	×× 정류장	○○센터 정류장	50분(정체 시 1시간 10분)

① 택시를 타지 않아도 버스를 타고 가면 늦지 않게 설명회에 갈 수 있다.

② 어떤 방법으로 이동하더라도 설명회에 입장은 가능하다.

③ 택시를 타지 않아도 지하철을 타고 가면 늦지 않게 설명회에 갈 수 있다.

④ 정체가 되지 않는다면 버스를 타고 가는 것이 지하철보다 빠르게 갈 수 있다.

⑤ 택시를 이용할 경우 늦지 않게 설명회에 갈 수 있다.

> **TIP 》** ① 도보로 버스정류장까지 이동해서 버스를 타고 가게 되면 도보(30분), 버스(50분), 도보(5분)으로 1시간 25분이 걸리지만 버스가 정체될 수 있으므로 1시간 45분으로 계산하는 것이 바람직하다. 민기씨는 1시 30분에 출발할 수 있으므로 3시 15분에 도착하게 되고 입장은 할 수 있으나 늦는다.
>
> ※ 소요시간 계산
> ㉠ **도보-버스** : 도보(30분), 버스(50분), 도보(5분)이므로 총 1시간 25분(정체 시 1시간 45분) 걸린다.
> ㉡ **도보-지하철** : 도보(20분), 지하철(1시간), 도보(10분)이므로 총 1시간 30분 걸린다.
> ㉢ **택시-버스** : 택시(10분), 버스(50분), 도보(5분)이므로 총 1시간 5분(정체 시 1시간 25분) 걸린다.
> ㉣ **택시-지하철** : 택시(5분), 지하철(1시간), 도보(10분)이므로 총 1시간 15분 걸린다.

ANSWER 〉 18.①

▌19~21▌ 다음 주어진 자료들은 H회사의 집화터미널에서 갑~무 지역 영업점까지의 이동경로와 영업용 자동차의 종류와 연비, 분기별 연료공급가격이다. 자료를 보고 물음에 답하시오.

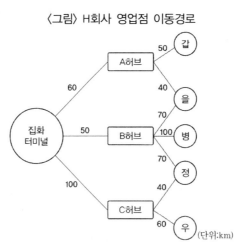

〈그림〉 H회사 영업점 이동경로

※ 물류 오배송 시 같은 허브에 연결된 지역이면 허브만 거쳐서 이동하고, 같은 허브에 연결된 지역이 아니라면 집화터미널로 다시 돌아가 확인 후 이동한다.

〈표1〉 H회사 영업용 자동차의 종류와 연비

(단위 : km/L)

차종	연비
X(휘발유)	15
Y(경유)	20

※ 집화터미널-허브 간 이동은 X차량, 허브-지역 간 이동은 Y차량으로 이동한다.

〈표2〉 분기별 연료공급가격

(단위 : 천 원/L)

	휘발유	경유
1분기	1.5	1.2
2분기	2.1	1.8
3분기	1.8	1.5
4분기	1.5	1.3

19 1분기에 물류 이동 계획은 갑 지역 5번, 정 지역 5번이다. 1분기의 연료비는 총 얼마인 가? (단, 모든 이동은 연료비가 가장 적게 드는 방향으로 이동한다)

① 82,000원　　　　　　　　　　② 91,000원

③ 107,000원　　　　　　　　　　④ 116,000원

⑤ 118,000원

　　　TIP》 1분기의 km당 연료비는 휘발유 100원, 경유 60원이다.
　　　　　　㉠ 갑 지역 이동(집화터미널-A허브-갑 지역)
　　　　　　　　집화터미널-A허브(60km) : 100원×60km×5회＝30,000원
　　　　　　　　A허브-갑 지역(50km) : 60원×50km×5회＝15,000원
　　　　　　㉡ 정 지역 이동(집화터미널-B허브-정 지역 또는 집화터미널-C허브-정 지역)
　　　　　　　　집화터미널-B허브(50km) : 100원×50km×5회＝25,000원
　　　　　　　　B허브-정 지역(70km) : 60원×70km×5회＝21,000원
　　　　　　　　또는
　　　　　　　　집화터미널-C허브(100km) : 100원×100km×5회＝50,000원
　　　　　　　　C허브-정 지역(40km) : 60원×40km×5회＝12,000원
　　　　　∴ 총 연료비는 91,000원이다(∵ 정 지역 이동시 B허브 이용).

20 2분기에 정 지역에 가야할 물류가 무 지역으로 오배송되었다. 연료비 손해는 얼마인가? (단, 모든 이동은 연료비가 가장 적게 드는 방향으로 이동한다)

① 7,200원　　　　　　　　　　② 9,000원

③ 10,800원　　　　　　　　　　④ 15,100원

⑤ 17,500원

　　　TIP》 2분기의 km당 연료비는 휘발유 140원, 경유 90원이다.
　　　　　　㉠ 정 지역으로 가는 방법
　　　　　　　　집화터미널-B허브(50km) : 140원×50km＝7,000원
　　　　　　　　B허브-정 지역(70km) : 90원×70km＝6,300원
　　　　　　　　또는
　　　　　　　　집화터미널-C허브(100km) : 140원×100km＝14,000원
　　　　　　　　C허브-정 지역(40km) : 90원×40km＝3,600원
　　　　　　　　∴ 13,300원(∵ 정 지역 이동시 B허브 이용)
　　　　　　㉡ 무 지역으로 이동 후 정 지역으로 가는 방법
　　　　　　　　집화터미널-C허브(100km) : 140원×100km＝14,000원
　　　　　　　　C허브-무 지역(60km) : 90원×60km＝5,400원
　　　　　　　　무 지역-정 지역(100km) :90원×100km＝9,000원(∵ 무 지역과 정 지역은 C허브로 연결)
　　　　　　　　∴ 28,400원
　　　　　∴ 15,100원 손해이다.

ANSWER 〉 19.②　20.④

21 연료비 10만 원 예산으로 3분기에 을 지역으로 물류 이동을 하려고 한다. 총 몇 회의 왕복이 가능한가?

① 3회 ② 4회

③ 5회 ④ 6회

⑤ 7회

> **TIP** 》 3분기의 km당 연료비는 휘발유 120원, 경유 75원이다.
> 집화터미널-A허브(60km) : 120원 × 60km = 7,200원
> A허브-을 지역(50km) : 75원 × 50km = 3,750원
> 또는
> 집화터미널-B허브(50km) : 120원 × 50km = 6,000원
> B허브-을 지역(70km) 75원 × 70km = 5,250원 이므로
> 을 지역은 A허브를 통해 이동하는 것이 더 저렴하다(10,950원)
> ∴ 총 4회 왕복 가능하다(∵ 1회 왕복 연료비 21,900원).

【22~23】 푸르미펜션을 운영하고 있는 K씨는 P씨에게 예약 문의전화를 받았다. 아래의 예약일정과 정보를 보고 K씨가 P씨에게 안내할 사항으로 옳은 것을 고르시오.

〈푸르미펜션 1월 예약 일정〉

일	월	화	수	목	금	토
					1	2
					• 매 가능 • 난 가능 • 국 완료 • 죽 가능	• 매 가능 • 난 완료 • 국 완료 • 죽 가능
3	4	5	6	7	8	9
• 매 완료 • 난 가능 • 국 완료 • 죽 가능	• 매 가능 • 난 가능 • 국 가능 • 죽 가능	• 매 가능 • 난 가능 • 국 가능 • 죽 가능	• 매 가능 • 난 가능 • 국 가능 • 죽 가능	• 매 가능 • 난 가능 • 국 가능 • 죽 가능	• 매 완료 • 난 가능 • 국 완료 • 죽 완료	• 매 완료 • 난 가능 • 국 완료 • 죽 완료
10	11	12	13	14	15	16
• 매 가능 • 난 완료 • 국 완료 • 죽 가능	• 매 가능 • 난 가능 • 국 가능 • 죽 가능	• 매 가능 • 난 가능 • 국 가능 • 죽 가능	• 매 가능 • 난 가능 • 국 가능 • 죽 가능	• 매 가능 • 난 가능 • 국 가능 • 죽 가능	• 매 가능 • 난 완료 • 국 완료 • 죽 가능	• 매 가능 • 난 완료 • 국 완료 • 죽 가능

※ 완료 : 예약완료, 가능 : 예약가능

〈푸르미펜션 이용요금〉

(단위 : 만 원)

객실명	인원		이용요금			
			비수기		성수기	
	기준	최대	주중	주말	주중	주말
매	12	18	23	28	28	32
난	12	18	25	30	30	35
국	15	20	26	32	32	37
죽	30	35	30	34	34	40

※ 주말 : 금-토, 토-일, 공휴일 전날-당일

　성수기 : 7~8월, 12~1월

※ 기준인원초과 시 1인당 추가 금액 : 10,000원

K씨 : 감사합니다. 푸르미펜션입니다.

P씨 : 안녕하세요. 회사 워크숍 때문에 예약문의를 좀 하려고 하는데요. 1월 8~9일이나 15~16일에 "국"실에 예약이 가능할까요? 웬만하면 8~9일로 예약하고 싶은데….

K씨 : 인원이 몇 명이시죠?

P씨 : 일단 15명 정도이고요 추가적으로 3명 정도 더 올 수도 있습니다.

K씨 : _____㉠_____

P씨 : 기준 인원이 12명으로 되어있던데 너무 좁지는 않겠습니까?

K씨 : 두 방 모두 "국"실보다 방 하나가 적긴 하지만 총 면적은 비슷합니다. 하지만 화장실 등의 이용이 조금 불편하실 수는 있겠군요. 흠…. 8~9일로 예약하시면 비수기 가격으로 해드리겠습니다.

P씨 : 아, 그렇군요. 그럼 8~9일로 예약 하겠습니다. 그럼 가격은 어떻게 됩니까?

K씨 : _____㉡_____ 인원이 더 늘어나게 되시면 1인당 10,000원씩 추가로 결재하시면 됩니다. 일단 10만 원만 홈페이지의 계좌로 입금하셔서 예약 완료하시고 차액은 당일에 오셔서 카드나 현금으로 계산하시면 됩니다.

22 ㉠에 들어갈 K씨의 말로 가장 알맞은 것은?

① 죄송합니다만 1월 8~9일, 15~16일 모두 예약이 모두 차서 이용 가능한 방이 없습니다.

② 1월 8~9일이나 15~16일에는 "국"실 예약이 모두 차서 예약이 어렵습니다. 15명이시면 1월 8~9일에는 "난"실, 15~16일에는 "매"실에 예약이 가능하신데 어떻게 하시겠습니까?

③ 1월 8~9일에는 "국"실 예약 가능하시고 15~16일에는 예약이 완료되었습니다. 15명이시면 15~16일에는 "매"실에 예약이 가능하신데 어떻게 하시겠습니까?

④ 1월 8~9일에는 "국"실 예약이 완료되었고 15~16일에는 예약 가능하십니다. 15명이시면 8~9일에는 "난"실에 예약이 가능하신데 어떻게 하시겠습니까?

⑤ 1월 8~9일이나 15~16일 모두 "국"실 예약이 가능하십니다.

　　TIP 》 8~9일, 15~16일 모두 "국"실은 모두 예약이 완료되었다. 워크숍 인원이 15~18명이라고 했으므로 "매"실 또는 "난"실을 추천해주는 것이 좋다. 8~9일에는 "난"실, 15~16일에는 "매"실의 예약이 가능하다.

23 ㉡에 들어갈 K씨의 말로 가장 알맞은 것은?

① 그럼 1월 8~9일로 "난"실 예약 도와드리겠습니다. 15인일 경우 기본 30만 원에 추가 3인 하셔서 총 33만 원입니다.

② 그럼 1월 8~9일로 "난"실 예약 도와드리겠습니다. 15인일 경우 기본 35만 원에 추가 3인 하셔서 총 38만 원입니다.

③ 그럼 1월 8~9일로 "매"실 예약 도와드리겠습니다. 15인일 경우 기본 28만 원에 추가 3인 하셔서 총 31만 원입니다.

④ 그럼 1월 8~9일로 "매"실 예약 도와드리겠습니다. 15인일 경우 기본 32만 원에 추가 3인 하셔서 총 35만 원입니다.

⑤ 그럼 1월 8~9일로 "매"실 예약 도와드리겠습니다. 15인일 경우 기본 32만 원에 추가 3인 하셔서 총 38만 원입니다.

　　TIP 》 8~9일로 예약하겠다고 했으므로 예약 가능한 방은 "난"실이다. 1월은 성수기이지만 비수기 가격으로 해주기로 했으므로 비수기 주말 가격인 기본 30만 원에 추가 3만 원으로 안내해야 한다.

|24~25| 다음은 A병동 11월 근무 일정표 초안이다. A병동은 1~4조로 구성되어있으며 3교대로 돌아간다. 주어진 정보를 보고 물음에 답하시오.

	일	월	화	수	목	금	토
	1	2	3	4	5	6	7
오전	1조	1조	1조	1조	1조	2조	2조
오후	2조	2조	2조	3조	3조	3조	3조
야간	3조	4조	4조	4조	4조	4조	1조
	8	9	10	11	12	13	14
오전	2조	2조	2조	3조	3조	3조	3조
오후	3조	4조	4조	4조	4조	4조	1조
야간	1조	1조	1조	1조	2조	2조	2조
	15	16	17	18	19	20	21
오전	3조	4조	4조	4조	4조	4조	1조
오후	1조	1조	1조	1조	2조	2조	2조
야간	2조	2조	3조	3조	3조	3조	3조
	22	23	24	25	26	27	28
오전	1조	1조	1조	1조	2조	2조	2조
오후	2조	2조	3조	3조	3조	3조	3조
야간	4조	4조	4조	4조	4조	1조	1조

	29	30	
			• 1조 : 나경원(조장), 임채민, 조은혜, 이가희, 김가은
오전	2조	2조	• 2조 : 김태희(조장), 이샘물, 이가야, 정민지, 김민경
오후	4조	4조	• 3조 : 우채원(조장), 황보경, 최희경, 김희원, 노혜은
야간	1조	1조	• 4조 : 전혜민(조장), 고명원, 박수진, 김경민, 탁정은

※ 한 조의 일원이 개인 사유로 근무가 어려울 경우 당일 오프인 조의 일원(조장 제외) 중 1인이 대체 근무를 한다.

※ 대체근무의 경우 오전근무 직후 오후근무 또는 오후근무 직후 야간근무는 가능하나 야간근무 직후 오전근무는 불가능하다.

※ 대체근무가 어려운 경우 휴무자가 포함된 조의 조장이 휴무자의 업무를 대행한다.

24 다음은 직원들의 휴무 일정이다. 배정된 대체근무자로 적절하지 못한 사람은?

휴무일자	휴무 예정자	대체 근무 예정자
11월 3일	임채민	① 노혜은
11월 12일	황보경	② 이가희
11월 17일	우채원	③ 이샘물
11월 24일	김가은	④ 이가야
11월 30일	고명원	⑤ 최희경

> **TIP 》** 11월 12일 황보경(3조)은 오전근무이다. 1조는 바로 전날 야간근무를 했기 때문에 대체해줄 수 없다. 따라서 이가희가 아닌 우채원(3조 조장)이 황보경의 업무를 대행한다.

25 다음은 직원들의 휴무 일정이다. 배정된 대체근무자로 적절하지 못한 사람은?

휴무일자	휴무 예정자	대체 근무 예정자
11월 7일	노혜은	① 탁정은
11월 10일	이샘물	② 최희경
11월 20일	김희원	③ 임채민
11월 29일	탁정은	④ 김희원
11월 30일	이가희	⑤ 황보경

> **TIP 》** 11월 20일 김희원(3조)는 야간근무이다. 1조는 바로 다음 날 오전근무를 해야 하기 때문에 대체해줄 수 없다. 따라서 임채민이 아닌 우채원(3조 조장)이 김희원의 업무를 대행한다.

ANSWER 〉 24.② 25.③

06 대인관계능력

1 직장생활에서의 대인관계

(1) 대인관계능력

① 의미 … 직장생활에서 협조적인 관계를 유지하고, 조직구성원들에게 도움을 줄 수 있으며, 조직내부 및 외부의 갈등을 원만히 해결하고 고객의 요구를 충족시켜줄 수 있는 능력이다.

② 인간관계를 형성할 때 가장 중요한 것은 자신의 내면이다.

예제 1

인간관계를 형성하는데 있어 가장 중요한 것은?

① 외적 성격 위주의 사고
② 이해득실 위주의 만남
③ 자신의 내면
④ 피상적인 인간관계 기법

[출제의도]
인간관계형성에 있어서 가장 중요한 요소가 무엇인지 묻는 문제다.
[해설]
③ 인간관계를 형성하는데 있어서 가장 중요한 것은 자신의 내면이고 이때 필요한 기술이나 기법 등은 자신의 내면에서 자연스럽게 우러나와야 한다.

답 ③

---

(2) 대인관계 향상 방법

① 감정은행계좌 … 인간관계에서 구축하는 신뢰의 정도

② 감정은행계좌를 적립하기 위한 6가지 주요 예입 수단
 ㉠ 상대방에 대한 이해심
 ㉡ 사소한 일에 대한 관심
 ㉢ 약속의 이행
 ㉣ 기대의 명확화
 ㉤ 언행일치
 ㉥ 진지한 사과

(1) 팀워크능력

① 팀워크의 의미

　㉠ 팀워크와 응집력

　　• 팀워크 : 팀 구성원이 공동의 목적을 달성하기 위해 상호 관계성을 가지고 협력하여 일을 해 나가는 것

　　• 응집력 : 사람들로 하여금 집단에 머물도록 만들고 그 집단의 멤버로서 계속 남아있기를 원하게 만드는 힘

예제 2

A회사에서는 격주로 사원 소식지 '우리가족'을 발행하고 있다. 이번 호의 특집 테마는 팀워크에 대한 것으로, 좋은 사례를 모으고 있다. 다음 중 팀워크의 사례로 가장 적절하지 않은 것은 무엇인가?

① 팀원들의 개성과 장점을 살려 사내 직원 연극대회에서 대상을 받을 수 있었던 사례
② 팀장의 갑작스러운 부재 상황에서 팀원들이 서로 역할을 분담하고 소통을 긴밀하게 하면서 팀의 당초 목표를 원만하게 달성할 수 있었던 사례
③ 자재 조달의 차질로 인해 납기 준수가 어려웠던 상황을 팀원들이 똘똘 뭉쳐 헌신적으로 일한 결과 주문 받은 물품을 성공적으로 납품할 수 있었던 사례
④ 팀의 분위기가 편안하고 인간적이어서 주기적인 직무순환 시기가 도래해도 다른 부서로 가고 싶어 하지 않는 사례

[출제의도]
팀워크와 응집력에 대한 문제로 각 용어에 대한 정의를 알고 이를 실제 사례를 통해 구분할 수 있어야 한다.
[해설]
④ 응집력에 대한 사례에 해당한다.

답 ④

　㉡ 팀워크의 유형

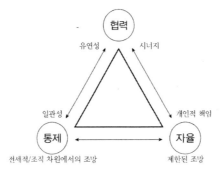

② 효과적인 팀의 특성

　㉠ 팀의 사명과 목표를 명확하게 기술한다.

　㉡ 창조적으로 운영된다.

ⓒ 결과에 초점을 맞춘다.

ⓔ 역할과 책임을 명료화시킨다.

ⓜ 조직화가 잘 되어 있다.

ⓗ 개인의 강점을 활용한다.

ⓢ 리더십 역량을 공유하며 구성원 상호간에 지원을 아끼지 않는다.

ⓞ 팀 풍토를 발전시킨다.

ⓩ 의견의 불일치를 건설적으로 해결한다.

ⓒ 개방적으로 의사소통한다.

ⓚ 객관적인 결정을 내린다.

ⓣ 팀 자체의 효과성을 평가한다.

③ 멤버십의 의미

　ⓐ 멤버십은 조직의 구성원으로서의 자격과 지위를 갖는 것으로 훌륭한 멤버십은 팔로워십 (followership)의 역할을 충실하게 수행하는 것이다.

　ⓑ 멤버십 유형 : 독립적 사고와 적극적 실천에 따른 구분

구분	소외형	순응형	실무형	수동형	주도형
자아상	• 자립적인 사람 • 일부러 반대의견 제시 • 조직의 양심	• 기쁜 마음으로 과업 수행 • 팀플레이를 함 • 리더나 조직을 믿고 헌신함	• 조직의 운영방침에 민감 • 사건을 균형 잡힌 시각으로 봄 • 규정과 규칙에 따라 행동함	• 판단, 사고를 리더에 의존 • 지시가 있어야 행동	• 스스로 생각하고 건설적 비판을 하며 자기 나름의 개성이 있고 혁신적·창조적
동료/리더의 시각	• 냉소적 • 부정적 • 고집이 셈	• 아이디어가 없음 • 인기 없는 일은 하지 않음 • 조직을 위해 자신과 가족의 요구를 양보함	• 개인의 이익을 극대화하기 위한 흥정에 능함 • 적당한 열의와 평범한 수완으로 업무 수행	• 하는 일이 없음 • 제 몫을 하지 못함 • 업무 수행에는 감독이 반드시 필요	• 솔선수범하고 주인의식을 가지며 적극적으로 참여하고 자발적, 기대 이상의 성과를 내려고 노력
조직에 대한 자신의 느낌	• 자신을 인정 안 해줌 • 적절한 보상이 없음 • 불공정하고 문제가 있음	• 기존 질서를 따르는 것이 중요 • 리더의 의견을 거스르는 것은 어려운 일임 • 획일적인 태도 행동에 익숙함	• 규정준수를 강조 • 명령과 계획의 빈번한 변경 • 리더와 부하 간의 비인간적 풍토	• 조직이 나의 아이디어를 원치 않음 • 노력과 공헌을 해도 아무 소용이 없음 • 리더는 항상 자기 마음대로 함	

④ **팀워크 촉진 방법**

　㉠ 동료 피드백 장려하기

　㉡ 갈등 해결하기

　㉢ 창의력 조성을 위해 협력하기

　㉣ 참여적으로 의사결정하기

(2) 리더십능력

① **리더십의 의미** … 리더십이란 조직의 공통된 목적을 달성하기 위하여 개인이 조직원들에게 영향을 미치는 과정이다.

　㉠ **리더십 발휘 구도** : 산업 사회에서는 상사가 하급자에게 리더십을 발휘하는 수직적 구조였다면 정보 사회로 오면서 하급자뿐만 아니라 동료나 상사에게까지도 발휘하는 정 방위적 구조로 바뀌었다.

　㉡ **리더와 관리자**

리더	관리자
• 새로운 상황 창조자	• 상황에 수동적
• 혁신지향적	• 유지지향적 둠.
• 내일에 초점을 둠.	• 오늘에 초점을 둠.
• 사람의 마음에 불을 지핀다.	• 사람을 관리한다.
• 사람을 중시	• 체제나 기구를 중시
• 정신적	• 기계적
• 계산된 리스크를 취한다.	• 리스크를 회피한다.
• '무엇을 할까'를 생각한다.	• '어떻게 할까'를 생각한다.

예제 3

리더에 대한 설명으로 옳지 않은 것은?

① 사람을 중시한다.

② 오늘에 초점을 둔다.

③ 혁신지향적이다.

④ 새로운 상황 창조자이다.

[출제의도]
리더와 관리자에 대한 문제로 각각 에 대해 완벽하게 구분할 수 있어 야 한다.
[해설]
② 리더는 내일에 초점을 둔다.

답 ②

---

② **리더십 유형**

　㉠ **독재자 유형** : 정책의사결정과 대부분의 핵심정보를 그들 스스로에게만 국한하여 소유하고 고수하려는 경향이 있다. 통제 없이 방만한 상태, 가시적인 성과물이 안 보일 때 효과적이다.

ⓒ **민주주의에 근접한 유형**: 그룹에 정보를 잘 전달하려고 노력하고 전체 그룹의 구성원 모두를 목표방향으로 설정에 참여하게 함으로써 구성원들에게 확신을 심어주려고 노력한다. 혁신적이고 탁월한 부하직원들을 거느리고 있을 때 효과적이다.

ⓒ **파트너십 유형**: 리더와 집단 구성원 사이의 구분이 희미하고 리더가 조직에서 한 구성원이 되기도 한다. 소규모 조직에서 경험, 재능을 소유한 조직원이 있을 때 효과적으로 활용할 수 있다.

ⓒ **변혁적 리더십 유형**: 개개인과 팀이 유지해 온 업무수행 상태를 뛰어넘어 전체 조직이나 팀원들에게 변화를 가져오는 원동력이 된다. 조직에 있어 획기적인 변화가 요구될 때 활용할 수 있다.

③ **동기부여 방법**
  ㉠ 긍정적 강화법을 활용한다.
  ㉡ 새로운 도전의 기회를 부여한다.
  ㉢ 창의적인 문제해결법을 찾는다.
  ㉣ 책임감으로 철저히 무장한다.
  ㉤ 몇 가지 코칭을 한다.
  ㉥ 변화를 두려워하지 않는다.
  ㉦ 지속적으로 교육한다.

④ **코칭**
  ㉠ 코칭은 조직의 지속적인 성장과 성공을 만들어내는 리더의 능력으로 직원들의 능력을 신뢰하며 확신하고 있다는 사실에 기초한다.
  ㉡ **코칭의 기본 원칙**
  • 관리는 만병통치약이 아니다.
  • 권한을 위임한다.
  • 훌륭한 코치는 뛰어난 경청자이다.
  • 목표를 정하는 것이 가장 중요하다.

⑤ **임파워먼트** … 조직성원들을 신뢰하고 그들의 잠재력을 믿으며 그 잠재력의 개발을 통해 High Performance 조직이 되도록 하는 일련의 행위이다.
  ㉠ **임파워먼트의 이점**(High Performance 조직의 이점)
  • 나는 매우 중요한 일을 하고 있으며, 이 일은 다른 사람이 하는 일보다 훨씬 중요한 일이다.
  • 일의 과정과 결과에 나의 영향력이 크게 작용했다.
  • 나는 정말로 도전하고 있고 나는 계속해서 성장하고 있다.
  • 우리 조직에서는 아이디어가 존중되고 있다.

- 내가 하는 일은 항상 재미가 있다.
- 우리 조직의 구성원들은 모두 대단한 사람들이며, 다 같이 협력해서 승리하고 있다.

ⓒ **임파워먼트의 충족 기준**
- 여건의 조건 : 사람들이 자유롭게 참여하고 기여할 수 있는 여건 조성
- 재능과 에너지의 극대화
- 명확하고 의미 있는 목적에 초점

ⓒ **높은 성과를 내는 임파워먼트 환경의 특징**
- 도전적이고 흥미 있는 일
- 학습과 성장의 기회
- 높은 성과와 지속적인 개선을 가져오는 요인들에 대한 통제
- 성과에 대한 지식
- 긍정적인 인간관계
- 개인들이 공헌하며 만족한다는 느낌
- 상부로부터의 지원

ⓔ **임파워먼트의 장애요인**
- 개인 차원 : 주어진 일을 해내는 역량의 결여, 동기의 결여, 결의의 부족, 책임감 부족, 의존성
- 대인 차원 : 다른 사람과의 성실성 결여, 약속 불이행, 성과를 제한하는 조직의 규범, 갈등처리 능력 부족, 승패의 태도
- 관리 차원 : 통제적 리더십 스타일, 효과적 리더십 발휘 능력 결여, 경험 부족, 정책 및 기획의 실행 능력 결여, 비전의 효과적 전달능력 결여
- 조직 차원 : 공감대 형성이 없는 구조와 시스템, 제한된 정책과 절차

⑥ **변화관리의 3단계** : 변화 이해 → 변화 인식 → 변화 수용

(3) 갈등관리능력

① **갈등의 의미 및 원인**
ⓐ 갈등이란 상호 간의 의견차이 때문에 생기는 것으로 당사가 간에 가치, 규범, 이해, 아이디어, 목표 등이 서로 불일치하여 충돌하는 상태를 의미한다.
ⓑ **갈등을 확인할 수 있는 단서**
- 지나치게 감정적으로 논평과 제안을 하는 것
- 타인의 의견발표가 끝나기도 전에 타인의 의견에 대해 공격하는 것
- 핵심을 이해하지 못한데 대해 서로 비난하는 것
- 편을 가르고 타협하기를 거부하는 것

- 개인적인 수준에서 미묘한 방식으로 서로를 공격하는 것
  - ⓒ 갈등을 증폭시키는 원인 : 적대적 행동, 입장 고수, 감정적 관여 등
② 실제로 존재하는 갈등 파악
  - ㉠ 갈등의 두 가지 쟁점

핵심 문제	감정적 문제
• 역할 모호성 • 방법에 대한 불일치 • 목표에 대한 불일치 • 절차에 대한 불일치 • 책임에 대한 불일치 • 가치에 대한 불일치 • 사실에 대한 불일치	• 공존할 수 없는 개인적 스타일 • 통제나 권력 확보를 위한 싸움 • 자존심에 대한 위협 • 질투 • 분노

예제 4

갈등의 두 가지 쟁점 중 감정적 문제에 대한 설명으로 적절하지 않은 것은?

① 공존할 수 없는 개인적 스타일
② 역할 모호성
③ 통제나 권력 확보를 위한 싸움
④ 자존심에 대한 위협

[출제의도]
갈등의 두 가지 쟁점인 핵심문제와 감정적 문제에 대해 묻는 문제로 이 두 가지 쟁점을 구분할 수 있는 능력이 필요하다.
[해설]
② 갈등의 두 가지 쟁점 중 핵심 문제에 대한 설명이다.

답 ②

  - ㉡ 갈등의 두 가지 유형
    - 불필요한 갈등 : 개개인이 저마다 문제를 다르게 인식하거나 정보가 부족한 경우, 편견 때문에 발생한 의견 불일치로 적대적 감정이 생길 때 불필요한 갈등이 일어난다.
    - 해결할 수 있는 갈등 : 목표와 욕망, 가치, 문제를 바라보는 시각과 이해하는 시각이 다를 경우에 일어날 수 있는 갈등이다.

③ 갈등해결 방법
  - ㉠ 다른 사람들의 입장을 이해한다.
  - ㉡ 사람들이 당황하는 모습을 자세하게 살핀다.
  - ㉢ 어려운 문제는 피하지 말고 맞선다.
  - ㉣ 자신의 의견을 명확하게 밝히고 지속적으로 강화한다.
  - ㉤ 사람들과 눈을 자주 마주친다.
  - ㉥ 마음을 열어놓고 적극적으로 경청한다.

ⓐ 타협하려 애쓴다.

ⓞ 어느 한쪽으로 치우치지 않는다.

ⓩ 논쟁하고 싶은 유혹을 떨쳐낸다.

ⓒ 존중하는 자세로 사람들을 대한다.

④ 윈-윈(Win-Win) 갈등 관리법 … 갈등과 관련된 모든 사람으로부터 의견을 받아서 문제의 본질적인 해결책을 얻고자 하는 방법이다.

⑤ 갈등을 최소화하기 위한 기본원칙

ⓐ 먼저 다른 팀원의 말을 경청하고 나서 어떻게 반응할 것인가를 결정한다.

ⓑ 모든 사람이 거의 대부분의 문제에 대해 나름의 의견을 가지고 있다는 점을 인식한다.

ⓒ 의견의 차이를 인정한다.

ⓓ 팀 갈등해결 모델을 사용한다.

ⓔ 자신이 받기를 원하지 않는 형태로 남에게 작업을 넘겨주지 않는다.

ⓕ 다른 사람으로부터 그러한 작업을 넘겨받지 않는다.

ⓖ 조금이라도 의심이 날 때에는 분명하게 말해 줄 것을 요구한다.

ⓗ 가정하는 것은 위험하다.

ⓘ 자신의 책임이 어디서부터 어디까지인지를 명확히 하고 다른 팀원의 책임과 어떻게 조화되는지를 명확히 한다.

ⓙ 자신이 알고 있는 바를 알 필요가 있는 사람들을 새롭게 파악한다.

ⓚ 다른 팀원과 불일치하는 쟁점이나 사항이 있다면 다른 사람이 아닌 당사자에게 직접 말한다.

(4) 협상능력

① 협상의 의미

ⓐ **의사소통 차원** : 이해당사자들이 자신들의 욕구를 충족시키기 위해 상대방으로부터 최선의 것을 얻어내려 설득하는 커뮤니케이션 과정

ⓑ **갈등해결 차원** : 갈등관계에 있는 이해당사자들이 대화를 통해서 갈등을 해결하고자 하는 상호작용과정

ⓒ **지식과 노력 차원** : 우리가 얻고자 하는 것을 가진 사람의 호의를 쟁취하기 위한 것에 관한 지식이며 노력의 분야

ⓓ **의사결정 차원** : 선호가 서로 다른 협상 당사자들이 합의에 도달하기 위해 공동으로 의사결정 하는 과정

ⓔ **교섭 차원** : 둘 이상의 이해당사자들이 여러 대안들 가운데서 이해당사자들 모두가 수용 가능한 대안을 찾기 위한 의사결정과정

② 협상 과정

단계	내용
협상 시작	• 협상 당사자들 사이에 상호 친근감을 쌓음 • 간접적인 방법으로 협상의사를 전달함 • 상대방의 협상의지를 확인함 • 협상진행을 위한 체제를 짬
상호 이해	• 갈등문제의 진행상황과 현재의 상황을 점검함 • 적극적으로 경청하고 자기주장을 제시함 • 협상을 위한 협상대상 안건을 결정함
실질 이해	• 겉으로 주장하는 것과 실제로 원하는 것을 구분하여 실제로 원하는 것을 찾아 냄 • 분할과 통합 기법을 활용하여 이해관계를 분석함
해결 대안	• 협상 안건마다 대안들을 평가함 • 개발한 대안들을 평가함 • 최선의 대안에 대해서 합의하고 선택함 • 대안 이행을 위한 실행계획을 수립함
합의 문서	• 합의문을 작성함 • 합의문상의 합의내용, 용어 등을 재점검함 • 합의문에 서명함

③ 협상전략

   ⊙ 협력전략 : 협상 참여자들이 협동과 통합으로 문제를 해결하고자 하는 협력적 문제해결 전략

   ⊙ 유화전략 : 양보전략으로 상대방이 제시하는 것을 일방적으로 수용하여 협상의 가능성을 높이려는 전략이다. 순응전략, 화해전략, 수용전략이라고도 한다.

   ⊙ 회피전략 : 무행동전략으로 협상으로부터 철수하는 철수전략이다. 협상을 피하거나 잠정적으로 중단한다.

   ⊙ 강압전략 : 경쟁전략으로 자신이 상대방보다 힘에 있어서 우위를 점유하고 있을 때 자신의 이익을 극대화하기 위한 공격적 전략이다.

④ 상대방 설득 방법의 종류

   ⊙ See-Feel-Change 전략 : 시각화를 통해 직접 보고 스스로가 느끼게 하여 변화시켜 설득에 성공하는 전략

   ⊙ 상대방 이해 전략 : 상대방에 대한 이해를 바탕으로 갈등해결을 용이하게 하는 전략

   ⊙ 호혜관계 형성 전략 : 혜택들을 주고받은 호혜관계 형성을 통해 협상을 용이하게 하는 전략

   ⊙ 헌신과 일관성 전략 : 협상 당사자간에 기대하는 바에 일관성 있게 헌신적으로 부응하여 행동함으로서 협상을 용이하게 하는 전략

ⓗ **사회적 입증 전략** : 과학적인 논리보다 동료나 사람들의 행동에 의해서 상대방을 설득하는 전략

ⓑ **연결전략** : 갈등 문제와 갈등관리자를 연결시키는 것이 아니라 갈등을 야기한 사람과 관리자를 연결시킴으로서 협상을 용이하게 하는 전략

ⓢ **권위전략** : 직위나 전문성, 외모 등을 활용하여 협상을 용이하게 하는 전략

ⓞ **희소성 해결 전략** : 인적, 물적 자원 등의 희소성을 해결함으로서 협상과정상의 갈등해결을 용이하게 하는 전략

ⓩ **반항심 극복 전략** : 억압하면 할수록 더욱 반항하게 될 가능성이 높아지므로 이를 피함으로서 협상을 용이하게 하는 전략

(5) 고객서비스능력

① **고객서비스의 의미** … 고객서비스란 다양한 고객의 요구를 파악하고 대응법을 마련하여 고객에게 양질의 서비스를 제공하는 것을 말한다.

② **고객의 불만표현 유형 및 대응방안**

불만표현 유형	대응방안
거만형	• 정중하게 대하는 것이 좋다. • 자신의 과시욕이 채워지도록 뽐내게 내버려 둔다. • 의외로 단순한 면이 있으므로 일단 호감을 얻게 되면 득이 될 경우도 있다.
의심형	• 분명한 증거나 근거를 제시하여 스스로 확신을 갖도록 유도한다. • 때로는 책임자로 하여금 응대하는 것도 좋다.
트집형	• 이야기를 경청하고 맞장구를 치며 추켜세우고 설득해 가는 방법이 효과적이다. • '손님의 말씀이 맞습니다.' 하고 고객의 지적이 옳음을 표시한 후 ' 저도 그렇게 생각하고 있습니다만……' 하고 설득한다. • 잠자코 고객의 의견을 경청하고 사과를 하는 응대가 바람직하다.
빨리빨리형	• '글쎄요.', '아마' 하는 식으로 애매한 화법을 사용하지 않는다. • 만사를 시원스럽게 처리하는 모습을 보이면 응대하기 쉽다.

③ 고객 불만처리 프로세스

단계	내용
경청	• 고객의 항의를 경청하고 끝까지 듣는다. • 선입관을 버리고 문제를 파악한다.
감사와 공감표시	• 일부러 시간을 내서 해결의 기회를 준 것에 감사를 표시한다. • 고객의 항의에 공감을 표시한다.
사과	• 고객의 이야기를 듣고 문제점에 대해 인정하고, 잘못된 부분에 대해 사과한다.
해결약속	• 고객이 불만을 느낀 상황에 대해 관심과 공감을 보이며, 문제의 빠른 해결을 약속한다.
정보파악	• 문제해결을 위해 꼭 필요한 질문만 하여 정보를 얻는다. • 최선의 해결방법을 찾기 어려우면 고객에게 어떻게 해주면 만족스러운지를 묻는다.
신속처리	• 잘못된 부분을 신속하게 시정한다.
처리확인과 사과	• 불만처리 후 고객에게 처리 결과에 만족하는지를 물어본다.
피드백	• 고객 불만 사례를 회사 및 전 직원에게 알려 다시는 동일한 문제가 발생하지 않도록 한다.

④ 고객만족 조사
  ㉠ 목적 : 고객의 주요 요구를 파악하여 가장 중요한 고객요구를 도출하고 자사가 가지고 있는 자원을 토대로 경영 프로세스의 개선에 활용함으로써 경쟁력을 증대시키는 것이다.
  ㉡ 고객만족 조사계획에서 수행되어야 할 것
   • 조사 분야 및 대상 결정
   • 조사목적 설정 : 전체적 경향의 파악, 고객에 대한 개별대응 및 고객과의 관계유지 파악, 평가목적, 개선목적
   • 조사방법 및 횟수
   • 조사결과 활용 계획

| 예제 5

고객중심 기업의 특징으로 옳지 않은 것은?

① 고객이 정보, 제품, 서비스 등에 쉽게 접근할 수 있도록 한다.
② 보다 나은 서비스를 제공할 수 있도록 기업정책을 수립한다.
③ 고객 만족에 중점을 둔다.
④ 기업이 행한 서비스에 대한 평가는 한번으로 끝낸다.

[출제의도]
고객서비스능력에 대한 포괄적인 문제로 실제 고객중심 기업의 입장에서 생각해 보면 쉽게 풀 수 있는 문제다.
[해설]
④ 기업이 행한 서비스에 대한 평가는 수시로 이루어져야 한다.

답 ④

출제예상문제

1 다음 글에서 나타난 갈등을 해결한 방법은?

> 갑과 을은 일 처리 방법으로 자주 얼굴을 붉힌다. 갑은 처음부터 끝까지 계획을 따라 일을 진행하려고 하고, 을은 일이 생기면 즉흥적으로 해결하는 성격이다. 같은 회사 동료인 병은 이 둘에게 서로의 성향 차이를 인정할 줄 알아야 한다고 중재를 했고, 이 둘은 어쩔 수 없이 포기하는 것이 아닌 서로간의 차이가 있다는 점을 비로소 인정하게 되었다.

① 사람들과 눈을 자주 마주친다.

② 다른 사람들의 입장을 이해한다.

③ 사람들이 당황하는 모습을 자세하게 살핀다.

④ 자신의 의견을 명확하게 밝히고 지속적으로 강화한다.

⑤ 어려운 문제는 피하지 말고 맞선다.

> **TIP** 》 갈등해결 방법
> ㉠ 다른 사람들의 입장을 이해한다.
> ㉡ 사람들이 당황하는 모습을 자세하게 살핀다.
> ㉢ 어려운 문제는 피하지 말고 맞선다.
> ㉣ 자신의 의견을 명확하게 밝히고 지속적으로 강화한다.
> ㉤ 사람들과 눈을 자주 마주친다.
> ㉥ 마음을 열어놓고 적극적으로 경청한다.
> ㉦ 타협하려 애쓴다.
> ㉧ 어느 한쪽으로 치우치지 않는다.
> ㉨ 논쟁하고 싶은 유혹을 떨쳐낸다.
> ㉩ 존중하는 자세로 사람들을 대한다.

2 다음에서 나타난 신교수의 동기부여 방법으로 가장 적절한 것은?

> 신교수는 매 학기마다 새로운 수업을 들어가면 첫 번째로 내주는 과제가 있다. 한국사에 대한 본인의 생각을 A4용지 한 장에 적어오라는 것이다. 이 과제는 정답이 없고 옳고 그름이 기준이 아니라는 것을 명시해준다. 그리고 다음시간에 학생 각자가 적어온 글들을 읽어보도록 하는데, 개개인에게 꼼꼼히 인상깊었던 점을 알려주고 구체적인 부분을 언급하며 칭찬한다.

① 변화를 두려워하지 않는다. ② 지속적으로 교육한다.
③ 책임감으로 철저히 무장한다. ④ 긍정적 강화법을 활용한다.
⑤ 지속적으로 교육한다.

> **TIP 》** 동기부여 방법
> ㉠ 긍정적 강화법을 활용한다.
> ㉡ 새로운 도전의 기회를 부여한다.
> ㉢ 창의적인 문제해결법을 찾는다.
> ㉣ 책임감으로 철저히 무장한다.
> ㉤ 몇 가지 코칭을 한다.
> ㉥ 변화를 두려워하지 않는다.
> ㉦ 지속적으로 교육한다.

3 다음 설명에 해당하는 협상 과정은?

> • 협상 당사자들 사이에 상호 친근감을 쌓음
> • 간접적인 방법으로 협상의사를 전달함
> • 상대방의 협상의지를 확인함
> • 협상진행을 위한 체제를 짬

① 협상 시작 ② 상호 이해
③ 실질 이해 ④ 해결 대안
⑤ 합의 문서

> **TIP 》** 협상과정 … 협상 시작 → 상호 이해 → 실질 이해 → 해결 대안 → 합의 문서

ANSWER 〉 1.② 2.④ 3.①

4 다음에서 설명하고 있는 개념의 특징으로 옳지 않은 것은?

> 조직성원들을 신뢰하고 그들의 잠재력을 믿으며 그 잠재력의 개발을 통해 High Performance 조직이 되도록 하는 일련의 행위이다.

① 부정적인 인간관계
② 학습과 성장의 기회
③ 성과에 대한 지식
④ 상부로부터의 지원
⑤ 긍정적인 인간관계

　　　TIP 》 높은 성과를 내는 임파워먼트 환경의 특징
　　　　　• 도전적이고 흥미 있는 일
　　　　　• 학습과 성장의 기회
　　　　　• 높은 성과와 지속적인 개선을 가져오는 요인들에 대한 통제
　　　　　• 성과에 대한 지식
　　　　　• 긍정적인 인간관계
　　　　　• 개인들이 공헌하며 만족한다는 느낌
　　　　　• 상부로부터의 지원

5 모바일 중견회사 감사 부서에서 생산 팀에서 생산성 10% 하락, 팀원들 간의 적대감이나 잦은 갈등, 비효율적인 회의 등의 문제점을 발견하였다. 이를 해결하기 위한 방안으로 가장 적절한 것을 고르시오.

① 아이디어가 넘치는 환경 조성을 위해 많은 양의 아이디어를 요구한다.
② 어느 정도 시간이 필요하므로 갈등을 방치한다.
③ 동료의 행동과 수행에 대한 피드백을 감소시킨다.
④ 의견 불일치가 발생할 경우 생산팀장은 제3자로 개입하여 중재한다.
⑤ 리더가 팀을 통제하고 발언의 기회를 줄인다.

　　　TIP 》 성공적으로 운영되는 팀은 의견의 불일치를 바로바로 해소하고 방해요소를 미리 없애 혼란의 내분을 방지한다.

6 다음 중 거만형 불만고객에 대한 대응방안으로 옳은 것은?

① 때로는 책임자로 하여금 응대하게 하는 것도 좋다.

② 의외로 단순한 면이 있으므로 일단 호감을 얻게 되면 득이 될 경우도 있다.

③ 잠자코 고객의 의견을 경청하고 사과를 하는 응대가 바람직하다.

④ 분명한 증거나 근거를 제시하여 스스로 확신을 갖도록 유도한다.

⑤ 이야기를 맞장구치며 추켜세운다.

> **TIP 》** ①④ 의심형 불만고객에 대한 대응방안
> ③⑤ 트집형 불만고객에 대한 대응방안

7 다음 중 고객만족을 측정하는데 있어 많은 사람들이 범하는 오류의 유형으로 옳지 않은 것은?

① 적절한 측정 프로세스 없이 조사를 시작한다.

② 고객이 원하는 것을 알고 있다고 생각한다.

③ 모든 고객들이 동일한 수준의 서비스를 원하고 필요로 한다고 가정한다.

④ 전문가로부터 도움을 얻는다.

⑤ 포괄적인 가치만을 질문한다.

> **TIP 》** ④ 비전문가로부터 도움을 얻는다.
> ※ 고객만족을 측정하는데 있어 많은 사람들이 범하는 오류의 유형
> ㉠ 고객이 원하는 것을 알고 있다고 생각한다.
> ㉡ 적절한 측정 프로세스 없이 조사를 시작한다.
> ㉢ 비전문가로부터 도움을 얻는다.
> ㉣ 포괄적인 가치만을 질문한다.
> ㉤ 중요도 척도를 오용한다.
> ㉥ 모든 고객들이 동일한 수준의 서비스를 원하고 필요로 한다고 가정한다.

ANSWER 〉 4.① 5.④ 6.② 7.④

8 다음 중 높은 성과를 내는 임파워먼트 환경의 특징으로 옳지 않은 것은?

① 도전적이고 흥미 있는 일
② 성과에 대한 압박
③ 학습과 성장의 기회
④ 상부로부터의 지원
⑤ 긍정적인 인간관계

> **TIP** 》 '임파워먼트'란 조직성원들을 신뢰하고 그들의 잠재력을 믿으며 그 잠재력의 개발을 통해 High Performance 조직이 되도록 하는 일련의 행위를 말한다.
> ※ 높은 성과를 내는 임파워먼트 환경의 특징
> ㉠ 도전적이고 흥미 있는 일
> ㉡ 학습과 성장의 기회
> ㉢ 높은 성과와 지속적인 개선을 가져오는 요인들에 대한 통제
> ㉣ 성과에 대한 지식
> ㉤ 긍정적인 인간관계
> ㉥ 개인들이 공헌하며 만족한다는 느낌
> ㉦ 상부로부터의 지원

9 다음 중 실무형 멤버십의 설명으로 옳지 않은 것은?

① 조직의 운영방침에 민감하다.
② 획일적인 태도나 행동에 익숙함을 느낀다.
③ 개인의 이익을 극대화하기 위해 흥정에 능하다.
④ 리더와 부하 간의 비인간적인 풍토를 느낀다.
⑤ 규정에 따라 행동한다.

> **TIP** 》 ② 순응형 멤버십에 대한 설명이다.

10 기업 인사팀에서 근무하면서 2017 상반기 신입사원 워크숍 교육 자료를 만들게 되었다. 워크숍 교육 자료에서 팀워크 활성 방안으로 적절하지 않은 것을 고르시오.

① 아이디어의 질을 따지기보다 아이디어를 제안하도록 장려한다.
② 양질 의사결정을 내리기 위해 단편적 질문을 고려한다.
③ 의사결정을 내릴 때는 팀원들의 의견을 듣는다.
④ 각종 정보와 정보의 소스를 획득할 수 있다.
⑤ 동료의 피드백을 장려한다.

> **TIP** 》 양질의 의사결정을 내리기 위해 단편적인 질문이 아니라 여러 질문을 고려해야 한다.

11 귀하는 서문대학 대졸 공채 입학사정관의 조직구성원들 간의 원만한 관계 유지를 위한 갈등관리 역량에 관해 입학사정관 인증교육을 수료하게 되었다. 인증교육은 다양한 갈등 사례를 통해 갈등과정을 시뮬레이션 함으로써 바람직한 갈등해결방법을 모색하는 데 중점을 두고 있다. 입학사정관이 교육을 통해 습득한 갈등과정을 바르게 나열한 것을 고르시오.

① 대결 국면 – 의견불일치 – 진정 국면 – 격화 국면 – 갈등의 해소
② 의견 불일치 – 격화 국면 – 대결 국면 – 갈등의 해소 – 진정 국면
③ 의견 불일치 – 진정 국면 – 격화 국면 – 대결 국면 – 갈등의 해소
④ 대결 국면 – 의견불일치 – 격화 국면 – 진정 국면 – 갈등의 해소
⑤ 의견 불일치 – 대결 국면 – 격화 국면 – 진정 국면 – 갈등의 해소

> **TIP 》** 갈등의 진행과정은 '의견 불일치 – 대결국면 – 격화 국면 – 진정 국면 – 갈등의 해소'의 단계를 거친다.

12 다음 중 변혁적 리더십의 유형으로 옳은 설명은?

① 개개인과 팀이 유지해 온 업무수행 상태를 뛰어넘어 전체 조직이나 팀원들에게 변화를 가져오는 원동력이 된다.
② 정책의사결정과 대부분의 핵심정보를 그들 스스로에게만 국한하여 소유하고 고수하려는 경향이 있다.
③ 그룹에 정보를 잘 전달하려고 노력하고 전체 그룹의 구성원 모두를 목표방향으로 설정에 참여하게 함으로써 구성원들에게 확신을 심어주려고 노력한다.
④ 리더와 집단 구성원 사이의 구분이 희미하고 리더가 조직에서 한 구성원이 되기도 한다.
⑤ 소규모 조직에서 경험, 재능을 소유한 조직원이 있을 때 효과적으로 활용할 수 있다.

> **TIP 》** ② 독재자 유형
> ③ 민주주의 유형
> ④⑤ 파트너십 유형

13 다음 중 팀워크의 촉진 방법으로 옳지 않은 것은?

① 개개인의 능력을 우선시 하기
② 갈등 해결하기
③ 참여적으로 의사결정하기
④ 창의력 조성을 위해 협력하기
⑤ 동료 피드백 장려하기

> **TIP 》** 팀워크의 촉진 방법
> ㉠ 동료 피드백 장려하기
> ㉡ 갈등 해결하기
> ㉢ 창의력 조성을 위해 협력하기
> ㉣ 참여적으로 의사결정하기

14 조직구성원들로 하여금 리더에 대한 신뢰를 갖게 하는 카리스마는 물론 조직변화의 필요성을 감지하고 그러한 변화를 이끌어 낼 수 있는 새로운 비전을 제시할 수 있는 능력이 요구되는 리더십을 무엇이라 하는가?

① 변혁적 리더십
② 거래적 리더십
③ 카리스마 리더십
④ 서번트 리더십
⑤ 셀프 리더십

> **TIP 》** ② **거래적 리더십**: 리더가 부하들과 맺은 거래적 계약관계에 기반을 두고 영향력을 발휘하는 리더십
> ③ **카리스마 리더십**: 자기 자신과 부하들에 대한 극단적인 신뢰, 이들을 완전히 장악하는 거대한 존재감, 그리고 명확한 비전을 가지고 일단 결정된 사항에 대해서는 절대로 흔들리지 않는 확신을 가지는 리더십
> ④ **서번트 리더십**: 타인을 위한 봉사에 초점을 두고 종업원과 고객의 커뮤니티를 우선으로 그들의 욕구를 만족시키기 위해 헌신하는 리더십

15 다음 중 대인관계능력을 구성하는 하위능력으로 옳지 않은 것은?

① 팀워크능력   ② 자아인식능력

③ 리더십능력   ④ 갈등관리능력

⑤ 협상능력

TIP 》 ② 자아인식능력은 자기개발능력을 구성하는 하위능력 중에 하나이다.
　　　 ※ 대인관계능력을 구성하는 하위능력
　　　　 ㉠ 팀워크능력
　　　　 ㉡ 리더십능력
　　　　 ㉢ 갈등관리능력
　　　　 ㉣ 협상능력
　　　　 ㉤ 고객서비스능력

16 다음 중 대인관계능력에 대한 정의로 옳은 것은?

① 직장생활에서 문서나 상대방이 하는 말의 의미를 파악하고 자신의 의사를 정확하게 표현하며 간단한 외국어 자료를 읽거나 외국인의 의사표시를 이해하는 능력

② 직업인으로서 자신의 능력, 적성, 특성 등을 이해하고 목표성취를 위해 스스로를 관리하며 개발해 나가는 능력

③ 직장생활에서 협조적인 관계를 유지하고 조직구성원들에게 도움을 줄 수 있으며 조직 내·외부의 갈등을 원만히 해결하고 고객의 요구를 충족시켜줄 수 있는 능력

④ 목표와 현상을 분석하고 이 결과를 토대로 과제를 도출하여 최적의 해결책을 찾아 실행하고 평가해 나가는 능력

⑤ 업무를 수행하는데 필요한 도구, 수단 등에 관한 기술의 원리 및 절차를 이해하고, 적절한 기술을 선택하여 업무에 적용하는 능력

TIP 》 ① 의사소통능력
　　　 ② 자기개발능력
　　　 ④ 문제해결능력
　　　 ⑤ 기술능력

ANSWER 〉 13.① 14.① 15.② 16.③

17 다음 중 동기부여 방법으로 옳지 않은 것은?

① 긍정적 강화법을 활용한다.

② 새로운 도전의 기회를 부여한다.

③ 몇 가지 코칭을 한다.

④ 일정기간 교육을 실시한다.

⑤ 변화를 두려워하지 않는다.

> **TIP** 》 동기부여 방법
> ㉠ 긍정적 강화법을 활용한다.
> ㉡ 새로운 도전의 기회를 부여한다.
> ㉢ 창의적인 문제해결법을 찾는다.
> ㉣ 책임감으로 철저히 무장한다.
> ㉤ 몇 가지 코칭을 한다.
> ㉥ 변화를 두려워하지 않는다.
> ㉦ 지속적으로 교육한다.

18 다음 중 대인관계 향상 방법으로 옳지 않은 것은?

① 상대방에 대한 경계심　　　② 언행일치

③ 사소한 일에 대한 관심　　　④ 약속의 이행

⑤ 기대의 명확화

> **TIP** 》 대인관계 향상 방법
> ㉠ 상대방에 대한 이해심
> ㉡ 사소한 일에 대한 관심
> ㉢ 약속의 이행
> ㉣ 기대의 명확화
> ㉤ 언행일치
> ㉥ 진지한 사과

19 다음 중 고객만족 조사의 목적으로 옳지 않은 것은?

① 평가목적

② 고객과의 관계유지 파악

③ 개선목적

④ 부분적 경향의 파악

⑤ 전체적 경향의 파악

> **TIP** 》 고객만족 조사의 목적
> ㉠ 전체적 경향의 파악
> ㉡ 고객에 대한 개별대응 및 고객과의 관계유지 파악
> ㉢ 평가목적
> ㉣ 개선목적

20 팀워크 강화 노력이 필요한 때임을 나타내는 징후들로 옳지 않은 것은?

① 할당된 임무와 관계에 대해 혼동한다.

② 팀원들 간에 적대감이나 갈등이 생긴다.

③ 리더에 대한 의존도가 낮다.

④ 생산성이 하락한다.

⑤ 불평불만이 증가한다.

> **TIP** 》 팀워크 강화 노력이 필요한 때임을 나타내는 징후들
> ㉠ 생산성의 하락
> ㉡ 불평불만의 증가
> ㉢ 팀원들 간의 적대감이나 갈등
> ㉣ 할당된 임무와 관계에 대한 혼동
> ㉤ 결정에 대한 오해나 결정 불이행
> ㉥ 냉담과 전반적인 관심 부족
> ㉦ 제안과 혁신 또는 효율적인 문제해결의 부재
> ㉧ 비효율적인 회의
> ㉨ 리더에 대한 높은 의존도

ANSWER 〉 17.④ 18.① 19.④ 20.③

07 정보능력

1 정보화사회와 정보능력

(1) 정보와 정보화사회

① 자료·정보·지식

구분	특징
자료 (Data)	객관적 실제의 반영이며, 그것을 전달할 수 있도록 기호화한 것
정보 (Information)	자료를 특정한 목적과 문제해결에 도움이 되도록 가공한 것
지식 (Knowledge)	정보를 집적하고 체계화하여 장래의 일반적인 사항에 대비해 보편성을 갖도록 한 것

② 정보화사회 : 필요로 하는 정보가 사회의 중심이 되는 사회

(2) 업무수행과 정보능력

① 컴퓨터의 활용 분야
ㄱ 기업 경영 분야에서의 활용 : 판매, 회계, 재무, 인사 및 조직관리, 금융 업무 등
ㄴ 행정 분야에서의 활용 : 민원처리, 각종 행정 통계 등
ㄷ 산업 분야에서의 활용 : 공장 자동화, 산업용 로봇, 판매시점관리시스템(POS) 등
ㄹ 기타 분야에서의 활용 : 교육, 연구소, 출판, 가정, 도서관, 예술 분야 등

② 정보처리과정
ㄱ 정보 활용 절차 : 기획 → 수집 → 관리 → 활용
ㄴ 5W2H : 정보 활용의 전략적 기획
• WHAT(무엇을?) : 정보의 입수대상을 명확히 한다.
• WHERE(어디에서?) : 정보의 소스(정보원)를 파악한다.
• WHEN(언제까지) : 정보의 요구(수집)시점을 고려한다.
• WHY(왜?) : 정보의 필요목적을 염두에 둔다.

- WHO(누가?) : 정보활동의 주체를 확정한다.
- HOW(어떻게) : 정보의 수집방법을 검토한다.
- HOW MUCH(얼마나?) : 정보수집의 비용성(효용성)을 중시한다.

예제 1

5W2H는 정보를 전략적으로 수집·활용할 때 주로 사용하는 방법이다. 5W2H에 대한 설명으로 옳지 않은 것은?

① WHAT : 정보의 수집방법을 검토한다.
② WHERE : 정보의 소스(정보원)를 파악한다.
③ WHEN : 정보의 요구(수집)시점을 고려한다.
④ HOW : 정보의 수집방법을 검토한다.

[출제의도]
방대한 정보들 중 꼭 필요한 정보와 수집 방법 등을 전략적으로 기획하고 정보수집이 이루어질 때 효과적인 정보 수집이 가능해진다. 5W2H는 이러한 전략적 정보 활용 기획의 방법으로 그 개념을 이해하고 있는지를 묻는 질문이다.

[해설]
5W2H의 'WHAT'은 정보의 입수대상을 명확히 하는 것이다. 정보의 수집방법을 검토하는 것은 HOW(어떻게)에 해당되는 내용이다.

답 ①

---

(3) 사이버공간에서 지켜야 할 예절

① 인터넷의 역기능
  ㉠ 불건전 정보의 유통
  ㉡ 개인 정보 유출
  ㉢ 사이버 성폭력
  ㉣ 사이버 언어폭력
  ㉤ 언어 훼손
  ㉥ 인터넷 중독
  ㉦ 불건전한 교제
  ㉧ 저작권 침해

② 네티켓(netiquette) : 네트워크(network) + 에티켓(etiquette)

(4) 정보의 유출에 따른 피해사례

① 개인정보의 종류

    ㉠ **일반 정보** : 이름, 주민등록번호, 운전면허정보, 주소, 전화번호, 생년월일, 출생지, 본적지, 성별, 국적 등

    ㉡ **가족 정보** : 가족의 이름, 직업, 생년월일, 주민등록번호, 출생지 등

    ㉢ **교육 및 훈련 정보** : 최종학력, 성적, 기술자격증/전문면허증, 이수훈련 프로그램, 서클활동, 상벌사항, 성격/행태보고 등

    ㉣ **병역 정보** : 군번 및 계급, 제대유형, 주특기, 근무부대 등

    ㉤ **부동산 및 동산 정보** : 소유주택 및 토지, 자동차, 저축현황, 현금카드, 주식 및 채권, 수집품, 고가의 예술품 등

    ㉥ **소득 정보** : 연봉, 소득의 원천, 소득세 지불 현황 등

    ㉦ **기타 수익 정보** : 보험가입현황, 수익자, 회사의 판공비 등

    ㉧ **신용 정보** : 대부상황, 저당, 신용카드, 담보설정 여부 등

    ㉨ **고용 정보** : 고용주, 회사주소, 상관의 이름, 직무수행 평가 기록, 훈련기록, 상벌기록 등

    ㉩ **법적 정보** : 전과기록, 구속기록, 이혼기록 등

    ㉪ **의료 정보** : 가족병력기록, 과거 의료기록, 신체장애, 혈액형 등

    ㉫ **조직 정보** : 노조가입, 정당가입, 클럽회원, 종교단체 활동 등

    ㉬ **습관 및 취미 정보** : 흡연/음주량, 여가활동, 도박성향, 비디오 대여기록 등

② 개인정보 유출방지 방법

    ㉠ 회원 가입 시 이용 약관을 읽는다.

    ㉡ 이용 목적에 부합하는 정보를 요구하는지 확인한다.

    ㉢ 비밀번호는 정기적으로 교체한다.

    ㉣ 정체불명의 사이트는 멀리한다.

    ㉤ 가입 해지 시 정보 파기 여부를 확인한다.

    ㉥ 남들이 쉽게 유추할 수 있는 비밀번호는 자제한다.

2 정보능력을 구성하는 하위능력

(1) 컴퓨터활용능력

① 인터넷 서비스 활용
  ㉠ 전자우편(E-mail) 서비스 : 정보 통신망을 이용하여 다른 사용자들과 편지나 여러 정보를 주고받는 통신 방법
  ㉡ 인터넷 디스크/웹 하드 : 웹 서버에 대용량의 저장 기능을 갖추고 사용자가 개인용 컴퓨터의 하드디스크와 같은 기능을 인터넷을 통하여 이용할 수 있게 하는 서비스
  ㉢ 메신저 : 인터넷에서 실시간으로 메시지와 데이터를 주고받을 수 있는 소프트웨어
  ㉣ 전자상거래 : 인터넷을 통해 상품을 사고팔거나 재화나 용역을 거래하는 사이버 비즈니스

② 정보검색 : 여러 곳에 분산되어 있는 수많은 정보 중에서 특정 목적에 적합한 정보만을 신속하고 정확하게 찾아내어 수집, 분류, 축적하는 과정
  ㉠ 검색엔진의 유형
    • 키워드 검색 방식 : 찾고자 하는 정보와 관련된 핵심적인 언어인 키워드를 직접 입력하여 이를 검색 엔진에 보내어 검색 엔진이 키워드와 관련된 정보를 찾는 방식
    • 주제별 검색 방식 : 인터넷상에 존재하는 웹 문서들을 주제별, 계층별로 정리하여 데이터베이스를 구축한 후 이용하는 방식
    • 통합형 검색방식 : 사용자가 입력하는 검색어들이 연계된 다른 검색 엔진에게 보내고 이를 통하여 얻어진 검색 결과를 사용자에게 보여주는 방식
  ㉡ 정보 검색 연산자

기호	연산자	검색조건
*, &	AND	두 단어가 모두 포함된 문서를 검색
|	OR	두 단어가 모두 포함되거나 두 단어 중에서 하나만 포함된 문서를 검색
-, !	NOT	'-' 기호나 '!' 기호 다음에 오는 단어는 포함하지 않는 문서를 검색
~, near	인접검색	앞/뒤의 단어가 가깝게 있는 문서를 검색

③ 소프트웨어의 활용
  ㉠ 워드프로세서
    • 특징 : 문서의 내용을 화면으로 확인하면서 쉽게 수정 가능, 문서 작성 후 인쇄 및 저장 가능, 글이나 그림의 입력 및 편집 가능
    • 기능 : 입력기능, 표시기능, 저장기능, 편집기능, 인쇄기능 등

ⓛ 스프레드시트
• 특징 : 쉽게 계산 수행, 계산 결과를 차트로 표시, 문서를 작성하고 편집 가능
• 기능 : 계산, 수식, 차트, 저장, 편집, 인쇄기능 등

예제 2

귀하는 커피 전문점을 운영하고 있다. 아래와 같이 엑셀 워크시트로 4개 지점의 원두 구매 수량과 단가를 이용하여 금액을 산출하고 있다. 귀하가 다음 중 D3셀에서 사용하고 있는 함수식으로 옳은 것은? (단, 금액 = 수량 × 단가)

	A	B	C	D	E
1	지점	원두	수량(100g)	금액	
2	A	케냐	15	150000	
3	B	콜롬비아	25	175000	
4	C	케냐	30	300000	
5	D	브라질	35	210000	
6					
7		원두	100g당 단가		
8		케냐	10,000		
9		콜롬비아	7,000		
10		브라질	6,000		
11					

① =C3*VLOOKUP(B3, $B$8:$C$10, 1, 1)

② =B3*HLOOKUP(C3, $B$8:$C$10, 2, 0)

③ =C3*VLOOKUP(B3, $B$8:$C$10, 2, 0)

④ =C3*HLOOKUP($B$8:$C$10, 2, B3)

[출제의도]
본 문항은 엑셀 워크시트 함수의 활용도를 확인하는 문제이다.
[해설]
"VLOOKUP(B3,$B$8:$C$10, 2, 0)"의 함수를 해설해보면 B3의 값(콜롬비아)을 B8:C10에서 찾은 후 그 영역의 2번째 열(C열, 100g당 단가)에 있는 값을 나타내는 함수이다. 금액은 "수량 × 단가"으로 나타내므로 D3셀에 사용되는 함수식은 "=C3*VLOOKUP(B3, $B$8: $C$10, 2, 0)"이다.
※ HLOOKUP과 VLOOKUP
ⓐ HLOOKUP : 배열의 첫 행에서 값을 검색하여, 지정한 행의 같은 열에서 데이터를 추출
ⓑ VLOOKUP : 배열의 첫 열에서 값을 검색하여, 지정한 열의 같은 행에서 데이터를 추출

답 ③

ⓒ 프레젠테이션
• 특징 : 각종 정보를 사용자 또는 대상자에게 쉽게 전달
• 기능 : 저장, 편집, 인쇄, 슬라이드 쇼 기능 등
ⓓ 유틸리티 프로그램 : 파일 압축 유틸리티, 바이러스 백신 프로그램

④ 데이터베이스의 필요성
ⓐ 데이터의 중복을 줄인다.
ⓑ 데이터의 무결성을 높인다.
ⓒ 검색을 쉽게 해준다.
ⓓ 데이터의 안정성을 높인다.
ⓔ 개발기간을 단축한다.

(2) 정보처리능력

① **정보원** : 1차 자료는 원래의 연구성과가 기록된 자료이며, 2차 자료는 1차 자료를 효과적으로 찾아보기 위한 자료 또는 1차 자료에 포함되어 있는 정보를 압축·정리한 형태로 제공하는 자료이다.

  ㉠ **1차 자료** : 단행본, 학술지와 논문, 학술회의자료, 연구보고서, 학위논문, 특허정보, 표준 및 규격자료, 레터, 출판 전 배포자료, 신문, 잡지, 웹 정보자원 등

  ㉡ **2차 자료** : 사전, 백과사전, 편람, 연감, 서지데이터베이스 등

② **정보분석 및 가공**

  ㉠ **정보분석의 절차** : 분석과제의 발생 → 과제(요구)의 분석 → 조사항목의 선정 → 관련정보의 수집(기존자료 조사/신규자료 조사) → 수집정보의 분류 → 항목별 분석 → 종합·결론 → 활용·정리

  ㉡ **가공** : 서열화 및 구조화

③ **정보관리**

  ㉠ 목록을 이용한 정보관리

  ㉡ 색인을 이용한 정보관리

  ㉢ 분류를 이용한 정보관리

▌예제 3

인사팀에서 근무하는 J씨는 회사가 성장함에 따라 직원 수가 급증하기 시작하면서 직원들의 정보관리 방법을 모색하던 중 다음과 같은 A사의 직원 정보관리 방법을 보게 되었다. J씨는 A사가 하고 있는 이 방법을 회사에도 도입하고자 한다. 이 방법은 무엇인가?

> A사의 인사부서에 근무하는 H씨는 직원들의 개인정보를 관리하는 업무를 담당하고 있다. A사에서 근무하는 직원은 수천 명에 달하기 때문에 H씨는 주요 키워드나 주제어를 가지고 직원들의 정보를 구분하여 관리하여, 찾을 때도 쉽고 내용을 수정할 때도 이전보다 훨씬 간편할 수 있도록 했다.

① 목록을 활용한 정보관리
② 색인을 활용한 정보관리
③ 분류를 활용한 정보관리
④ 1:1 매칭을 활용한 정보관리

[출제의도]
본 문항은 정보관리 방법의 개념을 이해하고 있는가를 묻는 문제이다.
[해설]
주어진 자료의 A사에서 사용하는 정보관리는 주요 키워드나 주제어를 가지고 정보를 관리하는 방식인 색인을 활용한 정보관리이다. 디지털 파일에 색인을 저장할 경우 추가, 삭제, 변경 등이 쉽다는 점에서 정보관리에 효율적이다.

답 ②

출제예상문제

1 한컴오피스 흔글 프로그램에서 단축키 Alt + V는 어떤 작업을 실행하는가?

① 불러오기　　　　　　　　　② 모두 선택

③ 저장하기　　　　　　　　　④ 다른 이름으로 저장하기

⑤ 붙이기

> **TIP 》** 단축키 Alt + V는 다른 이름으로 저장하기를 실행한다.
> ① 불러오기 : Alt + O
> ② 모두 선택 : Ctrl + A
> ③ 저장하기 : Alt + S
> ⑤ 붙이기 : Ctrl + V

2 다음은 엑셀 프로그램의 논리 함수에 대한 설명이다. 옳지 않은 것은?

① AND : 인수가 모두 TRUE이면 TRUE를 반환한다.

② OR : 인수가 하나라도 TRUE이면 TRUE를 반환한다.

③ NOT : 인수의 논리 역을 반환한다.

④ XOR : 모든 인수의 논리 배타적 AND를 반환한다.

⑤ IF : 조건식이 참이면 '참일 때 값', 거짓이면 '거짓일 때 값'을 출력한다.

> **TIP 》** ④ XOR 또는 Exclusive OR라고도 하며, 모든 인수의 논리 배타적 OR을 반환한다.

3 다음 설명에 해당하는 엑셀 기능은?

> 입력한 데이터 정보를 기반으로 하여 데이터를 미니 그래프 형태의 시각적 표시로 나타내 주는 기능

① 클립아트   ② 스파크라인
③ 하이퍼링크   ④ 워드아트
⑤ 필터

> **TIP 》** 제시된 내용은 엑셀에서 제공하는 스파크라인 기능에 대한 설명이다.

4 구글 검색에서 검색 결과에 pdf만 나오도록 설정하는 고급검색 항목은?

① language   ② region
③ last update   ④ SafeSearch
⑤ file type

> **TIP 》** 고급검색 기능을 사용하면 언어, 지역, 최종 업데이트, 파일 형식, 사용 권한 등을 기준으로 검색결과를 좁힐 수 있다. 검색 결과에 pdf만 나오기를 원한다면, file type을 Adobe Acrobat PDF(.pdf)로 설정하면 된다.

5 S회사에서 근무하고 있는 김 대리는 최근 업무 때문에 HTML을 배우고 있다. 아직 초보라서 신입사원 H씨로부터 도움을 많이 받고 있지만, H씨가 자리를 비운 사이 김 대리가 HTML에서 사용할 수 있는 tag를 써보았다. 잘못된 것은 무엇인가?

① 김 대리는 줄을 바꾸기 위해 〈br〉를 사용하였다.
② 김 대리는 글자의 크기, 모양, 색상을 설정하기 위해 〈font〉를 사용하였다.
③ 김 대리는 표를 만들기 위해 〈table〉을 사용하였다.
④ 김 대리는 이미지를 삽입하기 위해 〈form〉을 사용하였다.
⑤ 김 대리는 연락처 정보를 넣기 위해 〈address〉를 사용하였다.

> **TIP 》** ④ HTML에서 이미지를 삽입하기 위해서는 〈img〉 태그를 사용한다.

ANSWER 〉 1.④ 2.④ 3.② 4.⑤ 5.④

6 U회사의 보안과에서 근무하는 J 과장은 회사 내 컴퓨터 바이러스 예방 교육을 담당하고 있으며 한 달에 한 번 직원들을 교육시키고 있다. J 과장의 교육 내용으로 옳지 않은 것은?

① 중요한 자료나 프로그램은 항상 백업을 해두셔야 합니다.

② 램에 상주하는 바이러스 예방 프로그램을 설치하셔야 합니다.

③ 최신 백신프로그램을 사용하여 디스크검사를 수행하셔야 합니다.

④ 의심 가는 메일은 반드시 열어본 후 삭제하셔야 합니다.

⑤ 실시간 보호를 통해 맬웨어를 찾고 디바이스에서 설치되거나 실행하는 것을 방지해야 합니다.

TIP》 ④ 의심 가는 메일은 열어보지 않고 삭제해야 한다.

7 다음 중 아래 시트에서 야근일수를 구하기 위해 [B9] 셀에 입력할 함수로 옳은 것은?

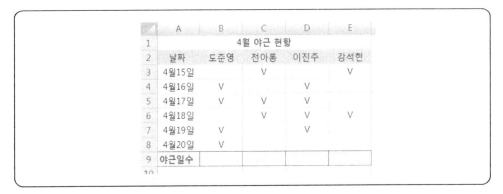

	A	B	C	D	E
1	4월 야근 현황				
2	날짜	도준영	전아롱	이진주	강석현
3	4월15일		V		V
4	4월16일	V		V	
5	4월17일	V	V	V	
6	4월18일		V	V	V
7	4월19일	V		V	
8	4월20일	V			
9	야근일수				
10					

① =COUNTBLANK(B3:B8)

② =COUNT(B3:B8)

③ =COUNTA(B3:B8)

④ =SUM(B3:B8)

⑤ =SUMIF(B3:B8)

TIP 》 COUNTBLANK 함수는 비어있는 셀의 개수를 세어준다. COUNT 함수는 숫자가 입력된 셀의 개수를 세어주는 반면 COUNTA 함수는 숫자는 물론 문자가 입력된 셀의 개수를 세어준다. 즉, 비어있지 않은 셀의 개수를 세어주기 때문에 이 문제에서는 COUNTA 함수를 사용해야 한다.

8 주기억장치 관리기법 중 "Best Fit" 기법 사용 시 8K의 프로그램은 주기억장치 영역 중 어느 곳에 할당되는가?

영역1	9K
영역2	15K
영역3	10K
영역4	30K
영역5	35K

① 영역1　　　　　　　　② 영역2
③ 영역3　　　　　　　　④ 영역4
⑤ 영역5

TIP 》 "Best fit"은 가장 낭비가 적은 부분에 할당하기 때문에 영역1에 할당한다.

NS그룹의 오 대리는 상사로부터 스마트폰 신상품에 대한 기획안을 제출하라는 업무를 받았다. 이에 오 대리는 먼저 기획안을 작성하기 위해 필요한 정보가 무엇인지 생각을 하였는데 이번에 개발하고자 하는 신상품이 노년층을 주 고객층으로 한 실용적이면서도 조작이 간편한 제품이기 때문에 우선 50~60대의 취향을 파악할 필요가 있었다. 따라서 오 대리는 50~60대 고객들이 현재 사용하고 있는 스마트폰의 모델과 좋아하는 디자인, 사용하면서 불편해 하는 사항, 지불 가능한 액수 등에 대한 정보가 필요함을 깨달았고 이러한 정보는 사내에 저장된 고객정보를 통해 얻을 수 있음을 인식하였다. 오 대리는 다음 주까지 기획안을 작성하여 제출해야 하기 때문에 이번 주에 모든 정보를 수집하기로 마음먹었고 기획안 작성을 위해서는 방대한 고객정보 중에서도 특히 노년층에 대한 정보만 선별할 필요가 있었다. 이렇게 사내에 저장된 고객정보를 이용할 경우 따로 정보수집으로 인한 비용이 들지 않는다는 사실도 오 대리에게는 장점으로 작용하였다. 여기까지 생각이 미치자 오 대리는 고객정보를 얻기 위해 고객센터에 근무하는 조 대리에게 관련 자료를 요청하였고 가급적 연령에 따라 분류해 줄 것을 당부하였다.

9 다음 중 오 대리가 수집하고자 하는 고객정보 중에서 반드시 포함되어야 할 사항으로 옳지 않은 것은?

① 연령
② 사용하고 있는 모델
③ 거주지
④ 사용 시 불편사항
⑤ 좋아하는 디자인

> **TIP》** 오 대리가 수집하고자 하는 고객정보에는 고객의 연령과 현재 사용하고 있는 스마트폰의 모델, 좋아하는 디자인, 사용하면서 불편해 하는 사항, 지불 가능한 액수 등에 대한 정보가 반드시 필요하다.

10 다음 〈보기〉의 사항들 중 위 사례에 포함된 사항은 모두 몇 개인가?

〈보기〉
- WHAT(무엇을?)
- WHERE(어디에서?)
- WHEN(언제까지?)
- WHY(왜?)
- WHO(누가?)
- HOW(어떻게?)
- HOW MUCH(얼마나?)

① 3개
② 4개
③ 5개
④ 6개
⑤ 7개

   TIP 》 정보활용의 전략적 기획(5W2H)

     ⊙ WHAT(무엇을?) : 50~60대 고객들이 현재 사용하고 있는 스마트폰의 모델과 좋아하는 디자인, 사용하면서 불편해 하는 사항, 지불 가능한 액수 등에 대한 정보

     ⓒ WHERE(어디에서?) : 사내에 저장된 고객정보

     ⓒ WHEN(언제까지?) : 이번 주

     ⓔ WHY(왜?) : 스마트폰 신상품에 대한 기획안을 작성하기 위해

     ⓜ WHO(누가?) : 오 대리

     ⓗ HOW(어떻게?) : 고객센터에 근무하는 조 대리에게 관련 자료를 요청

     ⓢ HOW MUCH(얼마나?) : 따로 정보수집으로 인한 비용이 들지 않는다.

11 검색엔진을 사용하여 인터넷에서 이순신 장군이 지은 책이 무엇인지 알아보려고 한다. 정보검색 연산자를 사용할 때 가장 적절한 검색식은 무엇인가? (단, 사용하려는 검색엔진은 AND 연산자로 '&', OR 연산자로 '+', NOT 연산자로 '!', 인접검색 연산자로 '~'을 사용한다.)

① 이순신 + 책
② 장군 & 이순신
③ 책 ! 장군
④ 이순신 & 책
⑤ 장군 ~ 이순신

   TIP 》 이순신 장군이 지은 책을 검색하는 것이므로 많은 책들 중에서 이순신과 책이 동시에 들어 있는 웹문서를 검색해야 한다. 따라서 AND 연산자를 사용하면 된다.

ANSWER 〉 9.③ 10.⑤ 11.④

12 다음은 K쇼핑몰의 날짜별 판매상품 정보 중 일부이다. 다음의 파일에 표시된 대분류 옆의 ▼를 누르면 많은 종류의 상품 중 보고 싶은 대분류(예를 들어, 셔츠)만을 한 눈에 볼 수 있다. 이 기능은 무엇인가?

	A	B	C	D	E	F	G
1	날짜 ▼	상품코드 ▼	대분류 ▼	상품명 ▼	사이즈 ▼	원가 ▼	판매가 ▼
2	2013-01-01	9E2S_NB4819	셔츠	플라워 슬리브리스 롱 셔츠	55	16,000	49,000
3	2013-01-01	9E2S_PT4845	팬츠	내추럴 스트링 배기 팬츠	44	20,000	57,800
4	2013-01-01	9E2S_OPS5089	원피스	뉴플래식철러지퍼원피스	44	23,000	65,500
5	2013-01-01	9E2S_SK5085	스커트	더블플라운스밴딩스커트	44	12,000	41,500
6	2013-01-01	9E2S_VT4980	베스트	드로잉 포켓 베스트	44	19,000	55,500
7	2013-01-01	9E2S_PT5053	팬츠	라이트모드롤업9부팬츠	44	10,000	38,200
8	2013-01-02	9E2S_CD4943	가디건	라인 패턴 니트 볼레로	55	9,000	36,000
9	2013-01-02	9E2S_OPS4801	원피스	러블리 레이스 롱 체크 원피스	55	29,000	79,800
10	2013-01-02	9E2S_BL4906	블라우스	러블리 리본 플라워 블라우스	44	15,000	46,800
11	2013-01-02	9E2S_OPS4807	원피스	러블리 볼륨 쉬폰 원피스	55	25,000	70,000
12	2013-01-02	9E2S_OPS4789	원피스	러블리브이넥 레이스 원피스	55	25,000	70,000
13	2013-01-03	9E2S_OPS5088	원피스	레오파드사틴포켓원피스	44	21,000	60,500
14	2013-01-04	9E2S_OPS4805	원피스	로맨틱 언밸런스 티어드 원피스	55	19,000	55,500
15	2013-01-04	9E2S_BL4803	블라우스	로맨틱 셔링 베스트 블라우스	44	14,000	48,500
16	2013-01-04	9E2S_TS4808	티셔츠	후즈핏스트라이프슬리브리스	44	8,000	33,000

① 조건부 서식   ② 찾기

③ 필터   ④ 정렬

⑤ 가상 분석

> **TIP 》** 특정한 데이터만을 골라내는 기능을 필터라고 하며 이 작업을 필터링이라 부른다.
> ① 원하는 기준에 따라 서식을 변경하는 기능으로 특정 셀을 강조할 수 있다.
> ② 원하는 단어를 찾는 기능이다.
> ④ 무작위로 섞여있는 열을 기준에 맞춰 정렬하는 기능으로 오름차순 정렬, 내림차순 정렬 등이 있다.
> ⑤ 시트에서 수식에 대한 여러 값을 적용해 본다.

13 다음 중 아래의 설명에 해당하는 용어는?

> • 정보의 형태나 형식을 변환하는 처리나 처리 방식이다.
> • 파일의 용량을 줄이거나 화면크기를 변경하는 등 다양한 방법으로 활용된다.

① 인코딩(encoding)   ② 리터칭(retouching)

③ 렌더링(rendering)   ④ 디코더(decoder)

⑤ 레코딩(recording)

> **TIP 》** 파일의 용량을 줄이거나 화면크기를 변경하는 등 정보의 형태나 형식을 변환하는 처리 방식을 인코딩이라 한다.

|14~15| 다음의 알고리즘을 보고 물음에 답하시오.

14 다음의 알고리즘에서 인쇄되는 S는?

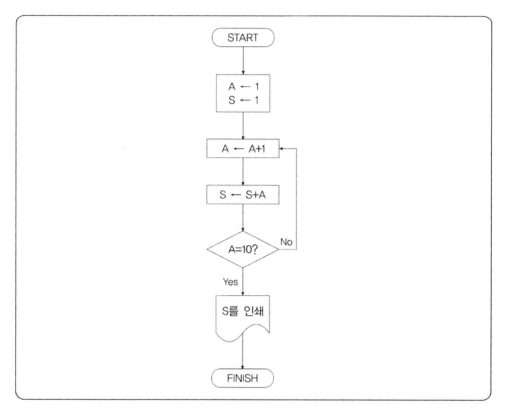

① 36   ② 45

③ 55   ④ 66

⑤ 75

> **TIP》** A = 1, S = 1
> A = 2, S = 1 + 2
> A = 3, S = 1 + 2 + 3
> …
> A = 10, S = 1 + 2 + 3 + … + 10
> ∴ 출력되는 S의 값은 55이다.

15 다음의 알고리즘에서 인쇄되는 S는?

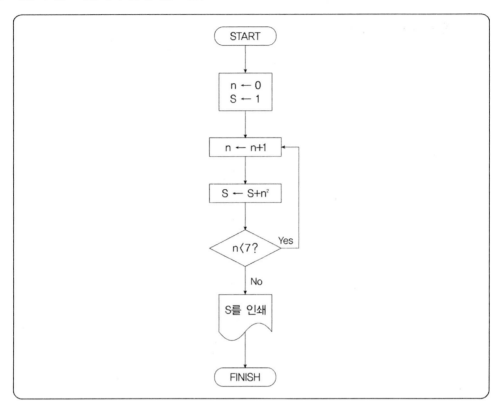

① 137

② 139

③ 141

④ 143

⑤ 145

TIP 》 $n = 0$, $S = 1$

$n = 1$, $S = 1 + 1^2$

$n = 2$, $S = 1 + 1^2 + 2^2$

...

$n = 7$, $S = 1 + 1^2 + 2^2 + \cdots + 7^2$

∴ 출력되는 S의 값은 141이다.

16 인터넷 상의 중앙 서버에 데이터를 저장해 두고, 인터넷 기능이 있는 모든 IT 기기를 사용하여 언제 어디서든지 정보를 이용할 수 있다는 개념으로, 컴퓨팅 자원을 필요한 만큼 빌려 쓰고 사용 요금을 지불하는 방식으로 사용되는 컴퓨팅 개념을 무엇이라고 하는가?

① 모바일 컴퓨팅(Mobile Computing)

② 분산 컴퓨팅(Distributed Computing)

③ 클라우드 컴퓨팅(Cloud Computing)

④ 그리드 컴퓨팅(Grid Computing)

⑤ 웨어러블 컴퓨팅(Wearable Computing)

> TIP 》 ① 모바일 컴퓨팅(Mobile Computing) : 휴대형 컴퓨터 등을 이용하여 자유로이 업무를 수행하는 것을 말한다.
> ② 분산 컴퓨팅(Distributed Computing) : 인터넷에 연결된 여러 컴퓨터들의 처리 능력을 이용하여 거대한 계산 문제를 해결하려는 분산처리 모델을 말한다.
> ④ 그리드 컴퓨팅(Grid Computing) : 컴퓨팅 기기를 하나의 초고속 네트워크로 연결하여, 컴퓨터의 계산능력을 극대화한 차세대 디지털 신경망 서비스를 말한다.
> ⑤ 웨어러블 컴퓨팅(Wearable Computing) : 컴퓨터를 옷이나 안경처럼 착용할 수 있게 해주는 기술로써, 컴퓨터를 인간의 몸의 일부로 여길 수 잇도록 기여하는 기술을 말한다.

17 박 대리는 보고서를 작성하던 도중 모니터에 '하드웨어 충돌'이라는 메시지 창이 뜨자 혼란에 빠지고 말았다. 이 문제점을 해결하기 위해 할 수 있는 행동으로 옳은 것은?

① [F8]을 누른 후 메뉴가 표시되면 '부팅 로깅'을 선택한 후 문제의 원인을 찾는다.

② 사용하지 않는 Windows 구성 요소를 제거한다.

③ [Ctrl] + [Alt] + [Delete] 또는 [Ctrl] + [Shift] + [Esc]를 누른 후 [Windows 작업 관리자]의 '응용 프로그램'탭에서 응답하지 않는 프로그램을 종료한다.

④ [시스템] → [하드웨어]에서 〈장치 관리자〉를 클릭한 후 '장치 관리자'창에서 확인하여 중복 설치된 장치를 제거 후 재설치한다.

⑤ 드라이브 조각모음 및 최적화를 실행한다.

> TIP 》 ① 부팅이 안 될 때 문제해결을 위한 방법이다.
> ② 디스크 용량 부족 시 대처하는 방법이다.
> ③ 응답하지 않는 프로그램 발생 시 대처방법이다.
> ⑤ 컴퓨터를 더 효율적으로 실행하고자 할 때 사용하는 방법이다.

ANSWER 〉 15.③ 16.③ 17.④

18 다음은 오디오데이터에 대한 설명이다. (가), (나)에 들어갈 용어를 바르게 짝지은 것은?

(가)	• 아날로그 형태의 소리를 디지털 형태로 변형하는 샘플링 과정을 통하여 작성된 데이터 • 실제 소리가 저장되어 재생이 쉽지만, 용량이 큼 • 파일의 크기 계산 : 샘플링 주기 × 샘플링 크기 × 시간 × 재생방식(모노 = 1, 스테레오 = 2)
MIDI	• 전자악기 간의 디지털 신호에 의한 통신이나 컴퓨터와 전자악기 간의 통신 규약 • 음성이나 효과음의 저장은 불가능하고, 연주 정보만 저장되므로 크기가 작음 • 시퀀싱 작업을 통해 작성되며, 16개 이상의 악기 동시 연주 가능
(나)	• 고음질 오디오 압축의 표준 형식 • MPEG-1의 압축 방식을 이용하여, 음반 CD 수준의 음질을 유지하면서 1/12 정도까지 압축

	(가)	(나)
①	WAVE	AVI
②	WAVE	MP3
③	MP3	WAVE
④	MP3	3AVI
⑤	MP3	AVI

TIP 》 (가)는 WAVE, (나)는 MP3에 관한 설명이다.

19 다음 중 컴퓨터 범죄를 예방하기 위한 방법으로 옳지 않은 것은?

① 해킹 방지를 위한 보안 관련 프로그램을 보급하고, 보안 교육을 정기적으로 실시하여야 한다.

② 의심이 가는 메일이나 호기심을 자극하는 표현 등의 메일은 열어보지 않는다.

③ 백신 프로그램을 설치하고, 자동 업데이트 기능을 설정한다.

④ 사이버 공간 상에서 새로운 관계나 문화를 형성하지 않는다.

⑤ 하나의 컴퓨터에 2~3개의 백신 프로그램을 중복으로 설치하지 않는다.

> **TIP** 》 정보사회로 들어서면서 사회 전반의 능률과 생산성이 증대되거나 시간과 공간의 제약에서 벗어나 새로운 관계를 형성할 수 있게 되었지만 정보기술을 이용한 사생활 침해 및 새로운 범죄가 발생하게 되었다. 이러한 범죄를 예방하기 위해서는 보안 관련 프로그램 다운 및 백신 프로그램을 설치하고 의심이 가는 메일이나 호기심을 자극하는 표현 등의 메일은 열어보지 않아야 한다.
> ④ 사이버 공간 상에서 새로운 관계나 문화를 형성하는 것은 정보사회의 순기능이라 볼 수 있다.

20 T회사에 다니는 S대리는 직원들의 컴퓨터에 문제가 생기거나 할 때 잘 봐주곤 한다. 최근 신입사원으로 들어온 Y씨는 컴퓨터 네트워크 프린터를 공유하려고 하는데 이를 잘 몰라서 S대리에게 부탁을 했다. Y씨의 컴퓨터가 한글 Windows XP라고 할 때 공유 수행과정으로 옳은 것은?

> ㉠ 프린터 찾아보기
> ㉡ 프린터 추가 마법사 실행
> ㉢ 네트워크 프린터 또는 로컬 프린터의 선택
> ㉣ 기본 프린터 사용 여부

① ㉠→㉡→㉢→㉣   ② ㉡→㉢→㉠→㉣

③ ㉡→㉣→㉢→㉠   ④ ㉣→㉠→㉢→㉡

⑤ ㉣→㉡→㉠→㉢

> **TIP** 》 프린터 추가 마법사 실행→네트워크 프린터 또는 로컬 프린터 선택→프린터 찾아보기→기본 프린터 사용 여부

21 다음은 한글 바로가기 단축키이다. 다음 중 잘못된 내용은?

F1	도움말	Ctrl + A	전체 선택
F2	찾기 … ㉠	Ctrl + C	복사
F3	블록설정	Ctrl + X	잘라내기
Ctrl + Esc	[시작] 메뉴 표시	Ctrl + V	붙여넣기
Alt + Enter↲	등록 정보 표시		
Alt + F4	창 닫기, 프로그램 종료 … ㉡		
PrtSc	화면 전체를 클립보드로 복사		
Alt + PrtSc	실행 중인 프로그램을 순서대로 전환 … ㉢		
Alt + ←	실행 중인 프로그램 목록을 보여 주면서 프로그램 전환		
Ctrl + Alt + Del	'Windows 작업관리자' 대화상자 호출(Ctrl + Shift + Esc) … ㉣		
Shift	CD 삽입시 자동 실행 기능 정지 … ㉤		

① ㉠

② ㉡

③ ㉢

④ ㉣

⑤ ㉤

TIP 》 Alt + PrtSc : 활성창을 클립보드로 복사
　　　 Alt + Esc : 실행 중인 프로그램을 순서대로 전환

22 지민 씨는 회사 전화번호부를 1대의 핸드폰에 저장하였다. 핸드폰 전화번호부에서 검색을 했을 때 나타나는 결과로 옳은 것은? ('6'을 누르면 '5468', '7846' 등이 뜨고 'ㅌ'을 누르면 '전태승' 등이 뜬다.)

구분	이름	번호
총무팀	이서경	0254685554
마케팅팀	김민종	0514954554
인사팀	최찬웅	0324457846
재무팀	심빈우	0319485574
영업팀	민하린	01054892464
해외사업팀	김혜서	01099843432
전산팀	전태승	01078954654

① 'ㅎ'을 누르면 4명이 뜬다.

② '32'를 누르면 2명이 뜬다.

③ '55'를 누르면 2명이 뜬다.

④ 'ㅂ'을 누르면 아무도 나오지 않는다.

⑤ '4'를 누르면 5명의 번호 뒤의 네 자리가 뜬다.

> **TIP** 》 ① 'ㅎ'을 누르면 2명이 뜬다(민하린, 김혜서).
> ③ '55'를 누르면 3명이 뜬다(025468<u>55</u>54, 05149<u>5</u>4<u>55</u>4, 03194855<u>5</u>74).
> ④ 'ㅂ'을 누르면 1명이 뜬다(심<u>빈</u>우).
> ⑤ '4'를 누르면 7명 모두의 번호 뒤의 네 자리가 뜬다.

┃23~25 ┃ 다음은 우리나라에 수입되는 물품의 코드이다. 다음 코드 목록을 보고 이어지는 물음에 답하시오.

생산연월	생산지역				상품종류				순서
	지역코드		고유번호		분류코드		고유번호		
• 1602 2016년 2월 • 1608 2016년 8월 • 1702 2017년 2월	1	유럽	A	프랑스	01	가공 식품류	001	소시지	00001부 터 시작하 여 수입된 물품 순서 대로 5자 리의 번호 가 매겨짐
			B	영국			002	맥주	
			C	이탈리아			003	치즈	
			D	독일					
	2	남미	E	칠레	02	육류	004	돼지고기	
			F	볼리비아			005	소고기	
	3	동아시아	G	일본			006	닭고기	
			H	중국	03	농수산 식품류	007	파프리카	
	4	동남 아시아	I	말레이시아			008	바나나	
			J	필리핀			009	양파	
			K	태국			010	할라피뇨	
			L	캄보디아			011	후추	
	5	아프리카	M	이집트			012	파슬리	
			N	남아공	04	공산품류	013	의류	
	6	오세 아니아	O	뉴질랜드			014	장갑	
			P	오스트레일 리아			015	목도리	
							016	가방	
	7	중동 아시아	Q	이란			017	모자	
			H	터키			018	신발	

〈예시〉
2016년 3월 남미 칠레에서 생산되어 31번째로 수입된 농수산식품류 파프리카 코드
<u>1603</u>   -   <u>2E</u>   -   <u>03007</u>   -   <u>00031</u>

23 다음 중 2016년 5월 유럽 독일에서 생산되어 64번째로 수입된 가공식품류 소시지의 코드로 맞는 것은?

① 16051A0100100034

② 16051D0200500064

③ 16054K0100200064

④ 16051D0100100064

⑤ 16051D0100200064

> **TIP 》** 코드 1605(2016년 5월), 1D(유럽 독일), 01001(가공식품류 소시지) 00064(64번째로 수입)가 들어가야 한다.

24 다음 중 아시아 대륙에서 생산되지 않은 상품의 코드를 고르면?

① 16017Q0401800078

② 16054J0300800023

③ 14053G0401300041

④ 17035M0401400097

⑤ 17043H0100200001

> **TIP 》** ④는 아프리카 이집트에서 생산된 장갑의 코드번호이다.
> ① 중동 이란에서 생산된 신발의 코드번호
> ② 동남아시아 필리핀에서 생산된 바나나의 코드번호
> ③ 일본에서 생산된 의류의 코드번호
> ⑤ 중국에서 생산된 맥주의 코드번호

25 상품코드 17034L0301100001에 대한 설명으로 옳지 않은 것은 무엇인가?

① 첫 번째로 수입된 상품이다.

② 동남아시아 캄보디아에서 수입되었다.

③ 2017년 6월 수입되었다.

④ 농수산식품류에 속한다.

⑤ 후추이다.

> **TIP 》** 1703(2017년 3월), 4L(동남아시아 캄보디아), 03011(농수산식품류 후추), 00001(첫 번째로 수입)

ANSWER 〉 23.④ 24.④ 25.③

08 기술능력

1 기술과 기술능력

(1) 기술과 과학

① **노하우(know-how)와 노와이(know-why)**
  ㉠ **노하우**: 특허권을 수반하지 않는 과학자, 엔지니어 등이 가지고 있는 체화된 기술로 경험적이고 반복적인 행위에 의해 얻어진다.
  ㉡ **노와이**: 기술이 성립하고 작용하는가에 관한 원리적 측면에 중심을 둔 개념으로 이론적인 지식으로서 과학적인 탐구에 의해 얻어진다.

② **기술의 특징**
  ㉠ 하드웨어나 인간에 의해 만들어진 비자연적인 대상, 혹은 그 이상을 의미한다.
  ㉡ 기술은 노하우(know-how)를 포함한다.
  ㉢ 기술은 하드웨어를 생산하는 과정이다.
  ㉣ 기술은 인간의 능력을 확장시키기 위한 하드웨어와 그것의 활용을 뜻한다.
  ㉤ 기술은 정의 가능한 문제를 해결하기 위해 순서화되고 이해 가능한 노력이다.

③ **기술과 과학** … 기술은 과학과 같이 추상적 이론보다는 실용성, 효용, 디자인을 강조하고 과학은 그 반대로 추상적 이론, 지식을 위한 지식, 본질에 대한 이해를 강조한다.

(2) 기술능력

① **기술능력과 기술교양** … 기술능력은 기술교양의 개념을 보다 구체화시킨 개념으로, 기술교양은 모든 사람들이 광범위한 관점에서 기술의 특성, 기술적 행동, 기술의 힘, 기술의 결과에 대해 어느 정도의 지식을 가지는 것을 의미한다.

② **기술능력이 뛰어난 사람의 특징**
  ㉠ 실질적 해결을 필요로 하는 문제를 인식한다.
  ㉡ 인식된 문제를 위한 다양한 해결책을 개발하고 평가한다.
  ㉢ 실제적 문제를 해결하기 위해 지식이나 기타 자원을 선택·최적화시키며 적용한다.

ㄹ 주어진 한계 속에서 제한된 자원을 가지고 일한다.

ㅁ 기술적 해결에 대한 효용성을 평가한다.

ㅂ 여러 상황 속에서 기술의 체계와 도구를 사용하고 배울 수 있다.

■ 예제 1

Y그룹 기술연구소에 근무하는 정호는 연구 역량 강화를 위한 업계 워크숍에 참석해 기술 능력이 뛰어난 사람의 특징에 대해 기조 발표를 하려고 한다. 다음 중 정호가 발표에 포함시킬 내용으로 옳지 않은 것은?

① 기술의 체계와 같은 무형의 기술에 대한 능력과는 무관하다.

② 주어진 한계 속에서 제한된 자원을 가지고 일한다.

③ 기술적 해결에 대한 효용성을 평가한다.

④ 실질적 해결을 필요로 하는 문제를 인식한다.

[출제의도]
기술능력이 뛰어난 사람의 특징에 대해 묻는 문제로 문제의 길이가 길 경우 그 속에 포함된 핵심 어구를 찾는다면 쉽게 풀 수 있는 문제다.
[해설]
① 여러 상황 속에서 기술의 체계와 도구를 사용하고 배울 수 있다.

답 ①

---

③ 새로운 기술능력 습득방법

　ㄱ 전문 연수원을 통한 기술과정 연수

　ㄴ E-learning을 활용한 기술교육

　ㄷ 상급학교 진학을 통한 기술교육

　ㄹ OJT를 활용한 기술교육

(3) 분야별 유망 기술 전망

① 전기전자정보공학분야 ··· 지능형 로봇 분야

② 기계공학분야 ··· 하이브리드 자동차 기술

③ 건설환경공학분야 ··· 지속가능한 건축 시스템 기술

④ 화학생명공학분야 ··· 재생에너지 기술

(4) 지속가능한 기술

① **지속가능한 발전** ··· 지금 우리의 현재 욕구를 충족시키면서 동시에 후속 세대의 욕구 충족을 침해하지 않는 발전

② **지속가능한 기술**

　ㄱ 이용 가능한 자원과 에너지를 고려하는 기술

　ㄴ 자원이 사용되고 그것이 재생산되는 비율의 조화를 추구하는 기술

ⓒ 자원의 질을 생각하는 기술

ⓔ 자원이 생산적인 방식으로 사용되는가에 주의를 기울이는 기술

(5) 산업재해

① 산업재해란 산업 활동 중의 사고로 인해 사망하거나 부상을 당하고, 또는 유해 물질에 의한 중독 등으로 직업성 질환에 걸리거나 신체적 장애를 가져오는 것을 말한다.

② 산업 재해의 기본적 원인

ⓐ **교육적 원인** : 안전 지식의 불충분, 안전 수칙의 오해, 경험이나 훈련의 불충분과 작업 관리자의 작업 방법의 교육 불충분, 유해 위험 작업 교육 불충분 등

ⓑ **기술적 원인** : 건물 · 기계 장치의 설계 불량, 구조물의 불안정, 재료의 부적합, 생산 공정의 부적당, 점검 · 정비 · 보존의 불량 등

ⓒ **작업 관리상 원인** : 안전 관리 조직의 결함, 안전 수칙 미제정, 작업 준비 불충분, 인원 배치 및 작업 지시 부적당 등

| 예제 2

다음은 철재가 알아낸 산업재해 원인과 관련된 자료이다. 다음 자료에 해당하는 산업재해의 기본적인 원인은 무엇인가?

2015년 산업재해 현황분석 자료에 따른 사망자의 수

(단위 : 명)

사망원인	사망자 수
안전 지식의 불충분	120
안전 수칙의 오해	56
경험이나 훈련의 불충분	73
작업관리자의 작업방법 교육 불충분	28
유해 위험 작업 교육 불충분	91
기타	4

출처 : 고용노동부 2015 산업재해 현황분석

① 정책적 원인　　　　② 작업 관리상 원인

③ 기술적 원인　　　　④ 교육적 원인

[출제의도]
산업재해의 원인은 크게 기본적 원인과 직접적 원인으로 나눌 수 있고 이들 원인은 다시 여러 개의 세부 원인들로 나뉜다. 표에 나와 있는 각각의 원인들이 어디에 속하는지 잘 구분할 수 있어야 한다.
[해설]
④ 안전 지식의 불충분, 안전 수칙의 오해, 경험이나 훈련의 불충분, 작업관리자의 작업방법 교육 불충분, 유해 위험 작업 교육 불충분 등은 산업재해의 기본적 원인 중 교육적 원인에 해당한다.

답 ④

③ 산업 재해의 직접적 원인

    ㉠ **불안전한 행동** : 위험 장소 접근, 안전장치 기능 제거, 보호 장비의 미착용 및 잘못 사용, 운전 중인 기계의 속도 조작, 기계·기구의 잘못된 사용, 위험물 취급 부주의, 불안전한 상태 방치, 불안전한 자세와 동장, 감독 및 연락 잘못 등

    ㉡ **불안전한 상태** : 시설물 자체 결함, 전기 기설물의 누전, 구조물의 불안정, 소방기구의 미확보, 안전 보호 장치 결함, 복장·보호구의 결함, 시설물의 배치 및 장소 불량, 작업 환경 결함, 생산 공정의 결함, 경계 표시 설비의 결함 등

④ 산업 재해의 예방 대책

    ㉠ **안전 관리 조직** : 경영자는 사업장의 안전 목표를 설정하고, 안전 관리 책임자를 선정해야 하며, 안전 관리 책임자는 안전 계획을 수립하고, 이를 시행·후원·감독해야 한다.

    ㉡ **사실의 발견** : 사고 조사, 안전 점검, 현장 분석, 작업자의 제안 및 여론 조사, 관찰 및 보고서 연구, 면담 등을 통하여 사실을 발견한다.

    ㉢ **원인 분석** : 재해의 발생 장소, 재해 형태, 재해 정도, 관련 인원, 직원 감독의 적절성, 공구 및 장비의 상태 등을 정확히 분석한다.

    ㉣ **시정책의 선정** : 원인 분석을 토대로 적절한 시정책, 즉 기술적 개선, 인사 조정 및 교체, 교육, 설득, 호소, 공학적 조치 등을 선정한다.

    ㉤ **시정책 적용 및 뒤처리** : 안전에 대한 교육 및 훈련 실시, 안전시설과 장비의 결함 개선, 안전 감독 실시 등의 선정된 시정책을 적용한다.

---

2 기술능력을 구성하는 하위능력

(1) 기술이해능력

① 기술시스템

    ㉠ **개념** : 기술시스템은 인공물의 집합체만이 아니라 회사, 투자회사, 법적 제도, 정치, 과학, 자연자원을 모두 포함하는 것이기 때문에, 기술적인 것(the technical)과 사회적인 것(the social)이 결합해서 공존한다.

    ㉡ **기술시스템의 발전 단계** : 발명·개발·혁신의 단계→기술 이전의 단계→기술 경쟁의 단계→기술 공고화 단계

② 기술혁신

　ⓐ 기술혁신의 특성

　　• 기술혁신은 그 과정 자체가 매우 불확실하고 장기간의 시간을 필요로 한다.

　　• 기술혁신은 지식 집약적인 활동이다.

　　• 혁신 과정의 불확실성과 모호함은 기업 내에서 많은 논쟁과 갈등을 유발할 수 있다.

　　• 기술혁신은 조직의 경계를 넘나드는 특성을 갖고 있다.

　ⓑ 기술혁신의 과정과 역할

기술혁신 과정	혁신 활동	필요한 자질과 능력
아이디어 창안	• 아이디어를 창출하고 가능성을 검증 • 일을 수행하는 새로운 방법 고안 • 혁신적인 진보를 위한 탐색	• 각 분야의 전문지식 • 추상화와 개념화 능력 • 새로운 분야의 일을 즐김
챔피언	• 아이디어의 전파 • 혁신을 위한 자원 확보 • 아이디어 실현을 위한 헌신	• 정력적이고 위험을 감수함 • 아이디어의 응용에 관심
프로젝트 관리	• 리더십 발휘 • 프로젝트의 기획 및 조직 • 프로젝트의 효과적인 진행 감독	• 의사결정 능력 • 업무 수행 방법에 대한 지식
정보 수문장	• 조직외부의 정보를 내부 구성원들에게 전달 • 조직 내 정보원 기능	• 높은 수준의 기술적 역량 • 원만한 대인 관계 능력
후원	• 혁신에 대한 격려와 안내 • 불필요한 제약에서 프로젝트 보호 • 혁신에 대한 자원 획득을 지원	• 조직의 주요 의사결정에 대한 영향력

(2) 기술선택능력

① 기술선택 … 기업이 어떤 기술을 외부로부터 도입하거나 자체 개발하여 활용할 것인가를 결정하는 것이다.

　ⓐ 기술선택을 위한 의사결정

　　• 상향식 기술선택 : 기업 전체 차원에서 필요한 기술에 대한 체계적인 분석이나 검토 없이 연구자나 엔지니어들이 자율적으로 기술을 선택하는 것

　　• 하향식 기술선택 : 기술경영진과 기술기획담당자들에 의한 체계적인 분석을 통해 기업이 획득해야 하는 대상기술과 목표기술수준을 결정하는 것

ⓒ 기술선택을 위한 절차

```
          외부환경분석
              ↓
중장기 사업목표 설정 → 사업 전략 수립 → 요구기술 분석 → 기술전략 수립 → 핵심기술 선택
              ↓
          내부 역량 분석
```

- 외부환경분석 : 수요변화 및 경쟁자 변화, 기술 변화 등 분석
- 중장기 사업목표 설정 : 기업의 장기비전, 중장기 매출목표 및 이익목표 설정
- 내부 역량 분석 : 기술능력, 생산능력, 마케팅/영업능력, 재무능력 등 분석
- 사업 전략 수립 : 사업 영역결정, 경쟁 우위 확보 방안 수립
- 요구기술 분석 : 제품 설계/디자인 기술, 제품 생산공정, 원재료/부품 제조기술 분석
- 기술전략 수립 : 기술획득 방법 결정

ⓒ 기술선택을 위한 우선순위 결정

- 제품의 성능이나 원가에 미치는 영향력이 큰 기술
- 기술을 활용한 제품의 매출과 이익 창출 잠재력이 큰 기술
- 쉽게 구할 수 없는 기술
- 기업 간에 모방이 어려운 기술
- 기업이 생산하는 제품 및 서비스에 보다 광범위하게 활용할 수 있는 기술
- 최신 기술로 진부화될 가능성이 적은 기술

▌예제 3

주현은 건설회사에 근무하면서 프로젝트 관리를 한다. 얼마 전 대규모 프로젝트에 참가한 한 하청업체가 중간 보고회를 열고 다음과 같이 자신들이 이번 프로젝트의 성공적 마무리를 위해 노력하고 있음을 설명하고 있다. 다음 중 총괄 책임자로서 주현이 하청업체의 올바른 추진 방향으로 인정해줘야 하는 부분으로 바르게 묶인 것은?

> ㉠ 정부 및 환경단체가 요구하는 성과평가의 실천 방안을 연구하여 반영하고 있습니다.
> ㉡ 이번 프로젝트 성공을 위해 기술적 효용과 함께 환경적 효용도 추구하고 있습니다.
> ㉢ 오염 예방을 위한 청정 생산기술을 진단하고 컨설팅하면서 협력회사와 연대하고 있습니다.
> ㉣ 환경영향평가에 대해서는 철저한 사후평가 방식으로 진행하고 있습니다.

① ㉠㉡㉢
② ㉠㉡㉣
③ ㉠㉢㉣
④ ㉡㉢㉣

[출제의도]
실제 현장에서 사용하는 기술들에 대해 바람직한 평가요소는 무엇인지 묻는 문제다.
[해설]
㉣ 환경영향평가에 대해서는 철저한 사전평가 방식으로 진행해야 한다.

답 ①

② 벤치마킹

㉠ 벤치마킹의 종류

기준	종류
비교대상에 따른 분류	• 내부 벤치마킹 : 같은 기업 내의 다른 지역, 타 부서, 국가 간의 유사한 활동을 비교대상으로 함 • 경쟁적 벤치마킹 : 동일 업종에서 고객을 직접적으로 공유하는 경쟁기업을 대상으로 함 • 비경쟁적 벤치마킹 : 제품, 서비스 및 프로세스의 단위 분야에 있어 가장 우수한 실무를 보이는 비경쟁적 기업 내의 유사 분야를 대상으로 함 • 글로벌 벤치마킹 : 프로세스에 있어 최고로 우수한 성과를 보유한 동일업종의 비경쟁적 기업을 대상으로 함
수행방식에 따른 분류	• 직접적 벤치마킹 : 벤치마킹 대상을 직접 방문하여 수행하는 방법 • 간접적 벤치마킹 : 인터넷 및 문서형태의 자료를 통해서 수행하는 방법

㉡ 벤치마킹의 주요 단계

• 범위결정 : 벤치마킹이 필요한 상세 분야를 정의하고 목표와 범위를 결정하며 벤치마킹을 수행할 인력들을 결정

• 측정범위 결정 : 상세분야에 대한 측정항목을 결정하고, 측정항목이 벤치마킹의 목표를 달성하는 데 적정한가를 검토

• 대상 결정 : 비교분석의 대상이 되는 기업/기관들을 결정하고, 대상 후보별 벤치마킹 수행의 타당성을 검토하여 최종적인 대상 및 대상별 수행방식을 결정

• 벤치마킹 : 직접 또는 간접적인 벤치마킹을 진행

• 성과차이 분석 : 벤치마킹 결과를 바탕으로 성과차이를 측정항목별로 분석

• 개선계획 수립 : 성과차이에 대한 원인 분석을 진행하고 개선을 위한 성과목표를 결정하며, 성과목표를 달성하기 위한 개선계획을 수립

• 변화 관리 : 개선목표 달성을 위한 변화사항을 지속적으로 관리하고, 개선 후 변화사항과 예상했던 변화 사항을 비교

③ 매뉴얼 … 매뉴얼의 사전적 의미는 어떤 기계의 조작 방법을 설명해 놓은 사용 지침서이다.

㉠ 매뉴얼의 종류

• 제품 매뉴얼 : 사용자를 위해 제품의 특징이나 기능 설명, 사용방법과 고장 조치방법, 유지 보수 및 A/S, 폐기까지 제품에 관련된 모든 서비스에 대해 소비자가 알아야 할 모든 정보를 제공하는 것

• 업무 매뉴얼 : 어떤 일의 진행 방식, 지켜야할 규칙, 관리상의 절차 등을 일관성 있게 여러 사람이 보고 따라할 수 있도록 표준화하여 설명하는 지침서

ⓛ 매뉴얼 작성을 위한 Tip
- 내용이 정확해야 한다.
- 사용자가 알기 쉽게 쉬운 문장으로 쓰여야 한다.
- 사용자의 심리적 배려가 있어야 한다.
- 사용자가 찾고자 하는 정보를 쉽게 찾을 수 있어야 한다.
- 사용하기 쉬어야 한다.

(3) 기술적용능력

① 기술적용
　ⓖ 기술적용 형태
- 선택한 기술을 그대로 적용한다.
- 선택한 기술을 그대로 적용하되, 불필요한 기술은 과감히 버리고 적용한다.
- 선택한 기술을 분석하고 가공하여 활용한다.

　ⓛ 기술적용 시 고려 사항
- 기술적용에 따른 비용이 많이 드는가?
- 기술의 수명 주기는 어떻게 되는가?
- 기술의 전략적 중요도는 어떻게 되는가?
- 잠재적으로 응용 가능성이 있는가?

② 기술경영자와 기술관리자
　ⓖ 기술경영자에게 필요한 능력
- 기술을 기업의 전반적인 전략 목표에 통합시키는 능력
- 빠르고 효과적으로 새로운 기술을 습득하고 기존의 기술에서 탈피하는 능력
- 기술을 효과적으로 평가할 수 있는 능력
- 기술 이전을 효과적으로 할 수 있는 능력
- 새로운 제품개발 시간을 단축할 수 있는 능력
- 크고 복잡하고 서로 다른 분야에 걸쳐 있는 프로젝트를 수행할 수 있는 능력
- 조직 내의 기술 이용을 수행할 수 있는 능력
- 기술 전문 인력을 운용할 수 있는 능력

다음은 기술경영자의 어떤 부분을 이야기하고 있는가?

> 어떤 일을 마무리하는 데 있어서 6개월의 시간이 걸린다면 그는 그 일
> 을 한 달 안으로 끝낼 것을 원한다. 그에게 강한 밀어붙임을 경험한 사람
> 들은 그에 대해 비판적인 입장을 취하기도 한다. 그의 직원 중 일부는 그
> 무게를 이겨내지 못하고, 다른 일부의 직원들은 그것을 스스로 더욱 열심
> 히 할 수 있는 자극제로 사용한다고 말한다.

① 빠르고 효과적으로 새로운 기술을 습득하는 능력
② 기술 이전을 효과적으로 할 수 있는 능력
③ 기술 전문 인력을 운용할 수 있는 능력
④ 조직 내의 기술 이용을 수행할 수 있는 능력

[출제의도]
해당 사례가 기술경영자에게 필요한 능력 중 무엇에 해당하는 내용인지 묻는 문제로 각 능력에 대해 확실하게 이해하고 있어야 한다.

[해설]
③ 기술경영자는 기술 전문 인력을 운용함에 있어 강한 리더십을 발휘하고 직원 스스로 움직일 수 있게 이끌 수 있어야 한다.

답 ③

ⓛ 기술관리자에게 필요한 능력
- 기술을 운용하거나 문제 해결을 할 수 있는 능력
- 기술직과 의사소통을 할 수 있는 능력
- 혁신적인 환경을 조성할 수 있는 능력
- 기술적, 사업적, 인간적인 능력을 통합할 수 있는 능력
- 시스템적인 관점
- 공학적 도구나 지원방식에 대한 이해 능력
- 기술이나 추세에 대한 이해 능력
- 기술팀을 통합할 수 있는 능력

③ 네트워크 혁명
ⓖ 네트워크 혁명의 3가지 법칙
- 무어의 법칙 : 컴퓨터의 파워가 18개월마다 2배씩 증가한다는 법칙
- 메트칼피의 법칙 : 네트워크의 가치는 사용자 수의 제곱에 비례한다는 법칙
- 카오의 법칙 : 창조성은 네트워크에 접속되어 있는 다양한 지수함수로 비례한다는 법칙
ⓛ 네트워크 혁명의 역기능 : 디지털 격차(digital divide), 정보화에 따른 실업의 문제, 인터넷 게임과 채팅 중독, 범죄 및 반사회적인 사이트의 활성화, 정보기술을 이용한 감시 등

예제 5

직표는 J그룹의 기술연구팀에서 근무하고 있는데 하루는 공정 개선 워크숍이 열려 최근 사내에서 이슈로 떠오른 신 제조공법의 도입과 관련해 토론을 벌이고 있다. 신 제조공법 도입으로 인한 이해득실에 대해 의견이 분분한 가운데 직표가 할 수 있는 발언으로 옳지 않은 것은?

① "기술의 수명 주기뿐만 아니라 기술의 전략적 중요성과 잠재적 응용 가능성 등도 따져봐야 합니다."

② "다른 것은 그냥 넘어가도 되지만 기계 교체로 인한 막대한 비용만큼은 철저히 고려해야 합니다."

③ "신 제조공법 도입이 우리 회사의 어떤 시장 전략과 연관되어 있는지 궁금합니다."

④ "신 제조공법의 수명을 어떻게 예상하고 있는지 알고 싶군요."

[출제의도]
기술적용능력에 대해 포괄적으로 묻는 문제로 신기술 적용 시 중요하게 생각해야 할 요소로는 무엇이 있는지 파악하고 있어야 한다.

[해설]
② 기계 교체로 인한 막대한 비용뿐만 아니라 신 기술도입과 관련된 모든 사항에 대해 사전에 철저히 고려해야 한다.

답 ②

출제예상문제

1 다음 중 기술의 특징에 대한 설명으로 옳지 않은 것은?

① 기술은 하드웨어나 인간에 의해 만들어진 비자연적인 대상, 혹은 그 이상을 의미한다.

② 기술은 노하우(know-how)를 포함하지 않는다.

③ 기술은 하드웨어를 생산하는 과정이다.

④ 기술은 인간의 능력을 확장시키기 위한 하드웨어와 그것의 활용을 뜻한다.

⑤ 기술은 정의 가능한 문제를 해결하기 위해 순서화되고 이해 가능한 노력이다.

    TIP 》 ② 기술은 노하우(know-how)를 포함한다.

2 다음 산업 재해의 원인 중 그 성격이 다른 하나는?

① 건물·기계 장치의 설계 불량   ② 안전 수칙 미제정

③ 구조물의 불안정   ④ 작업 준비 불충분

⑤ 인원 배치 부적당

    TIP 》 ③은 기술적 원인이고, 나머지는 작업 관리상 원인이다.

3 기술선택을 위한 우선순위 결정에 대한 설명으로 잘못된 것은?

① 제품의 성능이나 원가에 미치는 영향력이 큰 기술

② 기술을 활용한 제품의 매출과 이익 창출 잠재력이 큰 기술

③ 기업 간에 모방이 어려운 기술

④ 쉽게 구할 수 있는 기술

⑤ 최신 기술로 진부화될 가능성이 적은 기술

    TIP 》 ④ 쉽게 구할 수 없는 기술이 우선순위이다.

4 다음에 해당하는 벤치마킹의 주요 단계는?

> 개선목표 달성을 위한 변화사항을 지속적으로 관리하고, 개선 후 변화사항과 예상했던 변화사항을 비교

① 범위결정   ② 측정범위 결정

③ 상과차이 분석   ④ 개선계획 수립

⑤ 변화 관리

> **TIP 》** 벤치마킹의 주요 단계
> ㉠ **범위결정**: 벤치마킹이 필요한 상세 분야를 정의하고 목표와 범위를 결정하며 벤치마킹을 수행할 인력들을 결정
> ㉡ **측정범위 결정**: 상세분야에 대한 측정항목을 결정하고, 측정항목이 벤치마킹의 목표를 달성하는 데 적정한가를 검토
> ㉢ **대상 결정**: 비교분석의 대상이 되는 기업/기관들을 결정하고, 대상 후보별 벤치마킹 수행의 타당성을 검토하여 최종적인 대상 및 대상별 수행방식을 결정
> ㉣ **벤치마킹**: 직접 또는 간접적인 벤치마킹을 진행
> ㉤ **성과차이 분석**: 벤치마킹 결과를 바탕으로 성과차이를 측정항목별로 분석
> ㉥ **개선계획 수립**: 성과 차이에 대한 원인 분석을 진행하고 개선을 위한 성과목표를 결정하며, 성과목표를 달성하기 위한 개선계획을 수립
> ㉦ **변화 관리**: 개선목표 달성을 위한 변화사항을 지속적으로 관리하고, 개선 후 변화사항과 예상했던 변화사항을 비교

5 다음 중 기술경영자에게 필요한 능력으로 보기 가장 어려운 것은?

① 기술을 기업의 전반적인 전략 목표에 통합시키는 능력

② 기술을 효과적으로 평가할 수 있는 능력

③ 조직 내의 기술 이용을 수행할 수 있는 능력

④ 공학적 도구나 지원방식에 대한 이해 능력

⑤ 기술 전문 인력을 운용할 수 있는 능력

> **TIP 》** ④ 공학적 도구나 지원방식에 대한 이해 능력은 기술관리자에게 필요한 능력이다.

ANSWER 〉 1.② 2.③ 3.④ 4.⑤ 5.④

6 다음은 ○○기업의 기술적용계획표이다. ①~② 중 기술적용 시 고려할 사항으로 가장 적절하지 않은 것은?

기술적용계획표				
프로젝트명	2015년 가상현실 시스템 구축			

항목	평가			비교
	적절	보통	부적절	
기술적용 고려사항				
① 현장 작업 담당자가 해당 시스템을 사용하길 원하는가?				
② 해당 시스템이 향후 목적과 비전에 맞추어 잠재적으로 응용가능한가?				
③ 해당 시스템의 수명주기를 충분히 고려하여 불필요한 교체를 피하였는가?				
② 해당 시스템의 기술적용에 따른 비용이 예산 범위 내에서 가능한가?			.	
⑩ 해당 시스템이 전략적으로 중요도가 높은가?				
세부 기술적용 지침				
−이하 생략−				

계획표 제출일자 : 2015년 11월 10일	부서 :	
계획표 작성일자 : 2015년 11월 10일	성명 :	(인)

① ㉠

② ㉡

③ ㉢

④ ㉣

⑤ ㉤

> **TIP 》** 기술적용 시 고려해야 할 사항으로 잠재적 응용 가능성, 수명주기, 비용, 전략적 중요도 등을 들 수 있다.

7 다음은 우리기업의 구직자 공개 채용 공고문이다. 현재 우리기업에서 채용하고자 하는 구직자로서 가장 적절한 유형은?

우리기업 채용 공고문

담당업무 : 상세요강 참조 고용형태 : 정규직/경력 5년↑

근무부서 : 기술팀/서울 모집인원 : 1명

전공 : △△학과 최종학력 : 대졸 이상

성별/나이 : 무관/40~50세 급여조건 : 협의 후 결정

〈상세요강〉

(1) 직무상 우대 능력
  • 기술을 기업의 전반적인 전략 목표에 통합시키는 능력
  • 빠르고 효과적으로 새로운 기술을 습득하고 기존의 기술에서 탈피하는 능력
  • 기술을 효과적으로 평가할 수 있는 능력
  • 기술 이전을 효과적으로 할 수 있는 능력
  • 기술 전문 인력을 운용할 수 있는 능력
  • 크고 복잡하고 서로 다른 분야에 걸쳐 있는 프로젝트를 수행할 수 있는 능력
  • 조직 내 기술 이용을 수행할 수 있는 능력
(2) 제출서류
  • 이력서 및 자기소개서(경력중심으로 기술)
  • 관련 자격증 사본(해당자만 첨부)
(3) 채용일정
  서류전형 후 합격자에 한해 면접 실시
(4) 지원방법
  본사 채용 사이트에서 이력서 및 자기소개서 작성 후 메일(fdskljl@wr.or.kr)로 전송

---

① 기술관리자 ② 현장기술자

③ 기술경영자 ④ 작업관리자

⑤ 환경평가자

> **TIP »** 해당 공고문의 직무상 우대 능력은 기술경영자로서 필요한 능력을 제시하고 있기 때문에 현재 우리기업에서 채용하고자 하는 구직자로서 가장 적절한 유형은 기술경영자라 할 수 있다.

8 다음은 한 국책연구소에서 발표한 '국가 기간산업 안전진단' 보고서 중 산업재해 사고·사망 원인 분석 자료이다. ㉠~㉢에 들어갈 사례로 옳은 것끼리 묶인 것은?

산업재해 사고·사망 원인 분석 자료	
원인	사례
교육적 원인(23%)	㉠
기술적 원인(35%)	㉡
작업관리상 원인(42%)	㉢

– ○○연구소, '국가 기간산업 안전진단', 2015. 11. 12. 발표 –

	㉠	㉡	㉢
①	점검·정비·보존의 불량	안전지식의 불충분	안전수칙 미 제정
②	유해 위험 작업 교육 불충분	생산 공정의 부적당	안전관리 조직의 결함
③	작업준비 불충분	안전수칙의 오해	재료의 부적합
④	경험이나 훈련의 불충분	인원 배치 및 작업지시 부적당	구조물의 불안정
⑤	생산 공정의 부적당	작업준비 불충분	안전수칙의 오해

TIP 》 ② ㉠-유해 위험 작업 교육 불충분, ㉡-생산 공정의 부적당, ㉢-안전관리 조직의 결함

9 다음은 신문기사의 일부분이다. (   ) 안에 들어갈 용어로 가장 적절한 것은?

최근 발생한 A 공장의 가스누출 사고 당시 관계 기관이 주변 지역의 2차 피해를 예상하고 신속하게 경보발령을 내린 결과 대규모 추가 피해는 막은 것으로 확인되었다. 이는 지금까지 발생한 산업재해와는 달리 관계 기관이 '위기대응 (   )'을 제대로 지키고 사태를 신속하게 파악하여 대처한 결과라 할 수 있다.

① 정관
② 매뉴얼
③ 약관
④ 보고서
⑤ 기안서

TIP 》 ② **매뉴얼** : 어떤 기술에 해당하는 가장 기본적인 활용지침을 작성해 놓은 것을 말한다.

10 다음과 같은 목차 내용을 담고 있는 매뉴얼을 작성하기 위한 방법으로 옳지 않은 것은?

목차

관리번호	관리분야	내용	비고
500	도로보수		
500.1		도로일반	
500.1.1		도로의 종류	
500.1.2		도로의 구성과 기능	
500.1.3		도로 유지보수 개념	
500.1.4		도로의 파손유형 및 대표적 보수공법	
500.1.5		도로상태 조사 및 보수기준	
500.2		도로의 유지보수	
500.2.1		아스팔트 도로보수	
500.2.2		콘크리트 도로보수	

① 사용자가 찾고자 하는 정보를 쉽게 찾을 수 있어야 한다.
② 사용자의 측면에서 심리적 배려가 있어야 한다.
③ 작성내용은 작성자 위주로 알아보기 쉽게 구성되어야 한다.
④ 작성된 매뉴얼의 내용이 정확해야 한다.
⑤ 사용하기 쉽게 쉬운 문장으로 쓰여야 한다.

　　TIP 》 ③ 작성내용은 사용자가 알아보기 쉽도록 구성되어야 한다.

11 다음은 한 건설업체의 사고사례를 바탕으로 재해예방대책을 작성한 표이다. 다음의 재해예방대책 중 보완되어야 할 단계는 무엇인가?

사고사례	2015년 11월 6일 (주)△▽건설의 아파트 건설현장에서 작업하던 인부 박모씨(43)가 13층 높이에서 떨어져 사망한 재해임
재해예방대책	1단계 : 사업장의 안전 목표를 설정하고 안전관리 책임자를 선정하여 안전계획 수립 후 이를 시행·후원·감독해야 한다. 2단계 : 사고 조사, 안전 점검, 현장 분석, 작업자의 제안 및 여론 조사, 관찰보고서 연구, 면담 등의 과정을 거쳐 사고 사실을 발견한다. 3단계 : 재해의 발생 장소, 재해 유형, 재해 정도, 관련 인원, 관리·감독의 적절성, 작업공구·장비의 상태 등을 정확히 분석한다. 4단계 : 안전에 대한 교육훈련 실시, 안전시설 및 장비의 결함 개선, 안전관리 감독 실시 등의 선정된 시정책을 적용한다.

① 안전관리조직
② 사실의 발견
③ 원인분석
④ 시정책의 선정
⑤ 적용 및 뒤처리

> **TIP** 》 1단계-안전관리조직, 2단계 – 사실의 발견, 3단계 – 원인분석, 4단계 – 시정책 적용 및 뒤처리
> ※ 산업재해의 예방대책 … 안전관리조직 → 사실의 발견 → 원인분석 → 시정책의 선정 → 시정책 적용 및 뒤처리

12 다음 C그룹의 사례는 무엇에 대한 설명인가?

올 하반기에 출시한 C그룹의 스마트폰에 대한 매출 증대는 전 세계 스마트폰 시장에 새로운 계기를 마련할 것으로 기대된다. 앞서 C그룹의 올해 상반기 매출은 전년 대비 약 23% 줄어든 것으로 밝혀진 반면 같은 경쟁사인 B그룹의 올 상반기 매출은 전년 대비 약 35% 늘어 같은 업종에서도 기업별 실적 차이가 뚜렷이 나타난 것을 볼 수 있었다. 이는 C그룹이 최근 치열해진 스마트폰 경쟁에서 새로운 기술을 개발하지 못한 반면 B그룹은 작년 말 인수한 외국의 소프트웨어 회사를 토대로 새로운 기술을 선보인 결과라 할 수 있다. 뒤늦게 이러한 사실을 깨달은 C그룹은 B그룹의 신기술 개발을 응용해 자사만의 독특한 제품을 올 하반기에 선보여 스마트폰 경쟁에서 재도약을 꾀할 목표를 세웠고 이를 위해 기존에 있던 다수의 계열사들 중 실적이 저조한 일부 계열사를 매각하는 대신 외국의 경쟁력을 갖춘 소프트웨어 회사들을 잇달아 인수하여 새로운 신기술 개발에 박차를 가했다. 그 결과 C그룹은 세계 최초로 스마트폰을 이용한 결제시스템인 ○○페이와 더불어 홍채인식 보안프로그램을 탑재한 스마트폰을 출시하게 된 것이다.

① 글로벌 벤치마킹　　　　　　　② 내부 벤치마킹

③ 비경쟁적 벤치마킹　　　　　　④ 경쟁적 벤치마킹

⑤ 간접적 벤치마킹

> **TIP 》** ④ **경쟁적 벤치마킹**: 동일 업종에서 고객을 직접적으로 공유하는 경쟁기업을 대상으로 실시
> ① **글로벌 벤치마킹**: 프로세스에 있어 최고로 우수한 성과를 보유한 동일 업종의 비경쟁적 기업을 대상으로 실시
> ② **내부 벤치마킹**: 같은 기업 내의 다른 지역, 다른 부서, 국가 간의 유사한 활동을 비교대상으로 실시
> ③ **비경쟁적 벤치마킹**: 제품, 서비스 및 프로세스의 단위 분야에 있어 가장 우수한 실무를 보이는 비경쟁적 기업 내의 유사 분야를 대상으로 실시
> ④ **간접적 벤치마킹**: 인터넷 및 문서형태의 자료를 통해서 수행하는 방법

13 다음 사례를 특허권, 실용신안권, 디자인권, 상표권으로 구분하여 바르게 연결한 것은?

	사례
(개)	화장품의 용기모양을 물방울형, 반구형 등 다양한 디자인으로 창안하였다.
(내)	자동차 도난을 방지하기 위해 자동차에 차량경보시스템을 발명하였다.
(다)	노란색 바탕에 검은색 글씨로 자사의 상표를 만들었다.
(라)	하나의 펜으로 다양한 색을 사용하기 위해 펜 내부에 여러 가지 색의 잉크를 넣었다.

	특허권	실용신안권	디자인권	상표권
①	(개)	(다)	(내)	(라)
②	(내)	(라)	(개)	(다)
③	(다)	(내)	(라)	(개)
④	(라)	(개)	(다)	(내)
⑤	(라)	(내)	(개)	(다)

> **TIP 》** ② (내)-특허권, (라)-실용신안권, (개)-디자인권, (다)-상표권

14 다음은 매뉴얼의 종류 중 어느 것에 속하는가?

사용 전에 꼭 알아두세요!

1. 냉장실 홈바
- 냉장실 홈바는 음료수 및 식료품의 간이 저장고입니다.
  - 자주 꺼내 먹는 음료수 등을 넣으시고 쉽게 변질될 수 있는 식품, 우유나 치즈 등은 가능한 보관하지 마세요.
  - 냉장실 홈바를 열면 냉장실 램프가 켜집니다.

2. 문 높이 조절방법
- 냉장고 좌·우 하단에 있는 너트와 볼트로 조절하세요.
  - 냉동/냉장실 문 아래에 있는 볼트에 별도 포장된 렌치를 이용하여 시계 반대 방향으로 조금 회전시켜 볼트와 너트의 조임을 느슨하게 하세요.
  - 너트를 볼트의 끝까지 손으로 풀어주세요.
  - 렌치로 볼트를 시계 반대 방향이나 시계 방향으로 돌려가며 냉동실과 냉장실의 문 높이를 맞춰 주세요.
  - 높이차를 맞춘 후 너트를 시계 방향으로 끝까지 조여 주세요.
  - 렌치로 볼트를 끝까지 조여 주세요.

안심하세요. 고장이 아닙니다!

1. 온도/성에/이슬
- 온도 표시부가 깜박여요.
  - 문을 자주 여닫거나 뜨거운 식품을 저장했거나 청소를 했을 때 냉장고 내부 온도가 상승했을 경우 깜박입니다. 이는 일정시간이 지나 정상온도가 되면 깜박임이 멈추지만 그렇지 않을 경우 서비스 센터에 문의하세요.

2. 소음
- 물 흐르는 소리가 나요.
  - 냉장고 내부를 차갑게 해 주는 냉매에서 나는 소리이거나 성에가 물이 되어 흐르는 소리입니다.
- '뚝뚝' 소리가 나요
  - 냉장고 안이 차가워지거나 온도가 올라가면서 부품이 늘어나거나 줄어들 때 혹은 자동으로 전기가 끊어지거나 연결될 때 나는 소리입니다.

① 제품매뉴얼　　　　　　　　② 고객매뉴얼
③ 업무매뉴얼　　　　　　　　④ 기술매뉴얼
⑤ A/S매뉴얼

> **TIP 》** ① 사용자를 위해 제품의 특징이나 기능 설명, 사용방법과 고장 조치방법, 유지보수 및 A/S, 폐기 등 제품과 관련된 모든 서비스에 대해 소비자가 알아야 할 모든 정보를 제공한 매뉴얼이다.

15 아래의 내용을 읽고 알 수 있는 이 글이 궁극적으로 말하고자 하는 내용을 고르면?

> "좋은 화학"의 약품 생산 공장에 근무하고 있는 김 대리는 퇴근 후 가족과 뉴스를 보다가 우연히 자신이 근무하고 있는 화학 약품 생산 공장에서 발생한 대형화재에 대한 뉴스를 보게 되었다. 수십 명의 사상자를 발생시킨 이 화재의 원인은 노후 된 전기 설비로 인한 누전 때문으로 추정된다고 하였다. 불과 몇 시간 전까지 같이 근무했던 사람들의 사망소식에 김 대리는 어찌할 바를 모른다.
>
> 그렇지 않아도 공장장에게 노후한 전기설비를 교체하지 않으면 큰 일이 날지도 모른다고 늘 강조해왔는데 결국에는 돌이킬 수 없는 대형 사고를 터트리고 만 것이다.
>
> "사전에 조금만 주의를 기울였다면 이러한 대형 사고는 충분히 막을 수 있었을 텐데...", "내가 더 적극적으로 공장장을 설득하여 전기설비를 교체했더라면 오늘과 같이 소중한 동료들을 잃는 일은 없었을 텐데..."라며 자책하고 있는 김 대리.
>
> 이와 같은 대형 사고는 사전에 위험 요소에 대한 조그만 관심만 있었더라면 충분히 예방할 수 있는 경우가 매우 많다. 그럼에도 불구하고 끊임없이 반복하여 발생하는 이유는 무엇일까?

① 노후 된 기계는 무조건 교체해야 함을 알 수 있다.

② 산업재해는 어느 정도 예측이 가능하며, 그에 따라 예방이 가능하다.

③ 노후 된 전기 설비라도 회사를 생각해 비용을 줄이면서 기계사용을 감소시켜야 한다.

④ 대형 사고는 발생한 이후의 대처가 상당히 중요하다는 것을 알 수 있다.

⑤ 산업재해의 책음은 담당자뿐만 아니라 회사 전체에 있다.

> **TIP** 》 제시된 내용은 예측이 가능했던 사고임에도 적절하게 대처를 하지 못해 많은 피해를 입히게 된 것으로, 이러한 사례를 통해 학습자들은 산업재해는 어느 정도 예측이 가능하며, 그에 따라 예방이 가능함을 알 수 있다.

ANSWER 》 14.① 15.②

16 고등학교 동창인 문재인, 트럼프, 시진핑, 김정은, 푸틴은 모두 한 집에 살고 있다. 이들 네 사람은 봄맞이 대청소를 하고 새로운 냉장고를 구입한 후 함께 앉아 냉장고 사용설명서를 읽고 있다. 다음 내용을 바탕으로 냉장고 사용 매뉴얼을 잘못 이해한 사람을 고르면?

---

1. 사용 환경에 대한 주의사항
2. 안전을 위한 주의사항

※ 사용자의 안전을 지키고 재산상의 손해 등을 막기 위한 내용입니다. 반드시 읽고 올바르게 사용해 주세요.

경고	'경고'의 의미 : 지시사항을 지키지 않았을 경우 사용자의 생명이 위험하거나 중상을 입을 수 있습니다.
주의	'주의'의 의미 : 지시사항을 지키지 않았을 경우 사용자의 부상이나 재산 피해가 발생할 수 있습니다.
전원 관련 경고	• 220V 전용 콘센트 외에는 사용하지 마세요. • 손상된 전원코드나 플러그, 헐거운 콘센트는 사용하지 마세요. • 코드부분을 잡아 빼거나 젖은 손으로 전원 플러그를 만지지 마세요. • 전원 코드를 무리하게 구부리거나 무거운 물건에 눌려 망가지지 않도록 하세요. • 천둥, 번개가 치거나 오랜 시간 사용하지 않을 때는 전원 플러그를 빼주세요. • 220V 이외에 전원을 사용하거나 한 개의 콘센트에 여러 전기제품을 동시에 꽂아 사용하지 마세요. • 접지가 잘 되어 있지 않으면 고장이나 누전 시 감전될 수 있으므로 확실하게 해 주세요. • 전원 플러그에 먼지가 끼어 있는지 확인하고 핀을 끝까지 밀어 확실하게 꽂아 주세요.
설치 및 사용 경고	• 냉장고를 함부로 분해, 개조하지 마세요. • 냉장고 위에 무거운 물건이나 병, 컵, 물이 들어 있는 용기는 올려놓지 마세요. • 어린이나 냉장고 문에 절대로 매달리지 못하게 하세요. • 불이 붙기 쉬운 LP 가스, 알코올, 벤젠, 에테르 등은 냉장고에 넣지 마세요. • 가연성 스프레이나 열기구는 냉장고 근처에 사용하지 마세요. • 가스가 샐 때에는 냉장고나 플러그는 만지지 말고 즉시 환기시켜 주세요. • 이 냉장고는 가정용으로 제작되었기에 선박용으로 사용하지 마세요. • 냉장고를 버릴 때에는 문의 패킹을 떼어 내시고, 어린이가 노는 곳에는 냉장고를 버려두지 마세요. (어린이가 들어가면 갇히게 되어 위험합니다.)

① 문재인 : 밖에 천둥, 번개가 심하게 치니까 전원 플러그를 빼야겠어.

② 트럼프 : 우리가 구입한 냉장고는 선박용으로 활용해서는 안 돼.

③ 시진핑 : 냉장고를 임의로 분해하거나 개조하지 말라고 하는데, 이는 냉장고를 설치하거나 사용 시의 경고로 받아들일 수 있어.

④ 김정은 : '주의' 표시에서 지시사항을 제대로 지키지 않으면 생명이 위험하게 된데.

⑤ 푸틴 : 물에 젖은 손으로 전원플러그를 만지지 말라고 하는데, 이는 전원에 관련한 경고로 볼 수 있어.

> **TIP 》** 제시된 주의사항에서 '주의'의 의미는 해당 지시사항을 지키지 않았을 시에 이를 사용하는 사용자의 부상 또는 재산상의 피해가 발생할 수 있다고 명시되어 있다. 하지만 '경고'의 의미는 지시사항을 따르지 않을 경우 이를 사용하는 사용자의 생명이 위험에 처하게 되거나 또는 중상을 입을 수 있음을 나타내고 있다. 보기에서 김정은이 말하고 있는 것은 '주의'가 아닌 '경고'의 의미를 이해하고 있는 것이다.

17 다음은 A사 휴대폰의 매뉴얼 일부분을 발췌한 것이다. 이를 참조하여 판단한 내용으로 가장 옳지 않은 것을 고르면?

※ 제품보증서

수리가능	보증기간 이내	보증기간 이후
동일하자로 2회까지 고장 발생 시	무상 수리	유상수리
동일하자로 3회째 고장 발생 시	제품 교환, 무상 수리 또는 환불	
여러 부위의 하자로 5회째 고장 발생 시		

소비자 피해유형	보상내용	
	보증기간 이내	보증기간 이후
구입 후 10일 이내 중요한 수리를 요할 때	교환 또는 환불	유상수리
구입 후 1개월 이내 중요한 수리를 요할 때	제품 교환 또는 무상 수리	
교환된 제품이 1개월 이내에 중요한 수리를 요하는 경우	환불	
교환 불가능 시		

※ 유료 서비스 안내

1. 고장이 아닌 경우

고장이 아닌 경우 서비스를 요청하면 요금을 받게 되므로 사용 설명서를 읽어주세요. (수리가 불가능한 경우 별도 기준에 준함)

• 고객의 사용미숙으로 인한 서비스 건(비밀번호 분실 등) : 1회 무료
• 제품 내부에 들어간 먼지 세척 및 이물질 제거 시 : 2회부터 유료

2. 소비자의 과실로 고장 난 경우

• 사용자의 잘못 또는 취급부주의로 인한 고장(낙하, 침수, 충격, 파손, 무리한 동작 등)
• 당사의 서비스 기사 및 지정 협력사 기사가 아닌 사람이 수리하여 고장이 발생한 경우
• 소비자의 고의 또는 과실로 인한 고장인 경우
• 정품 이외의 부품이나 부속물 사용에 의한 고장이나 제품 파손의 경우

3. 그 밖의 경우

• 천재지변(화재, 수해, 이상전원 등)에 의한 고장 발생 시
• 소모성 부품의 수명이 다한 경우(배터리, 충전기, 안테나 및 각종 부착물 등)

※ 주의사항
• 부품 보유 기간(4년) 이내
• 부품보증기간 : 충전기(1년), 배터리(6개월)
• 제품의 구입일자 확인이 안 될 경우 제조연월일 또는 수입 통관일로부터 3개월이 경과한 날로부터 품질 보증기간을 계산합니다.
• 휴대전화는 가급적 0~40℃ 사이에서 사용하세요. 너무 낮거나 너무 높은 온도에서 사용 및 보관할 경우 제품파손과 오류, 또는 폭발 등의 위험이 있습니다.

① 동일한 하자로 2회까지 고장 발생 시에는 보증기간 내에 무상 수리가 가능하다.
② 제품 구입 후 10일 이내 중요한 수리를 요할 경우에 보증기간 이후이면 유상수리를 받아야 한다.
③ 제품 내부에 들어간 먼지 세척은 3회부터 유료이다.
④ 비밀번호 분실 등의 사용자 미숙으로 인한 서비스 건은 1회에 한하여 무료로 제공된다.
⑤ 화재로 인한 고장 발생 시 유상수리를 받아야 한다.

TIP 》 유료서비스 안내의 1번에서 '제품 내부에 들어간 먼지 세척 및 이물질 제거 시 : 2회부터 유료'라고 명시되어 있다.

18 甲은 얼마 전 乙로부터 丙 전자에서 새로이 출시된 전자레인지를 선물 받았다. 하지만 전자레인지 사용에 익숙하지 않은 甲은 제품사용설명서를 읽어보고 사용하기로 결심하였다. 다음 중 아래의 사용설명서를 읽고 甲이 잘못 이해하고 있는 내용을 고르면?

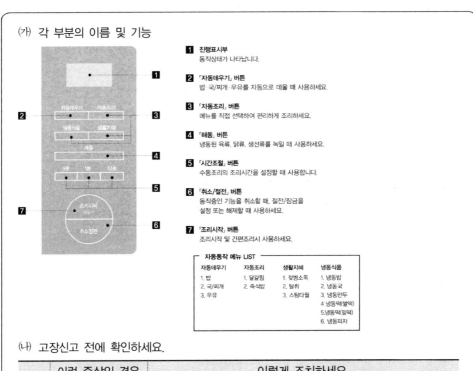

(가) 각 부분의 이름 및 기능

1 진행표시부
동작상태가 나타납니다.

2 「자동데우기」 버튼
밥·국/찌개·우유를 자동으로 데울 때 사용하세요.

3 「자동조리」 버튼
메뉴를 직접 선택하여 편리하게 조리하세요.

4 「해동」 버튼
냉동된 육류, 닭류, 생선류를 녹일 때 사용하세요.

5 「시간조절」 버튼
수동조리의 조리시간을 설정할 때 사용합니다.

6 「취소/절전」 버튼
동작중인 기능을 취소할 때, 절전/잠금을 설정 또는 해제할 때 사용하세요.

7 「조리시작」 버튼
조리시작 및 간편조리시 사용하세요.

자동동작 메뉴 LIST

자동데우기	자동조리	생활지혜	냉동식품
1. 밥	1. 달걀찜	1. 젖병소독	1. 냉동밥
2. 국/찌개	2. 즉석밥	2. 탈취	2. 냉동국
3. 우유		3. 스팀타월	3. 냉동만두
			4. 냉동떡(쌀떡)
			5. 냉동떡(밀떡)
			6. 냉동피자

(나) 고장신고 전에 확인하세요.

	이런 증상인 경우	이렇게 조치하세요.
기계작동이상	(Q) 진행표시부에 불이 들어오지 않아요.	(A) 220 V 콘센트에 꽂혀 있는지 확인하세요. (A) 문을 열어 두거나 닫아 둔 채로 5분이 지나면 실내등과 진행 표시부가 자동으로 꺼지는 절전 기능이 설정되어 있을 수 있습니다. 전자레인지 문을 열거나 「취소/절전」 버튼을 누른 후 사용하세요.
	(Q) 조리실 실내등과 진행 표시부가 꺼져요.	(A) 절전 기능이 설정되어 있습니다. 전자레인지 문을 열거나 「취소/절전」 버튼을 누른 후 사용하세요.
	(Q) 버튼을 눌러도 작동이 않아요.	(A) 전자레인지 문에 덮개 등 이물질이 끼어 있는지 확인한 후 전자레인지 문을 잘 닫고 「조리시작」 버튼을 눌러 보세요. 혹시 잠금장치 기능이 설정되어 있을 수 있습니다. 「취소/절전」 버튼을 약 4초간 누르면 잠금장치 기능이 해제됩니다. (A) 자동 조리 및 해동을 할 때에는 시간 조절이 되지 않습니다.

	(Q) 내부에서 연기나 악취가 나요.	(A) 음식찌꺼기, 기름 등이 내부에 붙어 있을 수 있습니다. 항상 깨끗이 청소해 주세요.
		(A) 「탈취」 기능을 사용하세요.
	(Q) 전자레인지 작동 시 앞으로 바람이 나와요.	(A) 본체 뒷면의 팬이 작동되어 바람의 일부가 내부 전기부품을 식혀주기 위해 앞으로 나올 수 있습니다. 고장이 아니므로 안심하고 사용하세요.
	(Q) 조리 중 회전 유리접시가 회전하지 않거나 소리가 나요.	(A) 회전 링이나 회전 유리접시가 회전축에 올바로 올려져 있는지 확인하세요.
		(A) 음식이나 용기가 내부 바닥면에 닿지 않도록 하세요.
		(A) 내부 바닥과 회전 링의 음식 찌꺼기를 제거하면 '덜커덩'거리는 소음이 없어집니다.
	(Q) 조리 중 또는 조리 후 문이나 진행 표시 부에 습기가 생겨요.	(A) 조리 중 음식물에서 나오는 증기로 인하여 습기가 맺힐 수 있습니다. 시간이 지나면 사라지므로 안심하고 사용하세요.
		(A) 조리 완료 후 음식물을 꺼내지 않고 방치하면 습기가 찰 수 있으므로 문을 열어 두세요.
		(A) 수납장이나 밀폐된 공간에서 사용 하면 배기가 잘 되지 않아 습기가 발생할 수 있습니다. 수납장이나 밀폐된 공간에서 사용하지 마세요.
조리 중 이상	(Q) 달걀찜 조리 시 음식이 튀어요.	(A) 소금과 물이 잘 섞이지 않으면 음식이 끓어 넘칠 수 있으므로 충분히 저어 주세요.
		(A) 적당한 크기의 내열용기에 담아 랩을 씌우세요.
	(Q) 조리 시 랩이 터져요.	(A) 랩을 너무 팽팽하게 싸면 조리 시 부풀어 오르면서 터질 수 있으므로 약간 느슨하게 씌우거나 구멍을 내세요.
	(Q) 조리 중에 불꽃이 일어나요.	(A) 조리실 내부에 알루미늄 호일이나 금속이 닿지 않았는지 확인하세요.
		(A) 금선이나 은선이 있는 그릇은 사용 하지 마세요.
	(Q) 오징어, 쥐포를 구울 때나 생선을 데울 때 '딱딱 소리가 나요.	(A) 익거나 데워지면서 나는 소리이므로 안심하고 사용하세요.
	(Q) 조리 중 몸체 외부가 뜨거워져요.	(A) 고장이 아니므로 안심하고 사용하세요.

ANSWER 〉 18.④

① 냉동된 육류나 닭류, 생선류 등을 녹일 때는 '해동' 버튼을 사용한다.

② 밥 또는 국을 데울 시에는 '자동 데우기' 버튼을 사용한다.

③ 음식 조리 중에 전자레인지 몸체 외부가 뜨거운 것은 고장이 아니다.

④ 조리 중에 불꽃이 일어나는 것은 기계 작동 이상에 해당한다.

⑤ 오징어를 구울 때 나는 '딱딱' 소리는 고장이 아니다.

> **TIP 》** 조리 중에 불꽃이 일어나는 것은 기계 작동의 이상이 아닌 조리 중에 발생하는 이상 증상이다.

19 다음은 A사의 식품안전관리에 관한 매뉴얼의 일부이다. 아래의 내용을 읽고 가장 적절하지 않은 항목을 고르면?

---

1. 식재료 구매 및 검수

※ 검수절차 및 유의사항

① 청결한 복장, 위생장갑 착용 후 검수 시작

② 식재료 운송차량의 청결상태 및 온도유지 여부 확인

③ 표시사항, 유통기한, 원산지, 중량, 포장상태, 이물혼입 등 확인

④ 제품 온도 확인

⑤ 검수 후 식재료는 전처리 또는 냉장·냉동보관

- 냉동 식재료 검수 방법

변색 확인	장기간 냉동 보관과 부주의한 관리로 식재료의 색상이 변색
이취 전이	장기간 냉동 보관 및 부주의한 관리로 이취가 생성
결빙 확인	냉동보관이 일정하게 이루어지지 않아 결빙 발생 및 식재료의 손상 초래
분리 확인	장기간의 냉동 보관과 부주의한 관리로 식재료의 분리 발생

- 가공 식품 검수 방법

외관 확인	용기에 손상이 가 있거나, 부풀어 오른 것
표시 확인	유통기한 확인 및 유통온도 확인
내용물 확인	본래의 색이 변질된 것, 분말 제품의 경우 덩어리 진 것은 습기가 차서 변질된 것임

2. 식재료 보관

※ 보관 방법 및 유의사항

① 식품과 비식품(소모품)은 구분하여 보관

② 세척제, 소독제 등은 별도 보관

③ 대용량 제품을 나누어 보관하는 경우 제품명과 유통기한 반드시 표시하고 보관 용기를 청결하게 관리

④ 유통기한이 보이도록 진열

⑤ 입고 순서대로 사용(선입선출)

⑥ 보관 시설의 온도 15℃, 습도 50~60% 유지

⑦ 식품보관 선반은 벽과 바닥으로부터 15cm 이상 거리 두기

⑧ 직사광선 피하기

⑨ 외포장 제거 후 보관

⑩ 식품은 항상 정리 정돈 상태 유지

① 식재료 검수 시에는 표시사항, 유통기한, 원산지, 중량, 포장상태, 이물혼입 등을 확인해야 한다.

② 식재료 검수 후에 식재료는 전처리 또는 냉장·냉동보관을 해야 한다.

③ 식재료 보관 시의 보관 시설 온도는 10℃, 습도 45~60% 유지해야 한다.

④ 식재료 보관 시 식품보관 선반은 벽과 바닥으로부터 15cm 이상 거리를 두어야 한다.

⑤ 식재료는 입고 순서대로 사용한다.

    TIP ≫ 제시된 내용에서 보면 2. 식재료 보관의 ⑥번에서 '식재료 보관 시의 보관 시설의 온도는 15℃, 습도는 50~60%를 유지해야 한다.'고 명시되어 있다.

20 다음 사례에서 니다난 기술경영자의 능력으로 가장 적절한 것은?

> 동영상 업로드 시 거쳐야 하는 긴 영상 포맷 변환 시간을 획기적으로 줄일 수는 없을까?
>
> 영상 스트리밍 사이트에 동영상을 업로드하면 '영상 처리 중입니다' 문구가 나온다. 이는 올린 영상을 트랜스코딩(영상 재압축) 하는 것인데 시간은 보통 영상 재생 길이와 맞먹는다. 즉, 한 시간짜리 동영상을 업로드하려면 한 시간을 영상 포맷하느라 소비해야 하는 것이다. A기업은 이러한 문제점을 해결하고자 동영상 업로드 시 포맷 변환을 생략하고 바로 재생할 수 있는 '노 컷 어댑티브 스트리밍(No Cut Adaptive Streaming)' 기술을 개발했다. 이 기술을 처음 제안한 A기업의 기술최고책임자(CTO) T는 "영상 길이에 맞춰 기다려야 했던 포맷 변환 과정을 건너뛴 것"이라며 "기존 영상 스트리밍 사이트가 갖고 있던 단점을 보완한 기술"이라고 설명했다. 화질을 유동적으로 변환시켜 끊김없이 재생하는 어댑티브 스트리밍 기술은 대부분의 영상 스트리밍 사이트에 적용되고 있다. mp4나 flv 같은 동영상 포맷을 업로드 할 경우 어댑티브 스트리밍 포맷에 맞춰 변환시켜줘야 한다. 바로 이 에어브로드 기술은 자체 개발한 알고리즘으로 변환 과정을 생략한 것이다.

① 기술을 기업의 전반적인 전략 목표에 통합시키는 능력
② 새로운 기술을 습득하고 기존의 기술에서 탈피하는 능력
③ 새로운 제품개발 시간을 단축할 수 있는 능력
④ 기술 전문 인력을 운용할 수 있는 능력
⑤ 조직 내의 기술 이용을 수행할 수 있는 능력

> **TIP 》** 주어진 보기는 모두 기술경영자에게 필요한 능력이지만 자료는 A기업 기술최고책임자(CTO) T가 기존의 기술이 갖고 있던 단점을 보완하여 새로운 기술을 개발해 낸 사례이기 때문에 가장 적절한 답은 ②가 된다.
>
> ※ **기술경영자에게 필요한 능력**
> ㉠ 기술을 기업의 전반적인 전략 목표에 통합시키는 능력
> ㉡ 빠르고 효과적으로 새로운 기술을 습득하고 기존의 기술에서 탈피하는 능력
> ㉢ 기술을 효과적으로 평가할 수 있는 능력
> ㉣ 기술 이전을 효과적으로 할 수 있는 능력
> ㉤ 새로운 제품개발 시간을 단축할 수 있는 능력
> ㉥ 크고 복잡하고 서로 다른 분야에 걸쳐 있는 프로젝트를 수행할 수 있는 능력
> ㉦ 조직 내의 기술 이용을 수행할 수 있는 능력
> ㉧ 기술 전문 인력을 운용할 수 있는 능력

▌21~23 ▌ 다음 〈보기〉는 그래프 구성 명령어 실행 예시이다. 〈보기〉를 참고하여 다음 물음에 답하시오.

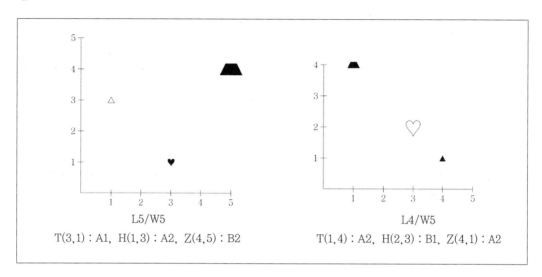

L5/W5

T(3,1) : A1, H(1,3) : A2, Z(4,5) : B2

L4/W5

T(1,4) : A2, H(2,3) : B1, Z(4,1) : A2

21 다음 그래프에 알맞은 명령어는 무엇인가?

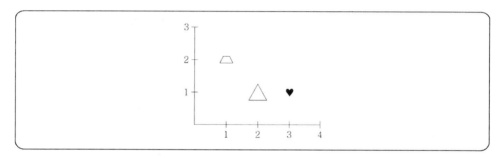

① L3/W4

   T(2,1) : B1, H(3,1) : A2, Z(1,2) : A1

② L3/W4

   T(1,2) : B1, H(1,3) : A2, Z(2,1) : A1

③ L4, W3

   T(2,1) : B1, H(3,1) : A2, Z(1,2) : A2

④ L4/W3

   T(1,2) : B2, H(1,3) : A1, Z(2,1) : A2

⑤ L4/W3

   T(2,1) : B1, H(3,1) : A2, Z(2,1) : A1

ANSWER 〉 20.② 21.②

TIP 》 • L은 세로축 눈금의 수, W는 가로축 눈금의 수
  • T 는 삼각형, H는 하트, Z는 사다리꼴
  • 괄호 안의 숫자는 (세로축 좌표, 가로축 좌표)
  • 괄호 옆의 알파벳은 도형의 크기(A는 도형의 작은 모양, B는 큰 모양)
  • 알파벳 옆의 수는 도형의 색깔(1은 흰색, 2는 검정색)
  따라서 위의 그래프는 세로축 눈금 3, 가로축 눈금이 4이므로 L3/W4이고 삼각형 좌표는
  세로축이 1, 가로축이 2, 큰 모양, 흰색이므로 T(1,2) : B1이다. 하트 좌표는 세로축이 1, 가
  로축이 3, 작은모양, 검정색이므로 H(1,3) : A2이다. 사다리꼴 좌표는 세로축이 2, 가로축
  이 1, 작은모양, 흰색이므로 Z(2,1) : A1이다.

22 L5/W6 T(3,2) : A1, H(2,6) : B1, Z(2,5) : A2의 그래프를 산출할 때, 오류가 발생하여 다음
과 같은 그래프가 산출되었다. 다음 중 오류가 발생한 값은?

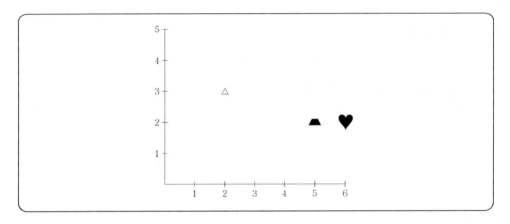

① L5/W6   ② T(3,2) : A1
③ H(2,6) : B1   ④ Z(2,5) : A2
⑤ 알 수 없음

TIP 》 올바르게 산출된 그래프는 다음과 같다.

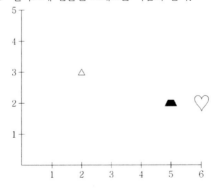

23 L5/W6 T(3,1) : A2, H(4,5) : A1, Z(2,4) : B1의 그래프를 산출할 때, 산출된 그래프의 형태로 옳은 것은?

①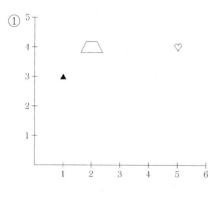

②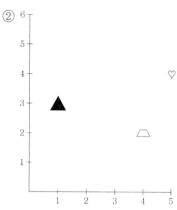

③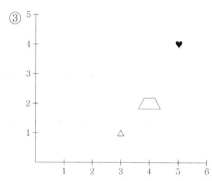

④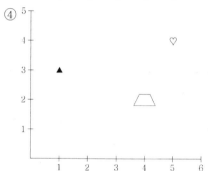

⑤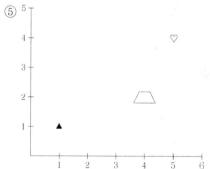

TIP 》 ① Z(2,4) : B1의 출력이 잘못되었다.

② H(4,5) : A1의 출력만 옳고, 나머지의 출력이 잘못되었다.

③ T(3,1) : A2, H(4,5) : A1의 출력이 잘못되었다.

⑤ T(3,1) : A2의 출력이 잘못되었다.

ANSWER 〉 22.③ 23.④

| 24~25 | 다음 표를 참고하여 질문에 답하시오.

스위치	기능
☆	1번, 2번 기계를 180° 회전함
★	1번, 3번 기계를 180° 회전함
◇	2번, 3번 기계를 180° 회전함
◆	2번, 4번 기계를 180° 회전함
◐	1번, 3번 기계의 작동상태를 바꿈 (동작 → 정지, 정지 → 동작)
◑	2번, 4번 기계의 작동상태를 바꿈
○	모든 기계의 작동상태를 바꿈

△◯ : 동작, △◯ : 정지

24 처음 상태에서 스위치를 세 번 눌렀더니 다음과 같이 바뀌었다. 어떤 스위치를 눌렀는가?

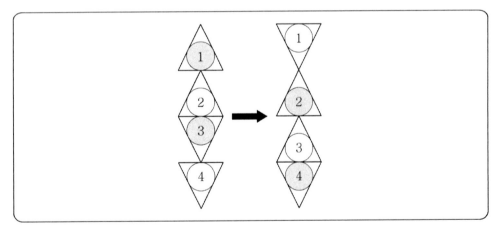

① ◆, ◐, ◑

② ★, ◇, ○

③ ◇, ◐, ◑

④ ☆, ◇, ○

⑤ ☆, ◇, ◑

TIP》 처음 상태와 나중 상태를 비교해 보았을 때, 모든 기계의 작동상태가 변화했고, 1번, 3번 기계가 회전되어 있는 상태이다. 위와 같이 변화하기 위해서는 다음과 같은 두 가지 방법이 있다.

 ㉠ 1번, 3번 기계를 회전(★)시킨 후 ◕와 ◒으로 1~4번 기계의 작동 상태를 바꾸는 방법

 ㉡ 1번, 2번 기계를 회전(☆)시키고 2번, 3번 기계를 회전(◇)시킨 후 ○로 모든 기계의 작동 상태를 바꾸는 방법

25 처음 상태에서 스위치를 네 번 눌렀더니 다음과 같이 바뀌었다. 어떤 스위치를 눌렀는가? (단, 회전버튼과 상태버튼을 각 1회 이상씩 눌러야 한다)

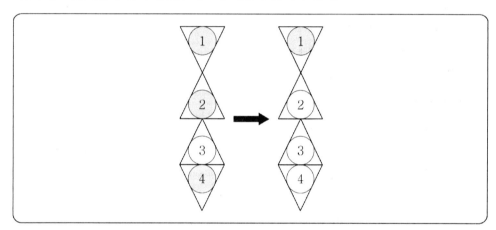

① ◇, ◆, ○, ◒   ② ☆, ★, ◇, ◒

③ ★, ◇, ◆, ◒   ④ ★, ★, ○, ◒

⑤ ☆, ◇, ○, ◒

TIP》 처음 상태와 나중 상태를 비교해 보았을 때, 2번, 4번 기계의 작동상태가 변화했고, 회전은 없었다. 위와 같이 변화하기 위해서는 다음과 같은 방법이 있다.

 ㉠ ☆, ★, ◇를 누르면 1-2회전, 1-3회전, 2-3회전으로 회전 변화가 없고, ◒로 2번, 4번 작동상태를 바꾸는 방법

 ㉡ 아무 회전버튼이나 같은 버튼을 두 번 누른 후, ○로 1~4번의 작동상태를 모두 바꾸고 ◕로 1번, 3번 작동상태를 바꾸는 방법

09 조직이해능력

1 조직과 개인

(1) 조직

① 조직과 기업
　㉠ 조직 : 두 사람 이상이 공동의 목표를 달성하기 위해 의식적으로 구성된 상호작용과 조정을 행하는 행동의 집합체
　㉡ 기업 : 노동, 자본, 물자, 기술 등을 투입하여 제품이나 서비스를 산출하는 기관

② 조직의 유형

기준	구분	예
공식성	공식조직	조직의 규모, 기능, 규정이 조직화된 조직
	비공식조직	인간관계에 따라 형성된 자발적 조직
영리성	영리조직	사기업
	비영리조직	정부조직, 병원, 대학, 시민단체
조직규모	소규모 조직	가족 소유의 상점
	대규모 조직	대기업

(2) 경영

① 경영의 의미 … 경영은 조직의 목적을 달성하기 위한 전략, 관리, 운영활동이다.

② 경영의 구성요소
　㉠ 경영목적 : 조직의 목적을 달성하기 위한 방법이나 과정
　㉡ 인적자원 : 조직의 구성원 · 인적자원의 배치와 활용
　㉢ 자금 : 경영활동에 요구되는 돈 · 경영의 방향과 범위 한정
　㉣ 경영전략 : 변화하는 환경에 적응하기 위한 경영활동 체계화

③ 경영자의 역할

대인적 역할	정보적 역할	의사결정적 역할
• 조직의 대표자 • 조직의 리더 • 상징자, 지도자	• 외부환경 모니터 • 변화전달 • 정보전달자	• 문제 조정 • 대외적 협상 주도 • 분쟁조정자, 자원배분자, 협상가

(3) 조직체제 구성요소

① **조직목표** … 전체 조직의 성과, 자원, 시장, 인력개발, 혁신과 변화, 생산성에 대한 목표

② **조직구조** … 조직 내의 부문 사이에 형성된 관계

③ **조직문화** … 조직구성원들 간에 공유하는 생활양식이나 가치

④ **규칙 및 규정** … 조직의 목표나 전략에 따라 수립되어 조직구성원들이 활동범위를 제약하고 일관성을 부여하는 기능

예제 1

주어진 글의 빈칸에 들어갈 말로 가장 적절한 것은?

> 조직이 지속되게 되면 조직구성원들 간 생활양식이나 가치를 공유하게 되는데 이를 조직의 (㉠)라고 한다. 이는 조직구성원들의 사고와 행동에 영향을 미치며 일체감과 정체성을 부여하고 조직이 (㉡)으로 유지되게 한다. 최근 이에 대한 중요성이 부각되면서 긍정적인 방향으로 조성하기 위한 경영층의 노력이 이루어지고 있다.

① ㉠ : 목표, ㉡ : 혁신적
② ㉠ : 구조, ㉡ : 단계적
③ ㉠ : 문화, ㉡ : 안정적
④ ㉠ : 규칙, ㉡ : 체계적

[출제의도]
본 문항은 조직체계의 구성요소들의 개념을 묻는 문제이다.
[해설]
조직문화란 조직구성원들 간에 공유하게 되는 생활양식이나 가치를 말한다. 이는 조직구성원들의 사고와 행동에 영향을 미치며 일체감과 정체성을 부여하고 조직이 안정적으로 유지되게 한다.

답 ③

---

(4) 조직변화의 과정

환경변화 인지 → 조직변화 방향 수립 → 조직변화 실행 → 변화결과 평가

(5) 조직과 개인

개인	지식, 기술, 경험 →	조직
	← 연봉, 성과급, 인정, 칭찬, 만족감	

---

2   조직이해능력을 구성하는 하위능력

(1) 경영이해능력

① 경영 … 경영은 조직의 목적을 달성하기 위한 전략, 관리, 운영활동이다.
    ㉠ 경영의 구성요소 : 경영목적, 인적자원, 자금, 전략
    ㉡ 경영의 과정

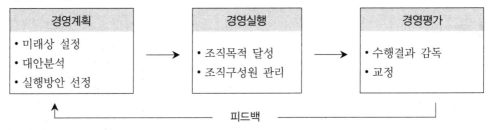

    ㉢ 경영활동 유형
     • 외부경영활동 : 조직외부에서 조직의 효과성을 높이기 위해 이루어지는 활동이다.
     • 내부경영활동 : 조직내부에서 인적, 물적 자원 및 생산기술을 관리하는 것이다.

② 의사결정과정
    ㉠ 의사결정의 과정
     • 확인 단계 : 의사결정이 필요한 문제를 인식한다.
     • 개발 단계 : 확인된 문제에 대하여 해결방안을 모색하는 단계이다.
     • 선택 단계 : 해결방안을 마련하며 실행가능한 해결안을 선택한다.
    ㉡ 집단의사결정의 특징
     • 지식과 정보가 더 많아 효과적인 결정을 할 수 있다.
     • 다양한 견해를 가지고 접근할 수 있다.
     • 결정된 사항에 대하여 의사결정에 참여한 사람들이 해결책을 수월하게 수용하고, 의
      사소통의 기회도 향상된다.

- 의견이 불일치하는 경우 의사결정을 내리는데 시간이 많이 소요된다.
- 특정 구성원에 의해 의사결정이 독점될 가능성이 있다.

③ 경영전략
  ㉠ 경영전략 추진과정

전략목표설정	환경분석	경영전략 도출	경영전략 실행	평가 및 피드백
• 비전 설정 • 미션 설정	• 내부환경 분석 • 외부환경 분석 (SWOT 등)	• 조직전략 • 사업전략 • 부문전략	• 경영목적 달성	• 경영전략 결과 평가 • 전략목표 및 경영전략 재조명

  ㉡ 마이클 포터의 본원적 경쟁전략

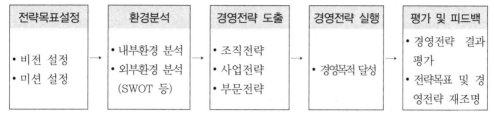

		전략적 우위 요소	
		고객들이 인식하는 제품의 특성	원가우위
전략적 목표	산업전체	차별화	원가우위
	산업의 특정부문	집중화	
		(차별화 + 집중화)	(원가우위 + 집중화)

예제 2

다음은 경영전략을 세우는 방법 중 하나인 SWOT에 따른 어느 기업의 분석결과이다. 다음 중 주어진 기업 분석 결과에 대응하는 전략은?

강점(Strength)	• 차별화된 맛과 메뉴 • 폭넓은 네트워크
약점(Weakness)	• 매출의 계절적 변동폭이 큼 • 딱딱한 기업 이미지
기회(Opportunity)	• 소비자의 수요 트렌드 변화 • 가계의 외식 횟수 증가 • 경기회복 가능성
위협(Threat)	• 새로운 경쟁자의 진입 가능성 • 과도한 가계부채

내부환경 외부환경	강점(Strength)	약점(Weakness)
기회 (Opportunity)	① 계절 메뉴 개발을 통한 분기 매출 확보	② 고객의 소비패턴을 반영한 광고를 통한 이미지 쇄신
위협 (Threat)	③ 소비 트렌드 변화를 반영한 시장 세분화 정책	④ 고급화 전략을 통한 매출 확대

[출제의도]
본 문항은 조직이해능력의 하위능력인 경영관리능력을 측정하는 문제이다. 기업에서 경영전략을 세우는데 많이 사용되는 SWOT분석에 대해 이해하고 주어진 분석표를 통해 가장 적절한 경영전략을 도출할 수 있는지를 확인할 수 있다.

[해설]
② 딱딱한 이미지를 현재 소비자의 수요 트렌드라는 환경 변화에 대응하여 바꿀 수 있다.

답 ②

④ 경영참가제도

　　㉠ 목적

　　　• 경영의 민주성을 제고할 수 있다.

　　　• 공동으로 문제를 해결하고 노사 간의 세력 균형을 이룰 수 있다.

　　　• 경영의 효율성을 제고할 수 있다.

　　　• 노사 간 상호 신뢰를 증진시킬 수 있다.

　　㉡ 유형

　　　• 경영참가 : 경영자의 권한인 의사결정과정에 근로자 또는 노동조합이 참여하는 것

　　　• 이윤참가 : 조직의 경영성과에 대하여 근로자에게 배분하는 것

　　　• 자본참가 : 근로자가 조직 재산의 소유에 참여하는 것

│ 예제 3

다음은 중국의 H사에서 시행하는 경영참가제도에 대한 기사이다. 밑줄 친 이 제도는 무엇인가?

> H사는 '사람' 중심의 수평적 기업문화가 발달했다. H사는 <u>이 제도</u>의 시행을 통해 직원들이 경영에 간접적으로 참여할 수 있게 하였는데 이에 따라 자연스레 기업에 대한 직원들의 책임 의식도 강화됐다. 참여주주는 8만2471명이다. 모두 H사의 임직원이며, 이 중 창립자인 CEO R은 개인 주주로 총 주식의 1.18%의 지분과 퇴직연금으로 주식총액의 0.21%만을 보유하고 있다.

① 노사협의회제도　　　　　　　② 이윤분배제도
③ 종업원지주제도　　　　　　　④ 노동주제도

---

(2) 체제이해능력

① 조직목표 … 조직이 달성하려는 장래의 상태

　　㉠ 조직목표의 기능

　　　• 조직이 존재하는 정당성과 합법성 제공

　　　• 조직이 나아갈 방향 제시

　　　• 조직구성원 의사결정의 기준

　　　• 조직구성원 행동수행의 동기유발

　　　• 수행평가 기준

　　　• 조직설계의 기준

ⓛ 조직목표의 특징
- 공식적 목표와 실제적 목표가 다를 수 있음
- 다수의 조직목표 추구 가능
- 조직목표 간 위계적 상호관계가 있음
- 가변적 속성
- 조직의 구성요소와 상호관계를 가짐

② 조직구조
  ㉠ 조직구조의 결정요인 : 전략, 규모, 기술, 환경
  ㉡ 조직구조의 유형과 특징

유형	특징
기계적 조직	• 구성원들의 업무가 분명하게 규정 • 엄격한 상하 간 위계질서 • 다수의 규칙과 규정 존재
유기적 조직	• 비공식적인 상호의사소통 • 급변하는 환경에 적합한 조직

③ 조직문화
  ㉠ 조직문화 기능
- 조직구성원들에게 일체감, 정체성 부여
- 조직몰입 향상
- 조직구성원들의 행동지침 : 사회화 및 일탈행동 통제
- 조직의 안정성 유지
  ㉡ 조직문화 구성요소(7S) : 공유가치(Shared Value), 리더십 스타일(Style), 구성원(Staff), 제도·절차(System), 구조(Structure), 전략(Strategy), 스킬(Skill)

④ 조직 내 집단
  ㉠ 공식적 집단 : 조직에서 의식적으로 만든 집단으로 집단의 목표, 임무가 명확하게 규정되어 있다.
    예 임시위원회, 작업팀 등
  ㉡ 비공식적 집단 : 조직구성원들의 요구에 따라 자발적으로 형성된 집단이다.
    예 스터디모임, 봉사활동 동아리, 각종 친목회 등

(3) 업무이해능력

① 업무 … 업무는 상품이나 서비스를 창출하기 위한 생산적인 활동이다.

　㉠ 업무의 종류

부서	업무(예)
총무부	주주총회 및 이사회개최 관련 업무, 의전 및 비서업무, 집기비품 및 소모품의 구입과 관리, 사무실 임차 및 관리, 차량 및 통신시설의 운영, 국내외 출장 업무 협조, 복리후생 업무, 법률자문과 소송관리, 사내외 홍보 광고업무
인사부	조직기구의 개편 및 조정, 업무분장 및 조정, 인력수급계획 및 관리, 직무 및 정원의 조정 종합, 노사관리, 평가관리, 상벌관리, 인사발령, 교육체계 수립 및 관리, 임금제도, 복리후생제도 및 지원업무, 복무관리, 퇴직관리
기획부	경영계획 및 전략 수립, 전사기획업무 종합 및 조정, 중장기 사업계획의 종합 및 조정, 경영정보 조사 및 기획보고, 경영진단업무, 종합예산수립 및 실적관리, 단기사업계획 종합 및 조정, 사업계획, 손익추정, 실적관리 및 분석
회계부	회계제도의 유지 및 관리, 재무상태 및 경영실적 보고, 결산 관련 업무, 재무제표 분석 및 보고, 법인세, 부가가치세, 국세 지방세 업무자문 및 지원, 보험가입 및 보상업무, 고정자산 관련 업무
영업부	판매 계획, 판매예산의 편성, 시장조사, 광고 선전, 견적 및 계약, 제조지시서의 발행, 외상매출금의 청구 및 회수, 제품의 재고 조절, 거래처로부터의 불만처리, 제품의 애프터서비스, 판매원가 및 판매가격의 조사 검토

예제 4

다음은 I기업의 조직도와 팀장님의 지시사항이다. H씨가 팀장님의 심부름을 수행하기 위해 연락해야 할 부서로 옳은 것은?

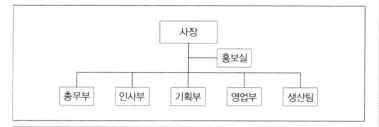

　　H씨! 내가 지금 너무 바빠서 그러는데 부탁 좀 들어줄래요? 다음 주 중에 사장님 모시고 클라이언트와 만나야 할 일이 있으니까 사장님 일정을 확인해주시구요. 이번 달에 신입사원 교육·훈련계획이 있었던 것 같은데 정확한 시간이랑 날짜를 확인해주세요.

① 총무부, 인사부
② 총무부, 홍보실
③ 기획부, 총무부
④ 영업부, 기획부

[출제의도]
조직도와 부서의 명칭을 보고 개략적인 부서의 소관 업무를 분별할 수 있는지를 묻는 문항이다.
[해설]
사장의 일정에 관한 사항은 비서실에서 관리하나 비서실이 없는 회사의 경우 총무부(또는 팀)에서 비서 업무를 담당하기도 한다. 또한 신입사원 관리 및 교육은 인사부에서 관리한다.

답 ①

　　ⓒ 업무의 특성
　　• 공통된 조직의 목적 지향
　　• 요구되는 지식, 기술, 도구의 다양성
　　• 다른 업무와의 관계, 독립성
　　• 업무수행의 자율성, 재량권

② 업무수행 계획
　　㉠ 업무지침 확인 : 조직의 업무지침과 나의 업무지침을 확인한다.
　　ⓒ 활용 자원 확인 : 시간, 예산, 기술, 인간관계
　　ⓒ 업무수행 시트 작성
　　• 간트 차트 : 단계별로 업무의 시작과 끝 시간을 바 형식으로 표현
　　• 워크 플로 시트 : 일의 흐름을 동적으로 보여줌
　　• 체크리스트 : 수행수준 달성을 자가점검

Point 》 간트 차트와 플로 차트

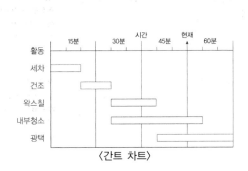

〈간트 차트〉

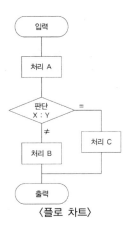

〈플로 차트〉

예제 5

다음 중 업무수행 시 단계별로 업무를 시작해서 끝나는 데까지 걸리는 시간을 바 형식으로 표시하여 전체 일정 및 단계별로 소요되는 시간과 각 업무활동 사이의 관계를 볼 수 있는 업무수행 시트는?

① 간트 차트
② 워크 플로 차트
③ 체크리스트
④ 퍼트 차트

③ 업무 방해요소
　㉠ 다른 사람의 방문, 인터넷, 전화, 메신저 등
　㉡ 갈등관리
　㉢ 스트레스

(4) 국제감각

① 세계화와 국제경영
- ㉠ 세계화 : 3Bs(국경 ; Border, 경계 ; Boundary, 장벽 ; Barrier)가 완화되면서 활동범위가 세계로 확대되는 현상이다.
- ㉡ 국제경영 : 다국적 내지 초국적 기업이 등장하여 범지구적 시스템과 네트워크 안에서 기업 활동이 이루어지는 것이다.

② 이문화 커뮤니케이션 … 서로 상이한 문화 간 커뮤니케이션으로 직업인이 자신의 일을 수행하는 가운데 문화배경을 달리하는 사람과 커뮤니케이션을 하는 것이 이에 해당한다. 이문화 커뮤니케이션은 언어적 커뮤니케이션과 비언어적 커뮤니케이션으로 구분된다.

③ 국제 동향 파악 방법
- ㉠ 관련 분야 해외사이트를 방문해 최신 이슈를 확인한다.
- ㉡ 매일 신문의 국제면을 읽는다.
- ㉢ 업무와 관련된 국제잡지를 정기구독 한다.
- ㉣ 고용노동부, 한국산업인력공단, 산업통상자원부, 중소기업청, 상공회의소, 산업별인적자원개발협의체 등의 사이트를 방문해 국제동향을 확인한다.
- ㉤ 국제학술대회에 참석한다.
- ㉥ 업무와 관련된 주요 용어의 외국어를 알아둔다.
- ㉦ 해외서점 사이트를 방문해 최신 서적 목록과 주요 내용을 파악한다.
- ㉧ 외국인 친구를 사귀고 대화를 자주 나눈다.

④ 대표적인 국제매너
- ㉠ 미국인과 인사할 때에는 눈이나 얼굴을 보는 것이 좋으며 오른손으로 상대방의 오른손을 힘주어 잡았다가 놓아야 한다.
- ㉡ 러시아와 라틴아메리카 사람들은 인사할 때에 포옹을 하는 경우가 있는데 이는 친밀함의 표현이므로 자연스럽게 받아주는 것이 좋다.
- ㉢ 명함은 받으면 꾸기거나 계속 만지지 않고 한 번 보고나서 탁자 위에 보이는 채로 대화하거나 명함집에 넣는다.
- ㉣ 미국인들은 시간 엄수를 중요하게 생각하므로 약속시간에 늦지 않도록 주의한다.
- ㉤ 스프를 먹을 때에는 몸쪽에서 바깥쪽으로 숟가락을 사용한다.
- ㉥ 생선요리는 뒤집어 먹지 않는다.
- ㉦ 빵은 스프를 먹고 난 후부터 디저트를 먹을 때까지 먹는다.

출제예상문제

1 다음의 업무를 담당하고 있는 부서는?

> • 경영계획 및 전략 수립
> • 중장기 사업계획의 종합 및 조정
> • 경영진단업무
> • 종합예산수립 및 실적관리
> • 실적관리 및 분석

① 총무부   ② 인사부

③ 기획부   ④ 회계부

⑤ 영업부

    TIP 》 기획부는 회사에서 어떤 일을 꾀하여 계획하는 일을 맡아보는 부서로, 제시된 업무는 기획
부에서 담당하고 있는 업무이다.

2 경영참가제도에 대한 설명으로 적절하지 않은 것은?

① 경영의 민주성을 제고할 수 있다.

② 공동으로 문제를 해결할 수 있다.

③ 노사 간의 세력 균형이 깨질 수 있다.

④ 경영의 효율성을 제고할 수 있다.

⑤ 노시 간 상호 신뢰를 증진시킬 수 있다.

    TIP 》 ③ 경영참가제도는 근로자 또는 노동조합이 경영 및 자본, 이윤에 참가하는 제도로 노사
간의 세력 균형을 이룰 수 있다.

3 다음은 A라는 기업의 조직도를 나타낸 것이다. 이러한 조직형태에 관한 내용 중 추론 가능한 내용으로 보기 가장 어려운 것은?

> 기업의 조직도는 조직의 부문편성, 직위의 상호관계, 책임과 권한의 분담, 명령의 계통 등을 한 눈에 볼 수 있도록 일목요연하게 나타낸 표를 의미한다. 기업 조직은 주어진 업무에 따라 조직을 여러 개로 나누어 체계적으로 구성하고 있는데 이를 조직구조의 분화라고 하며, 회사의 규모에 따라 조직의 크기 및 형태 등이 달라진다. 조직구조의 분화는 수평적·수직적 분화로 나눌 수 있으며, 특히 수직적 분화는 의사결정 권한을 하부조직에게 할당하는 것으로 보고체계를 명시화 할 수 있기 때문에 많은 기업에서 도입하고 있는 추세이다. 최근에는 조직구조가 전문화되고 기능별로 세분화됨에 따라 수평적 기능조직으로 변하고 있으며 이에 따라 조직도가 점차적으로 다양화되고 슬림화 및 네트워크화 되고 있다.
>
>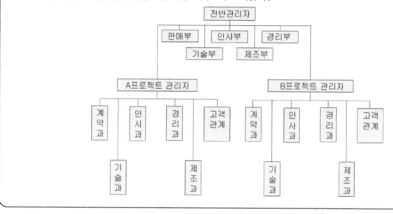

① 전문성 및 전문가 활용의 유용성이 높음과 동시에 부서 내 명확하게 정의되어진 책임 및 역할 등이 있다.

② 이러한 조직에서는 부서관점의 편협한 의사결정이 이루어질 수 있으며, 요구사항에 대한 대응이 느리다는 문제점이 있다.

③ 위 그림의 경우에는 특정한 사업 목표를 달성하기 위해 임시적으로 조직 내의 인적 및 물적 자원 등을 결합하는 조직의 형태라고 볼 수 있다.

④ 부서 간 책임분산으로 인해 통합 기능의 부재 및 갈등발생의 가능성이 없다.

⑤ 이러한 조직의 경우 해산을 전제로 하여 임시로 편성된 일시적 조직이며, 혁신적 및 비일상적인 과제의 해결을 위해 형성되는 동태적 조직이다.

> **TIP** 》 위 그림은 프로젝트 조직형태(Project Organization)를 나타낸 것이다. 임시로 편성된 조직이며 혁신적이거나 또는 비일상적인 업무를 해결하기 위한 동태적인 조직이다. 직무의 체계라는 성격적 특성이 강하고 경영조직을 프로젝트별로 조직화하였다. 이러한 조직은 부서 간 책임분산으로 인해 통합 기능의 부재 및 갈등발생의 가능성이 있다.

ANSWER 〉 1.③ 2.③ 3.④

4 다음은 마이클 포터의 본원적 경쟁전략에 대한 도식이다. A에 공통적으로 들어갈 용어로 적절한 것은?

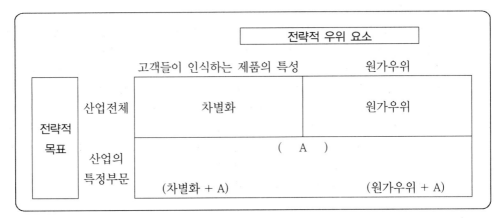

① 고도화　　　　　　　　　　② 집중화
③ 분업화　　　　　　　　　　④ 첨단화
⑤ 자동화

　　TIP 》 A에 공통적으로 들어갈 용어는 집중화이다.

5 다음은 대표적인 국제매너를 설명한 것이다. 가장 옳지 않은 것은?

① 미국인과 인사할 때에는 눈이나 얼굴을 보는 것이 좋다.
② 라틴아메리카 사람들과 인사할 때에는 포옹을 하지 않는다.
③ 명함은 받으면 꾸기지 않고 보고나서 탁자 위에 보이는 채로 대화하거나 명함집에 넣는다.
④ 스프를 먹을 때에는 몸 쪽에서 바깥쪽으로 숟가락을 사용한다.
⑤ 생선요리는 뒤집어 먹지 않는다.

　　TIP 》 ② 러시아와 라틴아메리카 사람들은 인사할 때에 포옹을 하는 경우가 있는데, 이는 친밀감의 표현이므로 자연스럽게 받아주는 것이 좋다.

6   아래의 내용을 읽고 밑줄 친 부분과 관련된 고객의 개념을 가장 잘 나타내고 있는 것을 고르면?

> 지난해 항공업계를 흔들었던 '땅콩회항'의 피해자인 대한항공 소속 박○○ 사무장과 김○○ 승무원이 업무에 복귀한다. 6일 대한항공에 따르면 김○○ 승무원은 오는 7일인 요양기간 만료시점이 다가오자 회사 측에 복귀의사를 밝혔다. 박○○ 사무장은 앞서 지난달 18일 무급 병 휴직 기간이 끝나자 복귀 의사를 밝힌 것으로 알려졌다. 이들 두 사람은 다른 휴직복귀자들과 함께 서비스안전교육을 이수한 후 현장에 투입될 예정이다.
>
> 지난 2014년 12월 5일 벌어진 '땅콩회항' 사건은 조○○ 전 대한항공 부사장이 김 승무원이 마카다미아를 포장 째 가져다줬다는 것을 이유로 여객기를 탑승 게이트로 되돌리고 박 사무장을 문책하면서 불거졌다. 이후 <u>박○○ 사무장과 김○○ 승무원</u> 모두 해당 사건으로 인한 정신적 피해를 호소하면서 회사 측에 휴직을 신청했다.
>
> 두 사람은 휴직 이외에도 뉴욕법원에 조 전 부사장을 상대로 손해배상소송을 제기했다. 그러나 재판부는 사건 당사자와 증인, 증거가 모두 한국에 있다는 이유로 각하됐다. 이에 대해 박 사무장만 항소의향서를 제출해 놓은 상태다. 대한항공 측은 "구체적인 복귀일정은 아직 미정"이라며 "두 승무원이 현장에 복귀해도 이전과 동일하게, 다른 동료 승무원들과도 동등한 대우를 받으며 근무하게 될 것"이라고 말했다.

① 위의 두 사람은 회사 측에서 보면 절대 고객이 될 수 없다.

② 자사에 관심을 보이고 있으며 추후에 신규고객이 될 가능성을 지니고 있는 사람들이다.

③ 두 사람은 자사의 이익 창출을 위한 매개체가 되는 직장상사 또는 부하직원 및 동료라 할 수 있다.

④ 자사의 제품 및 서비스 등을 지속적으로 구매하고 기업과의 강력한 유대관계를 형성하는 사람들이라 볼 수 있다.

⑤ 회사 밖에 위치하는 외부고객으로 매출에 영향을 미치지 않는다.

TIP 》 문제에서는 내부고객의 개념을 묻고 있다. 내부고객은 자사의 이익 창출을 위한 매개체가 되는 직장상사 또는 부하직원 및 동료 등의 실제적인 조직의 구성원을 의미하는데, 이들은 일선에서 실제 매출을 발생시키는 외부고객들에 대해서 자사의 이미지와 발전가능성을 제시하는 선두에 있는 고객들이다. 하지만, 자사에 대한 이들 내부 고객(상사, 종업원 등)의 실망은 고객 서비스의 추락으로 이어지며, 이들을 포함한 외부고객들 또한 자사로부터 등을 돌리게 되는 결과를 초래하게 될 것이다.

7 다음의 기사 내용은 맥그리거의 X이론에 관한 것이다. 밑줄 친 부분에 대한 내용으로 가장 옳지 않은 것을 고르면?

> 미국 신용등급 강등, 중국의 급격한 긴축정책, 유럽 재정파탄 등 각 국에서 시작된 위기가 도미노처럼 전 세계로 퍼지고 있다. 리먼 브러더스 파산이 일으킨 글로벌 금융위기는 지구촌 전체를 뒤흔들었다. 기업들은 어떤가. GM, 모토로라 등 세계 최고의 왕좌에서 군림했지만 나락의 길을 걷고 있다. 전문가들은 문제의 원인을 오래된 경영과 낡은 리더십에서 찾고 있다. 하루에도 몇 번씩 끊임없이 변하는 '가속'의 시대에서 구태의연한 경영 방식으로는 살아남을 수 없다는 지적이다. 이미 기존 경제이론으로 설명할 수 없는 예측 불가능한 시대가 됐다. 어떤 변화에도 대응할 수 있는 체력을 갖추려면 무엇이 필요할까. 기업 내 다양성을 극대화하고 지속가능성을 갖춰야한다는 목소리가 주목받고 있다. 새로운 버전으로 진화한 리더십이 기업의 미래를 결정한다. '블루오션 전략', '블랙 스완' 등으로 파이낸셜타임즈 경제도서 상을 수상한 국제적인 리더십 전문가 닐스 플레깅은 이 책을 통해 미래 경영의 대안으로 '언 리더십(Un-leadership)'을 주장한다.
>
> '부정'을 뜻하는 'Un'은 이전에 옳다고 믿었던 상식을 파괴하는 새로운 발상을 의미한다. 꿈의 기업이라 불리는 구글은 직원들을 통제하는 인재 관리에서 벗어나 무한한(Un-limited) 창의력을 펼칠 수 있는 분위기를 제공했다. 저가 항공사의 신화인 사우스웨스트항공은 직원들이 현장에서 직접 여러 사안을 결정한다. '직원들의 생각이 곧 전략'이라는 지금까지 볼 수 없었던(Un-seen) 원칙을 고수하고 있는 것. 첨단소재기업인 고어는 직장 내에 직급이 존재하지 않으며(Un-management), 부서와 업무를 규정하지 않는다(Un-structure). 이들은 대표적인 언 리더십 기업이다. 언 리더십은 리더십 자체를 부정하지 않는다. 현대 경영에서 보편적으로 정의된 수직적이고 영웅적인 리더십에 반기를 든다. 유연하고 개방적으로 조직을 이끄는 21세기형 새로운 리더십이다. 이 책은 구글, 사우스웨스트항공, 고어 등 경제 위기 속에서도 성공적인 사업을 이끌고 있는 기업의 독특한 경영 방식과 기업 문화가 모두 언 리더십으로 무장하고 있음을 보여준다. 상식과 고정관념을 파괴하는 언 리더십은 비즈니스 생태계 진화를 주도하고 있다. 언 리더십의 가장 큰 토대가 되는 이론은 세계적인 경영학가 더글러스 맥그리거의 'XY이론'이다. 우리는 그 중에서 <u>맥그리거의 X이론</u>에 대해서 더 알아보기로 한다.

① 인간은 애정의 욕구와 존경의 욕구에 의해 동기화된다.
② 인간은 엄격하게 통제되고, 성취하도록 강요되어야 한다.
③ 인간은 야망이 없고, 책임을 회피하며, 지시받기를 좋아한다.
④ 인간은 조직의 문제해결에 필요한 창의력이 부족하다.
⑤ 인간은 자기중심적이고 조직의 필요에 무관심하다.

TIP 》 맥그리거의 X이론에서 인간은 생리적 욕구와 안정욕구에 의해 동기화된다.

※ X이론의 내용

ㄱ 천성이 변화를 싫어한다.

ㄴ 속기 쉽고 별로 영리하지 못하다. 허풍선이나 선동가에 속기 쉽다.

ㄷ 보통 인간은 천성이 게으르다. 가능한 한 일을 적게 하려고 한다.

ㄹ 야망이 없고 책임을 싫어하며 남이 지도해 주기를 더 좋아한다.

ㅁ 선천적으로 자기중심적이고 조직의 필요에 무관심하다.

ㅂ 경영 관리자는 경제적 목적을 위해 금전, 물자, 설비, 사람 등 기업의 생산 요소를 조직할 책임이 있다.

ㅅ 경영관리자의 적극적인 간섭이 없으면 조직의 필요에 대해서 인간은 소극적이거나 반항적이다.

8　D그룹 홍보실에서 근무하는 사원 민경씨는 2016년부터 적용되는 새로운 조직 개편 기준에 따라 홈페이지에 올릴 조직도를 만들려고 한다. 다음 조직도의 빈칸에 들어갈 것으로 옳지 않은 것은?

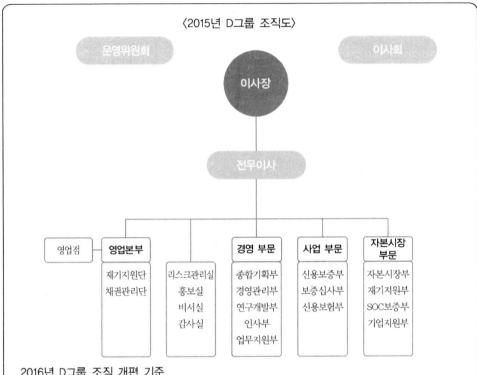

2016년 D그룹 조직 개편 기준
• 명칭변경 : 사업부문 → 신용사업부문
• 감사위원회를 신설하고 감사실을 감사위원회 소속으로 이동한다.
• 경영부문을 경영기획부문과 경영지원부문으로 분리한다.
• 경영부문의 종합기획부, 경영관리부, 연구개발부는 경영기획부문으로 인사부, 업무지원부는 경영지원부문으로 각각 소속된다.
• 업무지원부의 IT 관련 팀을 분리하여 IT전략부를 신설한다.

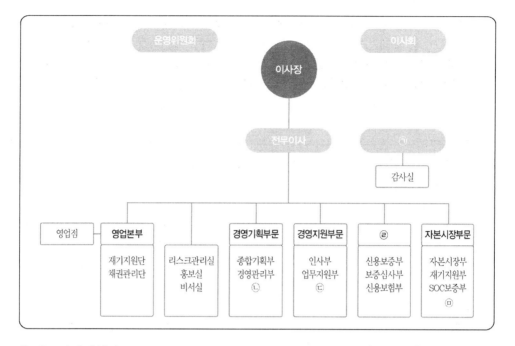

① ㉠ : 감사위원회
② ㉡ : 연구개발부
③ ㉢ : IT전략부
④ ㉣ : 사업부문
⑤ ㉤ : 기업지원부

    TIP 》 ④ 사업부문은 신용사업부문으로 명칭이 변경되어야 한다.

9 21세기의 많은 기업 조직들은 불투명한 경영환경을 이겨내기 위해 많은 방법들을 활용하곤
한다. 이 중 브레인스토밍은 일정한 테마에 관하여 회의형식을 채택하고, 구성원의 자유발
언을 통한 아이디어의 제시를 요구해 발상의 전환을 이루고 해법을 찾아내려는 방법인데
아래의 글을 참고하여 브레인스토밍에 관련한 것으로 보기 가장 어려운 것을 고르면?

> 전라남도는 지역 중소 · 벤처기업, 소상공인들이 튼튼한 지역경제의 버팀목으로
> 성장하도록 지원하는 정책 아이디어를 발굴하기 위해 27일 전문가 브레인스토밍 회
> 의를 개최했다. 이날 회의는 정부의 경제성장 패러다임이 대기업 중심에서 중소 · 벤
> 처기업 중심으로 전환됨에 따라 지역 차원에서 기업 지원 관련 기관, 교수, 상공인
> 연합회, 중소기업 대표 등 관련 전문가들을 초청해 이뤄졌다. 회의에서는 중소 · 벤
> 처기업, 소상공인 육성 · 지원과 청년창업 활성화를 위한 70여 건의 다양한 제안이
> 쏟아졌으며, 제안된 내용에 대해 구체적 실행 방안도 토론했다. 회의에 참석한 전문
> 가들은 "중소 · 벤처기업이 변화를 주도하고, 혁신적 아이디어로 창업해 튼튼한 기업
> 으로 성장하도록 정부와 지자체가 충분한 환경을 구축해주는 시스템의 변화가 필요
> 하다."라고 입을 모았다.

① 쉽게 실행할 수 있고, 다양한 주제를 가지고 실행할 수 있다.
② 이러한 기법의 경우 아이디어의 양보다 질에 초점을 맞춘 것으로 볼 수 있다.
③ 집단의 작은 의사결정부터 큰 의사결정까지 복잡하지 않은 절차를 통해 팀의 구성
  원들과 아이디어를 공유가 가능하다.
④ 비판 및 비난을 자제하는 것을 원칙으로 한다.
⑤ 집단의 구성원들이 비교적 부담 없이 의견을 표출할 수 있다는 이점이 있다.

TIP 》 브레인스토밍 기법은 아이디어의 질보다 양에 초점을 맞춘 것으로서 집단 구성원들은 즉각
      적으로 생각나는 아이디어를 제시할 수 있으며, 그로 인해 브레인스토밍은 다량의 아이디
      어를 도출해낼 수 있다. 또한, 구성원들은 자신이 가지고 있던 기존 아이디어를 개선해 더
      욱 더 발전된 형태의 아이디어를 창출할 수 있는데, 이는 다른 사람의 의견을 참고해서 창
      의적으로 조합할 수 있기 때문이다.

10 다음은 A기업의 조직도이다. 다음 중 총무부의 역할로 가장 적절한 것은?

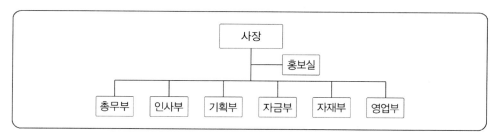

① 경영계획 및 전략 수집 · 조정 업무

② 의전 및 비서업무

③ 보험금융업무

④ 인력 확보를 위한 산학협동업무

⑤ 시장조사

    TIP 》 ① 기획부 ③ 자금부 ④ 인사부 ⑤ 영업부

        ※ 총무부의 주요 업무

            ㉠ 문서 및 직인관리

            ㉡ 주주총회 및 이사회개최 관련 업무

            ㉢ 의전 및 비서업무

            ㉣ 사무실 임차 및 관리

            ㉤ 차량 및 통신시설의 운영

            ㉥ 국내외 출장 업무 협조

            ㉦ 사내외 행사 관련 업무(경조사 포함)

            ㉧ 기타 타부서에 속하지 않는 업무 등

11 다음은 기업용 소프트웨어를 개발·판매하는 A기업의 조직도와 사내 업무협조진이다. 주어진 업무협조전의 발신부서와 수신부서로 가장 적절한 것은?

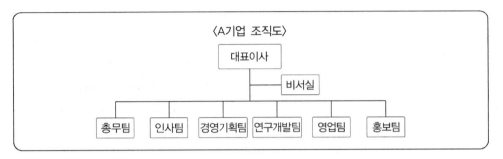

〈A기업 조직도〉

대표이사

비서실

총무팀 | 인사팀 | 경영기획팀 | 연구개발팀 | 영업팀 | 홍보팀

업무협조전

제목 : 콘텐츠 개발에 따른 적극적 영업 마케팅 협조

내용 : 2014년 경영기획팀의 요청으로 저희 팀에서 제작하기 시작한 업무매니저 "한방에" 소프트웨어가 모두 제작 완료되었습니다. 하여 해당 소프트웨어 5종에 관한 적극적인 마케팅을 부탁드립니다.

"한방에"는 거래처관리 소프트웨어, 직원/급여관리 소프트웨어, 매입/매출관리 소프트웨어, 증명서 발급관리 소프트웨어, 거래/견적/세금관리 소프트웨어로 각 분야별 영업을 진행하시면 될 것 같습니다.

특히나 직원/급여관리 소프트웨어는 회사 직원과 급여를 통합적으로 관리할 수 있는 프로그램으로 중소기업에서도 보편적으로 이용할 수 있도록 설계되어 있기 때문에 적극적인 영업 마케팅이 더해졌을 때 큰 이익을 낼 수 있을 거라 예상됩니다.

해당 5개의 프로그램의 이용 매뉴얼과 설명서를 첨부해드리오니 담당자분들께서는 이를 숙지하시고 영업에 효율성을 가지시기 바랍니다.

첨부 : 업무매니저 "한방에" 매뉴얼 및 설명서

	발신	수신
①	경영기획팀	홍보팀
②	연구개발팀	영업팀
③	총무팀	인사팀
④	영업팀	연구개발팀
⑤	인사팀	경영기획팀

> **TIP** 》 발신부서는 소프트웨어를 제작하는 팀이므로 연구개발팀이고, 발신부서는 수신부서에게 신제품 개발에 대한 대략적인 내용과 함께 영업 마케팅에 대한 당부를 하고 있으므로 수신부서는 영업팀이 가장 적절하다.

12 다음 중 아래의 조직도를 올바르게 이해한 것은?

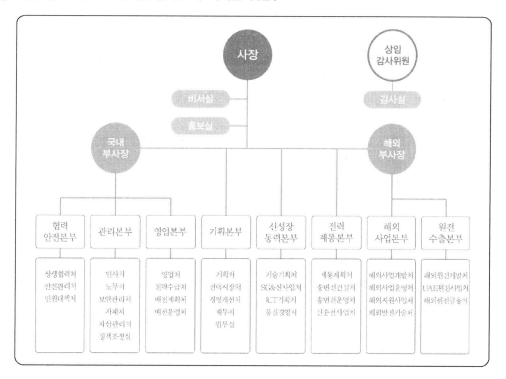

⊙ 사장직속으로는 3개 본부, 13개 처, 2개 실로 구성되어 있다.
ⓒ 국내 · 해외부사장은 각 3개의 본부를 이끌고 있다.
ⓒ 감사실은 다른 부서들과는 별도로 상임 감사위원 산하에 따로 소속되어 있다.
ⓒ 노무처와 재무처는 서로 업무협동이 있어야 하므로 같은 본부에 소속되어 있다.

① ㉠   ② ㉢
③ ㉡㉢   ④ ㉡㉣
⑤ ㉢㉣

TIP 》 ㉠ 사장직속으로는 3개 본부, 12개 처, 3개 실로 구성되어 있다.
       ㉡ 해외부사장은 2개의 본부를 이끌고 있다.
       ㉣ 노무처는 관리본부에, 재무처는 기획본부에 소속되어 있다.

다음은 J기업의 결재라인에 대한 내용과 양식이다. 다음을 보고 물음에 답하시오.

〈결재규정〉

• 결재를 받으려는 업무에 대하여 최고결재권자 이하 직책자의 결재를 받아야 한다.
• '전결'이라 함은 회사의 경영활동이나 관리활동을 수행함에 있어 의사결정이나 판단을 요하는 일에 대하여 최고결재권자의 결재를 생략하고, 자신의 책임 하에 최종적으로 의사결정이나 판단을 하는 행위를 말한다.
• 전결사항에 대해서도 위임 받은 자를 포함한 이하 직책자의 결재를 받아야 한다.
• 결재를 올리는 자는 전결을 위임받은 자가 있는 경우 위임받은 자의 결재란에 전결이라 표시하고 생략된 결재란은 대각선으로 표시한다.
• 결재권자의 부득이한 부재(휴가, 출장 등) 시 그 직무를 대행하는 자가 대신 결재(대결)하며 대결 시 서명 상단에 "대결"이라 쓰고 날짜를 기입한다.

〈전결사항〉

구분	내용	금액기준	결재서류	팀장	부장	이사
잡비	사무용품 등	–	지출결의서	▲		
출장비	유류비(교통비)	20만 원 이하	출장계획서	■	▲	
	숙식비 등	100만 원 이하	법인카드신청서		■	▲
교육비	내부교육비	–	기안서	■▲		
	외부교육비	50만 원 이하	지출결의서	■	▲	
		100만 원 이하	법인카드신청서		■	▲

※ 전결사항에 없는 기타 결재서류는 모두 사장이 최종결재권자이다.
※ ■ : 출장계획서, 기안서
   ▲ : 지출결의서, 법인카드신청서

13 인사팀의 A씨는 다음 달에 있을 전문 연수원 기술교육을 위한 서류를 만드는 중이다. 숙박비 및 강사비 등으로 20만 원 초과, 100만 원 이하로 지출될 예정일 때, A씨가 작성할 결재양식으로 옳은 것은?

① 기안서

결재	담당	팀장	부장	이사	최종결재
	A		전결		

② 기안서

결재	담당	팀장	부장	이사	최종결재
	A			전결	

③ 지출결의서

결재	담당	팀장	부장	이사	최종결재
	A		전결		

④ 지출결의서

결재	담당	팀장	부장	이사	최종결재
	A				

⑤ 지출결의서

결재	담당	팀장	부장	이사	최종결재
		전결			

TIP 》 100만 원 이하 외부교육비의 기안서는 부장 전결, 지출결의서는 이사 전결사항이다. 따라서 A씨가 작성할 결재양식은 다음과 같다.

기안서

결재	담당	팀장	부장	이사	최종결재
	A		전결		

지출결의서

결재	담당	팀장	부장	이사	최종결재
	A			전결	

14 해외영업부 H씨는 피리출장을 계획하고 있다. 예산을 200만 원으로 잡고 있을 때, H씨가 작성할 결재양식으로 옳은 것은?

①
출장계획서					
결재	담당	팀장	부장	이사	최종결재
	H		전결	╱	

②
출장계획서					
결재	담당	팀장	부장	이사	최종결재
	H			전결	

③
법인카드신청서					
결재	담당	팀장	부장	이사	최종결재
	H			전결	

④
법인카드신청서					
결재	담당	팀장	부장	이사	최종결재
	H				

⑤
법인카드신청서					
결재	담당	팀장	부장	이사	최종결재
	H		전결	╱	

TIP 》 출장비는 100만 원 이하인 경우에만 전결처리 할 수 있으므로 H씨는 최종적으로 사장에게 결재 받아야 한다.

┃15～17┃ 다음은 L기업의 회의록이다. 다음을 보고 물음에 답하시오.

〈회의록〉

일시	2015. 00. 00 10:00~12:00	장소	7층 소회의실
참석자	영업본부장, 영업1부장, 영업2부장, 기획개발부장 불참자(1명) : 영업3부장(해외출장)		
회의제목	고객 관리 및 영업 관리 체계 개선 방안 모색		
의안	고객 관리 체계 개선 방법 및 영업 관리 대책 모색 – 고객 관리 체계 확립을 위한 개선 및 A/S 고객의 만족도 증진방안 – 자사 영업직원의 적극적인 영업활동을 위한 개선방안		
토의 내용	㉠ 효율적인 고객관리 체계의 개선 방법 • 고객 관리를 위한 시스템 정비 및 고객관리 업무 전담 직원 증원이 필요 (영업2부장) • 영업부와 기획개발부 간의 지속적인 제품 개선 방안 협의 건의(기획개발 부장) • 영업 조직 체계를 제품별이 아닌 기업별 담당제로 전환(영업1부장) • 고객 정보를 부장차원에서 통합관리(영업2부장) • 각 부서의 영업직원의 고객 방문 스케줄 공유로 방문처 중복을 방지(영 업1부장) ㉡ 자사 영업직원의 적극적인 영업활동을 위한 개선방안 • 영업직원의 영업능력을 향상시키기 위한 교육프로그램 운영(영업본부장)		
협의사항	㉠ IT본부와 고객 리스트 관리 프로그램 교체를 논의해보기로 함 ㉡ 인사과와 협의하여 추가 영업 사무를 처리하는 전담 직원을 채용할 예정임 ㉢ 인사과와 협의하여 연 2회 교육세미나를 실시함으로 영업교육과 프레젠 테이션 기술 교육을 받을 수 있도록 함 ㉣ 기획개발부 및 홍보부와 협의하여 제품에 대한 자세한 이해와 매뉴얼 숙 지를 위해 신제품 출시에 맞춰 영업직원을 위한 설명회를 열도록 함 ㉤ 기획개발부와 협의하여 주기적인 회의를 갖도록 함		

15 다음 중 본 회의록으로 이해할 수 있는 내용이 아닌 것은?

① 회의 참석 대상자는 총 5명이었다.

② 영업본부의 업무 개선을 위한 회의이다.

③ 교육세미나의 강사는 인사과의 담당직원이다.

④ 영업1부와 2부의 스케줄 공유가 필요하다.

⑤ 추후에 주기적인 회의가 있을 예정이다.

> **TIP** 》 직원 교육에 대한 업무는 인사과에서 담당하기 때문에 교육세미나에 대해 인사과와 협의해
> 야하지만 영업교육과 프레젠테이션 기술 교육을 인사과 직원이 직접 하는 것은 아니다.

16 다음 중 회의 후에 영업부가 협의해야 할 부서가 아닌 것은?

① IT본부　　　　　　　　② 인사과

③ 기획개발부　　　　　　④ 비서실

⑤ 홍보부

> **TIP** 》 협의 사항 중 비서실과 관련된 내용은 없다.

17 회의록을 보고 영업부 교육세미나에 대해 알 수 있는 내용이 아닌 것은?

① 교육내용　　　　　　　② 교육일시

③ 교육횟수　　　　　　　④ 교육목적

⑤ 협력부서

> **TIP** 》 ① 영업교육과 프레젠테이션 기술 교육
> ③ 연 2회
> ④ 영업직원의 영업능력 향상
> ⑤ 인사과

18 다음은 의료기기 영업부 신입사원 J씨가 H대리와 함께 일본 거래처 A기업의 "사토 쇼헤이" 부장에게 신제품을 알리기 위해 일본 출장에 가서 생긴 일이다. 다음 밑줄 친 행동 중 "사토 쇼헤이" 부장의 표정이 좋지 않았던 이유가 될 만한 것은?

> J씨는 출장 ① 2주 전에 메일로 사토 쇼헤이 부장에게 출장의 일시와 약속장소 등을 확인한 후 하루 일찍 일본으로 출발했다. ② 약속 당일 A기업의 사옥 프론트에 도착한 두 사람은 소속과 이름을 밝히고 사토 쇼헤이 부장과 약속이 있다고 전했다. 안내된 회의실에서 사토 쇼헤이 부장을 만난 두 사람은 서로 명함을 교환한 후 ③ 신제품 카탈로그와 함께 선물로 준비한 한국의 김과 차를 전달하고 프레젠테이션을 시작했고, J씨는 H대리와 사토 상의 대화에서 중요한 부분들을 잊지 않기 위해 ④ 그 자리에서 명함 뒤에 작게 메모를 해두었다. 상담이 끝난 후 ⑤ 엘리베이터에서 사토 상이 먼저 탈 때까지 기다렸다가 탑승하였다. 사옥 입구에서 좋은 답변을 기다리겠노라고 인사하는데 어쩐지 사토 상의 표정이 좋지 않았다.

TIP 》 일본에서는 명함은 그 사람 그 자체, 얼굴이라는 인식이 있어 받은 명함은 정중히 취급해야 한다. 받자마자 주머니나 명함케이스에 넣으면 안 되며, 상담 중에는 책상 위 눈앞에 정중하게 두고, 상담 종료 후에 정중하게 명함케이스에 넣어야 한다. 또한 명함에 상대방 이름의 읽는 방법이나 미팅 날짜 등을 적고 싶은 경우에도 상담 후 방문 기업을 나온 뒤에 행하는 것이 좋다.

SWOT이란, 강점(Strength), 약점(Weakness), 기회(Opportunity), 위협(Threat)의 머리글자를 모아 만든 단어로 경영 전략을 수립하기 위한 도구이다. SWOT분석을 통해 도출된 조직의 외부/내부 환경 분석 결과를 통해 각각에 대응하는 전략을 도출하게 된다.

SO 전략이란 기회를 활용하면서 강점을 더욱 강화하는 공격적인 전략이고, WO 전략이란 외부환경의 기회를 활용하면서 자신의 약점을 보완하는 전략으로 이를 통해 기업이 처한 국면의 전환을 가능하게 할 수 있다. ST 전략은 외부환경의 위험요소를 회피하면서 강점을 활용하는 전략이며, WT 전략이란 외부환경의 위협요인을 회피하고 자사의 약점을 보완하는 전략으로 방어적 성격을 갖는다.

내부 외부	강점(Strength)	약점(Weakness)
기회(Opportunity)	SO 전략(강점-기획 전략)	WO 전략(약점-기획 전략)
위협(Threat)	ST 전략(강점-위협 전략)	WT 전략(약점-위협 전략)

19 다음은 어느 패스트푸드 프랜차이즈 기업의 SWOT분석이다. 주어진 전략 중 가장 적절한 것은?

강점 (Strength)	• 성공적인 마케팅과 브랜드의 인지도 • 유명 음료 회사 A와의 제휴 • 종업원에 대한 전문적인 훈련
약점 (Weakness)	• 제품 개발력 • 다수의 프랜차이즈 영업점 관리의 미비
기회 (Opportunity)	• 아직 진출하지 않은 많은 해외 시장의 존재 • 증가하는 외식 시장
위협 (Threat)	• 건강에 민감한 소비자의 증가 • 다양한 경쟁자들의 위협

내부 외부	강점(Strength)	약점(Weakness)
기회 (Opportunity)	① 주기적인 영업점 방문 및 점검으로 청결한 상태 유지	② 개발부서의 전문인 경력직원을 확충하여 차별화된 제품 개발
위협 (Threat)	③ 더욱 공격적인 마케팅으로 경쟁자들의 위협을 방어	④ A와의 제휴를 강조하여 소비자의 관심을 돌림 ⑤ 전문적인 종업원 인력을 활용하여 신제품 개발

TIP 》 이미 성공적인 마케팅으로 높인 인지도(강점)를 더욱 강화하여 다른 경쟁자들(위협)을 방어하는 것은 적절한 ST 전략이라고 할 수 있다.

20 다음은 어느 어린이 사진관의 SWOT 분석이다. 주어진 전략 중 가장 적절한 것은?

강점 (Strength)	• 경영자의 혁신적인 마인드 • 인근의 유명 산부인과 및 조리원의 증가로 좋은 입지 확보 • 차별화된 시설과 내부 인테리어
약점 (Weakness)	• 회원관리능력의 부족 • 내부 회계능력의 부족
기회 (Opportunity)	• 아이에 대한 관심과 투자의 증가 • 사진 시장 규모의 확대
위협 (Threat)	• 낮은 출산율 • 스스로 아이 사진을 찍는 수준 높은 아마추어들의 증가

내부 외부	강점(Strength)	약점(Weakness)
기회 (Opportunity)	① 좋은 인테리어를 활용하여 부모가 직접 사진을 찍을 수 있도록 공간을 대여해 줌	② 회원관리를 전담하는 상담직원을 채용하여 부모들의 투자를 유도 ③ 한부모 가족을 위한 차별화된 상품 구축
위협 (Threat)	④ 인근에 새로 생긴 산부인과와 조리원에 집중적으로 마케팅하여 소비자 확보	⑤ 저렴한 가격정책을 내세워 소비자 확보

TIP 》 회원관리능력의 부족이라는 약점을 전담 상담직원 채용을 통해 보완하고 이를 통해 부모들의 높은 아이에 대한 관심과 투자를 유도하는 것은 적절한 WO 전략이라 할 수 있다.

10 직업윤리

1 윤리와 직업

(1) 윤리의 의미

① **윤리적 인간** … 공동의 이익을 추구하고 도덕적 가치 신념을 기반으로 형성된다.

② **윤리규범의 형성** … 공동생활과 협력을 필요로 하는 인간생활에서 형성되는 공동행동의 룰을 기반으로 형성된다.

③ **윤리의 의미** … 인간과 인간 사이에서 지켜야 할 도리를 바르게 하는 것으로 인간 사회에 필요한 올바른 질서라고 할 수 있다.

예제 1	
윤리에 대한 설명으로 옳지 않은 것은? ① 윤리는 인간과 인간 사이에서 지켜져야 할 도리를 바르게 하는 것으로 볼 수 있다. ② 동양적 사고에서 윤리는 인륜과 동일한 의미이며, 엄격한 규율이나 규범의 의미가 배어 있다. ③ 인간은 윤리를 존중하며 살아야 사회가 질서와 평화를 얻게 되고, 모든 사람이 안심하고 개인적 행복을 얻게 된다. ④ 윤리는 세상에 두 사람 이상이 있으면 존재하며, 반대로 혼자 있을 때도 지켜져야 한다.	**[출제의도]** 윤리의 의미와 윤리적 인간, 윤리규범의 형성 등에 대한 기본적인 이해를 평가는 문제이다. **[해설]** 윤리는 인간과 인간 사이에서 지켜져야 할 도리를 바르게 하는 것으로 이 세상에 두 사람 이상이 있으면 존재하고 반대로 혼자 있을 때에는 의미가 없는 말이 되기도 한다. **답** ④

---

(2) 직업의 의미

① 직업은 본인의 자발적 의사에 의한 장기적으로 지속하는 일로, 경제적 보상이 따라야 한다.

② **입신출세론** … 입신양명(立身揚名)이 입신출세(立身出世)로 바뀌면서 현대에 와서는 직업활동의 결과를 출세에 비중을 두는 경향이 짙어졌다.

③ **3D 기피현상** … 힘들고(Difficult), 더럽고(Dirty), 위험한(Dangerous) 일은 하지 않으려고 하는 현상

(3) 직업윤리

① 직업윤리란 직업인이라면 반드시 지켜야 할 공통적인 윤리규범으로 어느 직장에 다니느냐를 구분하지 않는다.

② 직업윤리와 개인윤리의 조화

  ㉠ 업무상 행해지는 개인의 판단과 행동이 사회적 파급력이 큰 기업시스템을 통하여 다수의 이해관계자와 관련된다.

  ㉡ 많은 사람의 고도화된 협력을 요구하므로 맡은 역할에 대한 책임완수와 투명한 일 처리가 필요하다.

  ㉢ 규모가 큰 공동 재산·정보 등을 개인이 관리하므로 높은 윤리의식이 요구된다.

  ㉣ 직장이라는 특수 상황에서 갖는 집단적 인간관계는 가족관계, 친분관계와는 다른 배려가 요구된다.

  ㉤ 기업은 경쟁을 통하여 사회적 책임을 다하고, 보다 강한 경쟁력을 키우기 위하여 조직원인의 역할과 능력을 꾸준히 향상시켜야 한다.

  ㉥ 직무에 따른 특수한 상황에서는 개인 차원의 일반 상식과 기준으로는 규제할 수 없는 경우가 많다.

예제 2

직업윤리에 대한 설명으로 옳지 않은 것은?

① 개인윤리를 바탕으로 각자가 직업에 종사하는 과정에서 요구되는 특수한 윤리규범이다.

② 직업에 종사하는 현대인으로서 누구나 공통적으로 지켜야 할 윤리기준을 직업윤리라 한다.

③ 개인윤리의 기본 덕목인 사랑, 자비 등과 공동발전의 추구, 장기적 상호이익 등의 기본은 직업윤리도 동일하다.

④ 직업을 가진 사람이라면 반드시 지켜야 할 윤리규범이며, 중소기업 이상의 직장에 다니느냐에 따라 구분된다.

[출제의도]
직업윤리의 정의와 내용에 대한 올바른 이해를 요구하는 문제이다.
[해설]
직업윤리란 직업을 가진 사람이라면 반드시 지켜야 할 공통적인 윤리규범을 말하는 것으로 어느 직장에 다니느냐를 구분하지 않는다.

답 ④

2 직업윤리를 구성하는 하위능력

(1) 근로윤리

① 근면한 태도
  ㉠ 근면이란 게으르지 않고 부지런한 것으로 근면하기 위해서는 일에 임할 때 적극적이고 능동적인 자세가 필요하다.
  ㉡ 근면의 종류
  • 외부로부터 강요당한 근면
  • 스스로 자진해서 하는 근면

② 정직한 행동
  ㉠ 정직은 신뢰를 형성하고 유지하는 데 기본적이고 필수적인 규범이다.
  ㉡ 정직과 신용을 구축하기 위한 지침
  • 정직과 신뢰의 자산을 매일 조금씩 쌓아가자.
  • 잘못된 것도 정직하게 밝히자.
  • 타협하거나 부정직을 눈감아 주지 말자.
  • 부정직한 관행은 인정하지 말자.

③ 성실한 자세 … 성실은 일관하는 마음과 정성의 덕으로 자신의 일에 최선을 다하고자 하는 마음자세를 가지고 업무에 임하는 것이다.

예제 3

우리 사회에서 정직과 신용을 구축하기 위한 지침으로 볼 수 없는 것은?

① 정직과 신뢰의 자산을 매일 조금씩 쌓아가도록 한다.
② 잘못된 것도 정직하게 밝혀야 한다.
③ 작은 실수는 눈 감아주고 때론 타협을 하여야 한다.
④ 부정직한 관행은 인정하지 말아야 한다.

[출제의도]
근로윤리 중에서도 정직한 행동과 성실한 자세에 대해 올바르게 이해하고 있는지 평가하는 문제이다.
[해설]
타협하거나 부정직한 일에 대해서는 눈 감아주지 말아야 한다.

답 ③

---

(2) 공동체윤리

① 봉사(서비스)의 의미
  ㉠ 직업인에게 봉사란 자신보다 고객의 가치를 최우선으로 하는 서비스 개념이다.

　　ⓛ SERVICE의 7가지 의미

　　　• S(Smile & Speed) : 서비스는 미소와 함께 신속하게 하는 것

　　　• E(Emotion) : 서비스는 감동을 주는 것

　　　• R(Respect) : 서비스는 고객을 존중하는 것

　　　• V(Value) : 서비스는 고객에게 가치를 제공하는 것

　　　• I(Image) : 서비스는 고객에게 좋은 이미지를 심어 주는 것

　　　• C(Courtesy) : 서비스는 예의를 갖추고 정중하게 하는 것

　　　• E(Excellence) : 서비스는 고객에게 탁월하게 제공되어져야 하는 것

　　ⓒ **고객접점서비스** : 고객과 서비스 요원 사이에서 15초 동안의 짧은 순간에 이루어지는 서비스로, 이 순간을 진실의 순간(MOT ; Moment of Truth) 또는 결정적 순간이라고 한다.

② **책임의 의미** … 책임은 모든 결과는 나의 선택으로 인한 결과임을 인식하는 태도로, 상황을 회피하지 않고 맞닥뜨려 해결하는 자세가 필요하다.

③ **준법의 의미** … 준법은 민주 시민으로서 기본적으로 지켜야 하는 의무이며 생활 자세이다.

④ **예절의 의미** … 예절은 일정한 생활문화권에서 오랜 생활습관을 통해 하나의 공통된 생활방법으로 정립되어 관습적으로 행해지는 사회계약적 생활규범으로, 언어문화권에 따라 다르고 같은 언어문화권이라도 지방에 따라 다를 수 있다.

⑤ **직장에서의 예절**

　　㉠ **직장에서의 인사예절**

　　　• 악수

　　　－악수를 하는 동안에는 상대에게 집중하는 의미로 반드시 눈을 맞추고 미소를 짓는다.

　　　－악수를 할 때는 오른손을 사용하고, 너무 강하게 쥐어짜듯이 잡지 않는다.

　　　－악수는 힘 있게 해야 하지만 상대의 뼈를 부수듯이 손을 잡지 말아야 한다.

　　　－악수는 서로의 이름을 말하고 간단한 인사 몇 마디를 주고받는 정도의 시간 안에 끝내야 한다.

　　　• 소개

　　　－나이 어린 사람을 연장자에게 소개한다.

　　　－내가 속해 있는 회사의 관계자를 타 회사의 관계자에게 소개한다.

　　　－신참자를 고참자에게 소개한다.

　　　－동료임원을 고객, 손님에게 소개한다.

　　　－비임원을 임원에게 소개한다.

　　　－소개받는 사람의 별칭은 그 이름이 비즈니스에서 사용되는 것이 아니라면 사용하지 않는다.

　　　－반드시 성과 이름을 함께 말한다.

-상대방이 항상 사용하는 경우라면, Dr. 또는 Ph.D. 등의 칭호를 함께 언급한다.

-정부 고관의 직급명은 퇴직한 경우라도 항상 사용한다.

-천천히 그리고 명확하게 말한다.

-각각의 관심사와 최근의 성과에 대하여 간단한 언급을 한다.

• 명함 교환

-명함은 반드시 명함 지갑에서 꺼내고 상대방에게 받은 명함도 명함 지갑에 넣는다.

-상대방에게서 명함을 받으면 받은 즉시 호주머니에 넣지 않는다.

-명함은 하위에 있는 사람이 먼저 꺼내는데 상위자에 대해서는 왼손으로 가볍게 받쳐 내는 것이 예의이며, 동위자, 하위자에게는 오른손으로만 쥐고 건넨다.

-명함을 받으면 그대로 집어넣지 말고 명함에 관해서 한두 마디 대화를 건네 본다.

-쌍방이 동시에 명함을 꺼낼 때는 왼손으로 서로 교환하고 오른손으로 옮겨진다.

ⓛ 직장에서의 전화예절

• 전화걸기

-전화를 걸기 전에 먼저 준비를 한다. 정보를 얻기 위해 전화를 하는 경우라면 얻고자 하는 내용을 미리 메모하도록 한다.

-전화를 건 이유를 숙지하고 이와 관련하여 대화를 나눌 수 있도록 준비한다.

-전화는 정상적인 업무가 이루어지고 있는 근무 시간에 걸도록 한다.

-당신이 통화를 원하는 상대와 통화할 수 없을 경우에 대비하여 비서나 다른 사람에게 메시지를 남길 수 있도록 준비한다.

-전화는 직접 걸도록 한다.

-전화를 해달라는 메시지를 받았다면 가능한 한 48시간 안에 답해주도록 한다.

• 전화받기

-전화벨이 3~4번 울리기 전에 받는다.

-당신이 누구인지를 즉시 말한다.

-천천히, 명확하게 예의를 갖추고 말한다.

-밝은 목소리로 말한다.

-말을 할 때 상대방의 이름을 함께 사용한다.

-메시지를 받아 적을 수 있도록 펜과 메모지를 곁에 둔다.

-주위의 소음을 최소화한다.

-긍정적인 말로서 전화 통화를 마치고 전화를 건 상대방에게 감사를 표시한다.

• 휴대전화

-당신이 어디에서 휴대전화로 전화를 하든지 간에 상대방에게 통화를 강요하지 않는다.

-상대방이 장거리 요금을 지불하게 되는 휴대전화의 사용은 피한다.

-운전하면서 휴대전화를 하지 않는다.

　　　－친구의 휴대전화를 빌려 달라고 부탁하지 않는다.

　　　－비상시에만 휴대전화를 사용하는 친구에게는 휴대전화로 전화하지 않는다.

　ⓒ 직장에서의 E-mail 예절

　• E-mail 보내기

　－상단에 보내는 사람의 이름을 적는다.

　－메시지에는 언제나 제목을 넣도록 한다.

　－메시지는 간략하게 만든다.

　－요점을 빗나가지 않는 제목을 잡도록 한다.

　－올바른 철자와 문법을 사용한다.

　• E-mail 답하기

　－원래 이-메일의 내용과 관련된 일관성 있는 답을 하도록 한다.

　－다른 비즈니스 서신에서와 마찬가지로 화가 난 감정의 표현을 보내는 것은 피한다.

　－답장이 어디로, 누구에게로 보내는지 주의한다.

⑥ 성예절을 지키기 위한 자세 … 직장에서 여성의 특징을 살린 한정된 업무를 담당하던 과거와는 달리 여성과 남성이 대등한 동반자 관계로 동등한 역할과 능력발휘를 한다는 인식을 가질 필요가 있다.

　㉠ 직장 내에서 여성이 남성과 동등한 지위를 보장 받기 위해서 그만한 책임과 역할을 다해야 하며, 조직은 그에 상응하는 여건을 조성해야 한다.

　㉡ 성희롱 문제를 사전에 예방하고 효과적으로 처리하는 방안이 필요한 것이다.

　㉢ 남성 위주의 가부장적 문화와 성 역할에 대한 과거의 잘못된 인식을 타파하고 남녀공존의 직장문화를 정착하는 노력이 필요하다.

예제 4

예절에 대한 설명으로 옳지 않은 것은?

① 예절은 일정한 생활문화권에서 오랜 생활습관을 통해 하나의 공통된 생활방식으로 정립되어 관습적으로 행해지는 사회계약적인 생활규범이라 할 수 있다.

② 예절은 언어문화권에 따라 다르나 동일한 언어문화권일 경우에는 모두 동일하다.

③ 무리를 지어 하나의 문화를 형성하여 사는 일정한 지역을 생활문화권이라 하며, 이 문화권에 사는 사람들이 가장 편리하고 바람직한 방법이라고 여겨 그렇게 행하는 생활방법이 예절이다.

④ 예절은 한 나라에서 통일되어야 국민들이 생활하기가 수월하며, 올바른 예절을 지키는 것이 바른 삶을 사는 것이라 할 수 있다.

[출제의도]
공동체윤리에 속하는 여러 항목 중 예절의 의미와 특성에 대한 이해능력을 평가하는 문제이다.

[해설]
예절은 언어문화권에 따라 다르고, 동일한 언어문화권이라도 지방에 따라 다를 수 있다. 예를 들면 우리나라의 경우 서울과 지방에 따라 예절이 조금씩 다르다.

답 ②

출제예상문제

1 다음 중 근로윤리에 관한 설명으로 옳지 않은 것은?

① 정직은 신뢰를 형성하는 데 기본적인 규범이다.
② 정직은 부정직한 관행을 인정하지 않는다.
③ 신용을 위해 동료와 타협하여 부정직을 눈감아준다.
④ 신용을 위해 잘못된 것도 정직하게 밝혀야 한다.
⑤ 자신의 일에 최선을 다하고자 하는 마음을 가진다.

TIP 》 ③ 타협하거나 부정직을 눈감아 주지 말아야 한다.

2 다음 빈칸에 들어갈 용어로 올바른 것은?

> • 1980년대 이후 소득수준과 생활수준이 급격히 향상되면서 근로자들이 일하기를 꺼리는 업종을 지칭하는 신조어를 말한다.
> • 더러움을 의미하는 dirty, 힘듦을 의미하는 difficult, _____㉠_____을 의미하는 dangerous의 앞 글자를 따 만들었다.
> • 본래는 제조업, 광업, 건축업 등 더럽고 어려우며 위험한 분야의 산업을 일컬었으나 최근에는 주로 젊은층을 위주로 한 노동인력의 취업경향을 설명하는 데 사용된다.

① 위험함　　　　　　　　② 연관성
③ 어두움　　　　　　　　④ 이질감
⑤ 가난함

TIP 》 3D 기피현상 : 힘들고(Difficult), 더럽고(Dirty), 위험한(Dangerous) 일은 하지 않으려고 하는 현상

3 다음 설명에 해당하는 직업윤리의 덕목은?

> 자신이 하고 있는 일이 사회나 기업을 위해 중요한 역할을 하고 있다고 믿는 태도

① 직분의식   ② 소명의식

③ 천직의식   ④ 책임의식

⑤ 봉사의식

> **TIP 》** 직업윤리의 덕목
> ㉠ **소명의식** : 자신이 맡은 일을 하늘에 의해 맡겨진 일이라고 생각하는 태도
> ㉡ **천직의식** : 자신의 일이 자신의 능력에 맞는다 여기고 열성을 가지고 성실히 임하는 태도
> ㉢ **직분의식** : 자신이 하고 있는 일이 사회나 기업을 위해 중요한 역할을 하고 있다고 믿는 태도
> ㉣ **책임의식** : 직업에 대한 사회적 역할과 책무를 충실히 수행하고 책임을 다하는 태도
> ㉤ **전문가의식** : 자신의 일이 누구나 할 수 있는 것이 아니라 해당분야의 지식을 바탕으로 가능한 것이라 믿는 태도
> ㉥ **봉사의식** : 직업활동을 통해 다른사람과 공동체에 대해 봉사하는 정신을 갖춘 태도

4 다음 중 봉사(서비스)의 의미의 연결이 옳지 않은 것은?

① S(Smile&Speed) : 서비스는 미소와 함께 신속하게 하는 것

② E(Emotion) : 서비스는 고객에게 탁월하게 제공되어져야 하는 것

③ R(Respect) : 서비스는 고객을 존중하는 것

④ V(Value) : 서비스는 고객에게 가치를 제공하는 것

⑤ I(Image) : 서비스는 고객에게 좋은 이미지를 심어 주는 것

> **TIP 》** SERVICE
> • S(Smile&Speed) : 서비스는 미소와 함께 신속하게 하는 것
> • E(Emotion) : 서비스는 감동을 주는 것
> • R(Respect) : 서비스는 고객을 존중하는 것
> • V(Value) : 서비스는 고객에게 가치를 제공하는 것
> • I(Image) : 서비스는 고객에게 좋은 이미지를 심어 주는 것
> • C(Courtesy) : 서비스는 예의를 갖추고 정중하게 하는 것
> • E(Excellence) : 서비스는 고객에게 탁월하게 제공되어져야 하는 것

ANSWER 〉 1.③ 2.① 3.① 4.②

5 다음 중 공동체 윤리에 해당하는 것이 아닌 것은?

① 봉사

② 책임

③ 준법

④ 근면

⑤ 예절

> **TIP 》** ④는 근로윤리에 해당한다.

6 다음 중 직장에서의 소개 예절로 옳지 않은 것은?

① 나이 어린 사람을 연장자에게 소개한다.

② 신참자를 고참자에게 소개한다.

③ 반드시 성과 이름을 함께 말한다.

④ 빠르게 그리고 명확하게 말한다.

⑤ 상대방이 항상 사용하는 경우라면, Dr. 또는 Ph.D. 등의 칭호를 함께 언급한다.

> **TIP 》** 소개
> • 나이 어린 사람을 연장자에게 소개한다.
> • 내가 속해 있는 회사의 관계자를 타 회사의 관계자에게 소개한다.
> • 신참자를 고참자에게 소개한다.
> • 동료임원을 고객, 손님에게 소개한다.
> • 비임원을 임원에게 소개한다.
> • 소개받는 사람의 별칭은 그 이름이 비즈니스에서 사용되는 것이 아니라면 사용하지 않는다.
> • 반드시 성과 이름을 함께 말한다.
> • 상대방이 항상 사용하는 경우라면, Dr. 또는 Ph.D. 등의 칭호를 함께 언급한다.
> • 정부 고관의 직급명은 퇴직한 경우라도 항상 사용한다.
> • 천천히 그리고 명확하게 말한다.
> • 각각의 관심사와 최근의 성과에 대하여 간단한 언급을 한다.

7 다음 중 악수 예절로 적절한 것은?

① 악수를 하는 동안에 상대의 눈을 쳐다보지 않는다.
② 악수를 할 때는 왼손을 사용한다.
③ 악수는 인사 몇 마디를 주고받는 정도의 시간 안에 끝내야 한다.
④ 악수는 상대보다 더 힘 있게 해야 한다.
⑤ 악수는 되도록 길게 해야 한다.

> **TIP 》** 악수 예절
> • 악수를 하는 동안에는 상대에게 집중하는 의미로 반드시 눈을 맞추고 미소를 짓는다.
> • 악수를 할 때는 오른손을 사용하고, 너무 강하게 쥐어짜듯이 잡지 않는다.
> • 악수는 힘 있게 해야 하지만 상대의 뼈를 부수듯이 손을 잡지 말아야 한다.
> • 악수는 서로의 이름을 말하고 간단한 인사 몇 마디를 주고받는 정도의 시간 안에 끝내야 한다.

8 다음 중 직장에서의 전화걸기 예절로 옳지 않은 것은?

① 전화를 건 이유를 숙지하고 이와 관련하여 대화를 나눌 수 있도록 준비한다.
② 전화는 정상적인 업무가 이루어지고 있는 근무 시간이 종료된 뒤에 걸도록 한다.
③ 정보를 얻기 위해 전화를 하는 경우라면 얻고자 하는 내용을 미리 메모하도록 한다.
④ 전화를 해달라는 메시지를 받았다면 가능한 한 48시간 안에 답해주도록 한다.
⑤ 전화는 직접 걸도록 한다.

> **TIP 》** 전화걸기
> • 전화를 걸기 전에 먼저 준비를 한다. 정보를 얻기 위해 전화를 하는 경우라면 얻고자 하는 내용을 미리 메모하도록 한다.
> • 전화를 건 이유를 숙지하고 이와 관련하여 대화를 나눌 수 있도록 준비한다.
> • 전화는 정상적인 업무가 이루어지고 있는 근무 시간에 걸도록 한다.
> • 당신이 통화를 원하는 상대와 통화할 수 없을 경우에 대비하여 비서나 다른 사람에게 메시지를 남길 수 있도록 준비한다.
> • 전화는 직접 걸도록 한다.
> • 전화를 해달라는 메시지를 받았다면 가능한 한 48시간 안에 답해주도록 한다.

ANSWER 》 5.④ 6.④ 7.③ 8.②

9 다음 중 직장에서의 E-mail 예절로 옳지 않은 것은?

① 올바른 철자와 문법을 사용한다.

② 메시지는 간략하게 만든다.

③ 단문의 메시지인 경우 제목은 생략한다.

④ 답장이 어디로, 누구에게로 보내는지 주의한다.

⑤ 원래 이-메일의 내용과 관련된 일관성 있는 답장을 하도록 한다.

> **TIP 》** 직장에서의 E-mail 예절
> ㉠ E-mail 보내기
> • 상단에 보내는 사람의 이름을 적는다.
> • 메시지에는 언제나 제목을 넣도록 한다.
> • 메시지는 간략하게 만든다.
> • 요점을 빗나가지 않는 제목을 잡도록 한다.
> • 올바른 철자와 문법을 사용한다.
> ㉡ E-mail 답하기
> • 원래 이-메일의 내용과 관련된 일관성 있는 답을 하도록 한다.
> • 다른 비즈니스 서신에서와 마찬가지로 화가 난 감정의 표현을 보내는 것은 피한다.
> • 답장이 어디로, 누구에게로 보내는지 주의한다.

10 다음 중 성 예절을 지키기 위한 노력으로 옳은 것은?

① 성희롱 문제는 사전에 예방할 수 없기 때문에 국가와 타협을 해야한다.

② 여성은 남성보다 높은 지위를 보장 받기 위해서 그에 상응하는 여건을 조성해야 한다.

③ 직장 내에서 여성의 지위를 인정받기 위해 남성의 지위를 없애야 한다.

④ 성 역할에 대한 과거의 잘못된 인식을 타파하고 남녀공존의 직장문화를 정착하는 노력이 필요하다.

⑤ 상대방의 나이를 알아보고 '님'이나 '씨'와 같은 호칭을 정한다.

> **TIP 》** 성 예절을 지키기 위한 자세 : 직장에서 여성의 특징을 살린 한정된 업무를 담당하던 과거와 는 달리 여성과 남성이 대등한 동반자 관계로 동등한 역할과 능력발휘를 한다는 인식을 가 질 필요가 있다.
> ㉠ 직장 내에서 여성이 남성과 동등한 지위를 보장 받기 위해서 그만한 책임과 역할을 다 해야 하며, 조직은 그에 상응하는 여건을 조성해야 한다.
> ㉡ 성희롱 문제를 사전에 예방하고 효과적으로 처리하는 방안이 필요한 것이다.
> ㉢ 남성 위주의 가부장적 문화와 성 역할에 대한 과거의 잘못된 인식을 타파하고 남녀공존 의 직장문화를 정착하는 노력이 필요하다.

11 다음 설명은 직업윤리의 덕목 중 무엇에 해당하는가?

> 자신의 일이 누구나 할 수 있는 것이 아니라 해당 분야의 지식과 교육을 밑바탕으로 성실히 수행해야만 가능한 것이라 믿고 수행하는 태도를 말한다.

① 소명의식

② 직분의식

③ 전문가의식

④ 봉사의식

⑤ 천직의식

> **TIP** 》 ① **소명의식**: 자신이 맡은 일은 하늘에 의해 맡겨진 일이라고 생각하는 태도
> ② **직분의식**: 자신이 하고 있는 일이 사회나 기업을 위해 중요한 역할을 하고 있다고 믿고 자신의 활동을 수행하는 태도
> ④ **봉사의식**: 직업활동을 통해 다른 사람과 공동체에 대해 봉사하는 정신을 갖추고 실천하는 태도

12 다음 중 부패에 대한 내용으로 적절하지 않은 것은 무엇인가?

① 관료제 내부 부패에 대해서는 내부고발자의 역할이 중요하다.

② 부패로 인한 불신의 증가는 막대한 사회적 비용의 증대로 이어질 수 있다.

③ 부패는 개인적 일탈과 더불어 사회적 산물로 급격한 근대화 과정에서 더욱 증가하였다.

④ 행정절차의 단순성이 부패를 발생시키기 쉬우므로 절차를 까다롭게 하는 것이 필요하다.

⑤ 부패 문제는 정부에 의해서만 발생한 것이 아니라 복합적으로 형성된 것이기 때문에 사회 전반의 의식 개선과 일관된 법 운영이 필요하다.

> **TIP** 》 복잡하고 까다로운 절차로 인하여 부패가 생겨난다. 행정절차는 단순하고 투명할수록 좋다. 부패는 개인적 일탈의 문제와 더불어 구조적 산물이다. 즉 우리의 공공부문의 부패는 과거의 역사적 누적의 결과이며, 왜곡되어 있는 국가구조의 결과물로서, 부정적인 정치적, 경제적, 사회적 요소들의 결합체라고 할 수 있다. 또한 부패문제에 대한 관대화 경향은 일반 국민들이 부패문제에 대하여 적극적인 관심을 지니지 못하도록 하였을 뿐만 아니라, 부패문제를 특별한 것으로 인식하지 못하도록 하여, 결국 부패의 악순환에서 벗어나지 못하도록 하였다. 따라서 사소한 부패에도 엄중하게 대응하며 정부의 노력 뿐 아니라 개인들의 의식 개선이 필요하다.

13 다음 중 직업윤리에 대한 설명으로 적절한 것은 무엇인가?

> (ㄱ) 직업윤리는 개인윤리에 비해 더 구체적이다.
> (ㄴ) 직업윤리는 구체적 상황에서의 실천 규범이고, 개인윤리는 보통 상황에서의 원리 규범이다.
> (ㄷ) 개인윤리와 직업윤리가 충돌하는 경우에는 개인윤리를 우선하는 것이 적절하다.
> (ㄹ) 직업윤리의 경우 다수의 이해 관계자와 관련된다.
> (ㅁ) 직업윤리는 직업의 성격을 구분하지 않는다.

① (ㄱ)(ㄴ)(ㄷ)

② (ㄱ)(ㄴ)(ㄹ)

③ (ㄴ)(ㄷ)(ㅁ)

④ (ㄴ)(ㄹ)(ㅁ)

⑤ (ㄷ)(ㄹ)(ㅁ)

TIP 》 직업윤리는 업무를 수행함에 있어서 원만한 직업생활을 위해 필요한 마음가짐과 태도 및 올바른 직업관을 의미한다. 따라서 (ㄱ) 개인윤리에 비해 더 구체적이며 특수성을 지닌다. 또한 (ㄴ) 직업윤리는 구체적 상황에서의 실천 규범이라고 한다면, 개인윤리가 보통 상황에서의 일반적인 원리 규범이라고 할 수 있다. (ㄹ) 업무상 행해지는 개인의 판단과 행동은 사회적 파급력이 큰 기업시스템을 통하여 다수의 이해관계자와 관련되게 된다.

(ㄷ) 직업윤리와 개인윤리는 상황에 따라 서로 배치되거나 충돌하는 경우가 종종 발생한다. 직업인은 이런 경우 직업윤리를 우선하는 것이 적절하다.
(ㅁ) 직업윤리는 직업의 성격에 따라 각기 다른 직업윤리를 지니며 특수성을 지닌다.

14 다음 중 명함 교환 예절에 대한 설명으로 옳지 않은 것은 무엇인가?

① 명함은 반드시 지갑에서 꺼내며 새 것을 사용한다.

② 명함을 꺼낼 때는 하위자가 먼저 꺼내어 상위자에게 건넨다.

③ 상위자에게 명함을 건넬 때는 왼손으로 가볍게 받쳐 내는 것이 예의이다.

④ 명함에 관한 부가 정보는 상대방과의 만남에서 기입해 두는 것이 적절하다.

⑤ 명함을 받으면 이름과 직책을 확인한 후, 명함에 관한 이야기를 한두 마디 나눈다.

TIP 》 명함에 부가 정보는 상대방과의 만남이 끝난 후에 적는 것이 적절하다.

15 신입 사원들의 멘토 정 과장은 아직도 직장 예절에 대해서 잘 모르는 신입사원들을 대상으로 직장 예절에 대한 교육을 시행하였다. 교육을 마친 후 사원들에게 "지금까지의 내용을 바탕으로 적절하다고 생각하는 알고 있는 직장 내 예절 행동을 말해보세요."라고 했을 때 적절한 예를 든 사원은 누구인가?

① 메일의 제목은 발신자를 밝히고, 핵심 내용을 한 눈에 파악할 수 있는 것으로 정하도록 합니다.

② 다른 사람을 대신해서 전화를 받았을 때는 담당자인 척하고 내용을 메모해 둡니다.

③ 전화를 받을 때는 상대가 신원을 밝힐 때까지 기다리며, 긍정적인 말로 전화 통화를 마칩니다.

④ 업무에 필요한 전화는 가급적 업무 시간에 하고, 시간적 여유가 있다면 개인적 업무를 보도록 합니다.

⑤ 메일을 보낼 때는, 명확한 의사 전달을 위하여 이모티콘을 사용해 자신의 감정을 표현하는 것이 적절합니다.

> **TIP 》** 메일의 제목은 수신자가 빨리 읽고 제대로 응답할 수 있도록 제목만 읽고도 어떤 내용인지 알 수 있도록 하는 것이 적절하다.
> ② 다른 사람을 대신해서 전화를 받았을 때는 본인이 담당자가 아님을 밝히고 담당자와 언제 통화가 가능한지 알려주거나 답신을 요청하는 메모를 남기는 것이 적절하다.
> ③ 전화를 받을 때는 자신을 먼저 밝히는 것이 적절하다.
> ④ 업무 시간에는 개인적인 업무는 지양하고, 업무에 집중하도록 한다.
> ⑤ 업무를 주고받는 메일의 경우 올바른 맞춤법과 표기에 따르는 것이 좋고, 상대에게 혼동을 줄 수 있는 감정 표현은 피하는 것이 좋다. 인터넷 특유의 언어 사용이나 이모티콘 역시 최소한으로 사용하는 것이 적절하다.

면접

성공취업을 위한 면접의 기본 및 면접기출을 수록하여 취업의
마무리까지 깔끔하게 책임집니다.

면접

01 면접의 기본

1 면접준비

(1) 면접의 기본 원칙

① **면접의 의미** ··· 면접이란 다양한 면접기법을 활용하여 지원한 직무에 필요한 능력을 지원 자가 보유하고 있는지를 확인하는 절차라고 할 수 있다. 즉, 지원자의 입장에서는 채용 직무수행에 필요한 요건들과 관련하여 자신의 환경, 경험, 관심사, 성취 등에 대해 기업 에 직접 어필할 수 있는 기회를 제공받는 것이며, 기업의 입장에서는 서류전형만으로 알 수 없는 지원자에 대한 정보를 직접적으로 수집하고 평가하는 것이다.

② **면접의 특징** ··· 면접은 기업의 입장에서 서류전형이나 필기전형에서 드러나지 않는 지원자 의 능력이나 성향을 볼 수 있는 기회로, 면대면으로 이루어지며 즉흥적인 질문들이 포함 될 수 있기 때문에 지원자가 완벽하게 준비하기 어려운 부분이 있다. 하지만 지원자 입장 에서도 서류전형이나 필기전형에서 모두 보여주지 못한 자신의 능력 등을 기업의 인사담 당자에게 어필할 수 있는 추가적인 기회가 될 수도 있다.

[서류 · 필기전형과 차별화되는 면접의 특징]

- 직무수행과 관련된 다양한 지원자 행동에 대한 관찰이 가능하다.
- 면접관이 알고자 하는 정보를 심층적으로 파악할 수 있다.
- 서류상의 미비한 사항과 의심스러운 부분을 확인할 수 있다.
- 커뮤니케이션 능력, 대인관계 능력 등 행동 · 언어적 정보도 얻을 수 있다.

③ 면접의 유형

　㉠ **구조화 면접** : 구조화 면접은 사전에 계획을 세워 질문의 내용과 방법, 지원자의 답변 유형에 따른 추가 질문과 그에 대한 평가 역량이 정해져 있는 면접 방식으로 표준화 면접이라고도 한다.

　　• 표준화된 질문이나 평가요소가 면접 전 확정되며, 지원자는 편성된 조나 면접관에 영 향을 받지 않고 동일한 질문과 시간을 부여받을 수 있다.

- 조직 또는 직무별로 주요하게 도출된 역량을 기반으로 평가요소가 구성되어, 조직 또는 직무에서 필요한 역량을 가진 지원자를 선발할 수 있다.
- 표준화된 형식을 사용하는 특성 때문에 비구조화 면접에 비해 신뢰성과 타당성, 객관성이 높다.

ⓛ 비구조화 면접 : 비구조화 면접은 면접 계획을 세울 때 면접 목적만을 명시하고 내용이나 방법은 면접관에게 전적으로 일임하는 방식으로 비표준화 면접이라고도 한다.

- 표준화된 질문이나 평가요소 없이 면접이 진행되며, 편성된 조나 면접관에 따라 지원자에게 주어지는 질문이나 시간이 다르다.
- 면접관의 주관적인 판단에 따라 평가가 이루어져 평가 오류가 빈번히 일어난다.
- 상황 대처나 언변이 뛰어난 지원자에게 유리한 면접이 될 수 있다.

④ 경쟁력 있는 면접 요령

ⓗ 면접 전에 준비하고 유념할 사항

- 예상 질문과 답변을 미리 작성한다.
- 작성한 내용을 문장으로 외우지 않고 키워드로 기억한다.
- 지원한 회사의 최근 기사를 검색하여 기억한다.
- 지원한 회사가 속한 산업군의 최근 기사를 검색하여 기억한다.
- 면접 전 1주일간 이슈가 되는 뉴스를 기억하고 자신의 생각을 반영하여 정리한다.
- 찬반토론에 대비한 주제를 목록으로 정리하여 자신의 논리를 내세운 예상답변을 작성한다.

ⓛ 면접장에서 유념할 사항

- 질문의 의도 파악 : 답변을 할 때에는 질문 의도를 파악하고 그에 충실한 답변이 될 수 있도록 질문사항을 유념해야 한다. 많은 지원자가 하는 실수 중 하나로 답변을 하는 도중 자기 말에 심취되어 질문의 의도와 다른 답변을 하거나 자신이 알고 있는 지식만을 나열하는 경우가 있는데, 이럴 경우 의사소통능력이 부족한 사람으로 인식될 수 있으므로 주의하도록 한다.
- 답변은 두괄식 : 답변을 할 때에는 두괄식으로 결론을 먼저 말하고 그 이유를 설명하는 것이 좋다. 미괄식으로 답변을 할 경우 용두사미의 답변이 될 가능성이 높으며, 결론을 이끌어 내는 과정에서 논리성이 결여될 우려가 있다. 또한 면접관이 결론을 듣기 전에 말을 끊고 다른 질문을 추가하는 예상치 못한 상황이 발생될 수 있으므로 답변은 자신이 전달하고자 하는 바를 먼저 밝히고 그에 대한 설명을 하는 것이 좋다.

- 지원한 회사의 기업정신과 인재상을 기억 : 답변을 할 때에는 회사가 원하는 인재라는 인상을 심어주기 위해 지원한 회사의 기업정신과 인재상 등을 염두에 두고 답변을 하는 것이 좋다. 모든 회사에 해당되는 두루뭉술한 답변보다는 지원한 회사에 맞는 맞춤형 답변을 하는 것이 좋다.
- 나보다는 회사와 사회적 관점에서 답변 : 답변을 할 때에는 자기중심적인 관점을 피하고 좀 더 넓은 시각으로 회사와 국가, 사회적 입장까지 고려하는 인재임을 어필하는 것이 좋다. 자기중심적 시각을 바탕으로 자신의 출세만을 위해 회사에 입사하려는 인상을 심어줄 경우 면접에서 불이익을 받을 가능성이 높다.
- 난처한 질문은 정직한 답변 : 난처한 질문에 답변을 해야 할 때에는 피하기보다는 정면 돌파로 정직하고 솔직하게 답변하는 것이 좋다. 난처한 부분을 감추고 드러내지 않으려 회피하려는 지원자의 모습은 인사담당자에게 입사 후에도 비슷한 상황에 처했을 때 회피할 수도 있다는 우려를 심어줄 수 있다. 따라서 직장생활에 있어 중요한 덕목 중 하나인 정직을 바탕으로 솔직하게 답변을 하도록 한다.

(2) 면접의 종류 및 준비 전략

① 인성면접

　㉠ 면접 방식 및 판단기준
- 면접 방식 : 인성면접은 면접관이 가지고 있는 개인적 면접 노하우나 관심사에 의해 질문을 실시한다. 주로 입사지원서나 자기소개서의 내용을 토대로 지원동기, 과거의 경험, 미래 포부 등을 이야기하도록 하는 방식이다.
- 판단기준 : 면접관의 개인적 가치관과 경험, 해당 역량의 수준, 경험의 구체성 · 진실성 등
　㉡ 특징 : 인성면접은 그 방식으로 인해 역량과 무관한 질문들이 많고 지원자에게 주어지는 면접질문, 시간 등이 다를 수 있다. 또한 입사지원서나 자기소개서의 내용을 토대로 하기 때문에 지원자별 질문이 달라질 수 있다.

ⓒ 예시 문항 및 준비전략

• 예시 문항

> • 3분 동안 자기소개를 해 보십시오.
> • 자신의 장점과 단점을 말해 보십시오.
> • 학점이 좋지 않은데 그 이유가 무엇입니까?
> • 최근에 인상 깊게 읽은 책은 무엇입니까?
> • 회사를 선택할 때 중요시하는 것은 무엇입니까?
> • 일과 개인생활 중 어느 쪽을 중시합니까?
> • 10년 후 자신은 어떤 모습일 것이라고 생각합니까?
> • 휴학 기간 동안에는 무엇을 했습니까?

• 준비전략 : 인성면접은 입사지원서나 자기소개서의 내용을 바탕으로 하는 경우가 많으므로 자신이 작성한 입사지원서와 자기소개서의 내용을 충분히 숙지하도록 한다. 또한 최근 사회적으로 이슈가 되고 있는 뉴스에 대한 견해를 묻거나 시사상식 등에 대한 질문을 받을 수 있으므로 이에 대한 대비도 필요하다. 자칫 부담스러워 보이지 않는 질문으로 가볍게 대답하지 않도록 주의하고 모든 질문에 입사 의지를 담아 성실하게 답변하는 것이 중요하다.

② 발표면접

㉠ 면접 방식 및 판단기준

• 면접 방식 : 지원자가 특정 주제와 관련된 자료를 검토하고 그에 대한 자신의 생각을 면접관 앞에서 주어진 시간 동안 발표하고 추가 질의를 받는 방식으로 진행된다.

• 판단기준 : 지원자의 사고력, 논리력, 문제해결력 등

㉡ 특징 : 발표면접은 지원자에게 과제를 부여한 후, 과제를 수행하는 과정과 결과를 관찰·평가한다. 따라서 과제수행 결과뿐 아니라 수행과정에서의 행동을 모두 평가할 수 있다.

ⓒ 예시 문항 및 준비전략

• 예시 문항

[신입사원 조기 이직 문제]

※ 지원자는 아래에 제시된 자료를 검토한 뒤, 신입사원 조기 이직의 원인을 크게 3가지로 정리하고 이에 대한 구체적인 개선안을 도출하여 발표해 주시기 바랍니다.

※ 본 과제에 정해진 정답은 없으나 논리적 근거를 들어 개선안을 작성해 주십시오.

• A기업은 동종업계 유사기업들과 비교해 볼 때, 비교적 높은 재무안정성을 유지하고 있으며 업무강도가 그리 높지 않은 것으로 외부에 알려져 있음.

• 최근 조사결과, 동종업계 유사기업들과 연봉을 비교해 보았을 때 연봉 수준도 그리 나쁘지 않은 편이라는 것이 확인되었음.

• 그러나 지난 3년간 1~2년차 직원들의 이직률이 계속해서 증가하고 있는 추세이며, 경영진 회의에서 최우선 해결과제 중 하나로 거론되었음.

• 이에 따라 인사팀에서 현재 1~2년차 사원들을 대상으로 개선되어야 하는 A기업의 조직문화에 대한 설문조사를 실시한 결과, '상명하복식의 의사소통'이 36.7%로 1위를 차지했음.

• 이러한 설문조사와 함께, 신입사원 조기 이직에 대한 원인을 분석한 결과 파랑새 증후군, 셀프홀릭 증후군, 피터팬 증후군 등 3가지로 분류할 수 있었음.

〈동종업계 유사기업들과의 연봉 비교〉　　〈우리 회사 조직문화 중 개선되었으면 하는 것〉

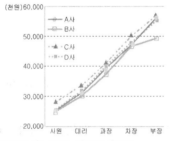

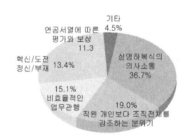

〈신입사원 조기 이직의 원인〉

• 파랑새 증후군

－현재의 직장보다 더 좋은 직장이 있을 것이라는 막연한 기대감으로 끊임없이 새로운 직장을 탐색함.

－학력 수준과 맞지 않는 '하향지원', 전공과 적성을 고려하지 않고 일단 취업하고 보자는 '묻지마 지원'이 파랑새 증후군을 초래함.

• 셀프홀릭 증후군

－본인의 역량에 비해 가치가 낮은 일을 주로 하면서 갈등을 느낌.

• 피터팬 증후군

－기성세대의 문화를 무조건 수용하기보다는 자유로움과 변화를 추구함.

－상명하복, 엄격한 규율 등 기성세대가 당연시하는 관행에 거부감을 가지며 직장에 답답함을 느낌.

- 준비전략 : 발표면접의 시작은 과제 안내문과 과제 상황, 과제 자료 등을 정확하게 이해하는 것에서 출발한다. 과제 안내문을 침착하게 읽고 제시된 주제 및 문제와 관련된 상황의 맥락을 파악한 후 과제를 검토한다. 제시된 기사나 그래프 등을 충분히 활용하여 주어진 문제를 해결할 수 있는 해결책이나 대안을 제시하며, 발표를 할 때에는 명확하고 자신 있는 태도로 전달할 수 있도록 한다.

③ 토론면접

   ㉠ 면접 방식 및 판단기준

   - 면접 방식 : 상호갈등적 요소를 가진 과제 또는 공통의 과제를 해결하는 내용의 토론 과제를 제시하고, 그 과정에서 개인 간의 상호작용 행동을 관찰하는 방식으로 면접이 진행된다.
   - 판단기준 : 팀워크, 적극성, 갈등 조정, 의사소통능력, 문제해결능력 등

   ㉡ 특징 : 토론을 통해 도출해 낸 최종안의 타당성도 중요하지만, 결론을 도출해 내는 과정에서의 의사소통능력이나 갈등상황에서 의견을 조정하는 능력 등이 중요하게 평가되는 특징이 있다.

   ㉢ 예시 문항 및 준비전략

   - 예시 문항

     - 군 가산점제 부활에 대한 찬반토론
     - 담뱃값 인상에 대한 찬반토론
     - 비정규직 철폐에 대한 찬반토론
     - 대학의 영어 강의 확대 찬반토론
     - 워크숍 장소 선정을 위한 토론

   - 준비전략 : 토론면접은 무엇보다 팀워크와 적극성이 강조된다. 따라서 토론과정에 적극적으로 참여하며 자신의 의사를 분명하게 전달하며, 갈등상황에서 자신의 의견만 내세울 것이 아니라 다른 지원자의 의견을 경청하고 배려하는 모습도 중요하다. 갈등상황을 일목요연하게 정리하여 조정하는 등의 의사소통능력을 발휘하는 것도 좋은 전략이 될 수 있다.

④ 상황면접

   ㉠ 면접 방식 및 판단기준

   - 면접 방식 : 상황면접은 직무 수행 시 접할 수 있는 상황들을 제시하고, 그러한 상황에서 어떻게 행동할 것인지를 이야기하는 방식으로 진행된다.
   - 판단기준 : 해당 상황에 적절한 역량의 구현과 구체적 행동지표

ⓛ **특징** : 실제 직무 수행 시 접할 수 있는 상황들을 제시하므로 입사 이후 지원자의 업무수행능력을 평가하는 데 적절한 면접 방식이다. 또한 지원자의 가치관, 태도, 사고 방식 등의 요소를 통합적으로 평가하는 데 용이하다.

ⓒ **예시 문항 및 준비전략**

• 예시 문항

> 당신은 생산관리팀의 팀원으로, 생산팀이 기한에 맞춰 효율적으로 제품을 생산할 수 있도록 관리하는 역할을 맡고 있습니다. 3개월 뒤에 제품A를 정상적으로 출시하기 위해 생산팀의 생산 계획을 수립한 상황입니다. 그러나 원가가 곧 실적으로 이어지는 구매팀에서는 최대한 원가를 줄여 전반적 단가를 낮추려고 원가절감을 위한 제안을 하였으나, 연구개발팀에서는 구매팀이 제안한 방식으로 제품을 생산할 경우 대부분이 구매팀의 실적으로 산정될 것이므로 제대로 확인도 해보지 않은 채 적합하지 않은 방식이라고 판단하고 있습니다. 당신은 어떻게 하겠습니까?

• 준비전략 : 상황면접은 먼저 주어진 상황에서 핵심이 되는 문제가 무엇인지를 파악하는 것에서 시작한다. 주질문과 세부질문을 통하여 질문의 의도를 파악하였다면, 그에 대한 구체적인 행동이나 생각 등에 대해 응답할수록 높은 점수를 얻을 수 있다.

⑤ **역할면접**

㉠ **면접 방식 및 판단기준**

• 면접 방식 : 역할면접 또는 역할연기 면접은 기업 내 발생 가능한 상황에서 부딪히게 되는 문제와 역할을 가상적으로 설정하여 특정 역할을 맡은 사람과 상호작용하고 문제를 해결해 나가도록 하는 방식으로 진행된다. 역할연기 면접에서는 면접관이 직접 역할연기를 하면서 지원자를 관찰하기도 하지만, 역할연기 수행만 전문적으로 하는 사람을 투입할 수도 있다.

• 판단기준 : 대처능력, 대인관계능력, 의사소통능력 등

ⓛ **특징** : 역할면접은 실제 상황과 유사한 가상 상황에서의 행동을 관찰함으로서 지원자의 성격이나 대처 행동 등을 관찰할 수 있다.

ⓒ **예시 문항 및 준비전략**

• 예시 문항

> **[금융권 역할면접의 예]**
> 당신은 ○○은행의 신입 텔러이다. 사람이 많은 월말 오전 한 할아버지(면접관 또는 역할담당자)께서 ○○은행을 사칭한 보이스피싱으로 500만 원을 피해 보았다며 소란을 일으키고 있다. 실제 업무상황이라고 생각하고 상황에 대처해 보시오.

• 준비전략 : 역할연기 면접에서 측정하는 역량은 주로 갈등의 원인이 되는 문제를 해결 하고 제시된 해결방안을 상대방에게 설득하는 것이다. 따라서 갈등해결, 문제해결, 조정·통합, 설득력과 같은 역량이 중요시된다. 또한 갈등을 해결하기 위해서 상대방에 대한 이해도 필수적인 요소이므로 고객 지향을 염두에 두고 상황에 맞게 대처해야 한다.

역할면접에서는 변별력을 높이기 위해 면접관이 압박적인 분위기를 조성하는 경우가 많기 때문에 스트레스 상황에서 불안해하지 않고 유연하게 대처할 수 있도록 시간과 노력을 들여 충분히 연습하는 것이 좋다.

2 면접 이미지 메이킹

(1) 성공적인 이미지 메이킹 포인트

① 복장 및 스타일

ㄱ 남성

• 양복 : 양복은 단색으로 하며 넥타이나 셔츠로 포인트를 주는 것이 효과적이다. 짙은 회색이나 감청색이 가장 단정하고 품위 있는 인상을 준다.
• 셔츠 : 흰색이 가장 선호되나 자신의 피부색에 맞추는 것이 좋다. 푸른색이나 베이지색은 산뜻한 느낌을 줄 수 있다. 양복과의 배색도 고려하도록 한다.
• 넥타이 : 의상에 포인트를 줄 수 있는 아이템이지만 너무 화려한 것은 피한다. 지원자의 피부색은 물론, 정장과 셔츠의 색을 고려하며, 체격에 따라 넥타이 폭을 조절하는 것이 좋다.
• 구두 & 양말 : 구두는 검정색이나 짙은 갈색이 어느 양복에나 무난하게 어울리며 깔끔하게 닦아 준비한다. 양말은 정장과 동일한 색상이나 검정색을 착용한다.
• 헤어스타일 : 머리스타일은 단정한 느낌을 주는 짧은 헤어스타일이 좋으며 앞머리가 있다면 이마나 눈썹을 가리지 않는 선에서 정리하는 것이 좋다.

ⓛ 여성

- 의상 : 단정한 스커트 투피스 정장이나 슬랙스 슈트가 무난하다. 블랙이나 그레이, 네이비, 브라운 등 차분해 보이는 색상을 선택하는 것이 좋다.
- 소품 : 구두, 핸드백 등은 같은 계열로 코디하는 것이 좋으며 구두는 너무 화려한 디자인이나 굽이 높은 것을 피한다. 스타킹은 의상과 구두에 맞춰 단정한 것으로 선택한다.
- 액세서리 : 액세서리는 너무 크거나 화려한 것은 좋지 않으며 과하게 많이 하는 것도 좋은 인상을 주지 못한다. 착용하지 않거나 작고 깔끔한 디자인으로 포인트를 주는 정도가 적당하다.
- 메이크업 : 화장은 자연스럽고 밝은 이미지를 표현하는 것이 좋으며 진한 색조는 인상이 강해 보일 수 있으므로 피한다.
- 헤어스타일 : 커트나 단발처럼 짧은 머리는 활동적이면서도 단정한 이미지를 줄 수 있도록 정리한다. 긴 머리의 경우 하나로 묶거나 단정한 머리망으로 정리하는 것이 좋으며, 짙은 염색이나 화려한 웨이브는 피한다.

② 인사

㉠ **인사의 의미** : 인사는 예의범절의 기본이며 상대방의 마음을 여는 기본적인 행동이라고 할 수 있다. 인사는 처음 만나는 면접관에게 호감을 살 수 있는 가장 쉬운 방법이 될 수 있기도 하지만 제대로 예의를 지키지 않으면 지원자의 인성 전반에 대한 평가로 이어질 수 있으므로 각별히 주의해야 한다.

㉡ **인사의 핵심 포인트**

- 인사말 : 인사말을 할 때에는 밝고 친근감 있는 목소리로 하며, 자신의 이름과 수험번호 등을 간략하게 소개한다.
- 시선 : 인사는 상대방의 눈을 보며 하는 것이 중요하며 너무 빤히 쳐다본다는 느낌이 들지 않도록 주의한다.
- 표정 : 인사는 마음에서 우러나오는 존경이나 반가움을 표현하고 예의를 차리는 것이므로 살짝 미소를 지으며 하는 것이 좋다.
- 자세 : 인사를 할 때에는 가볍게 목만 숙인다거나 흐트러진 상태에서 인사를 하지 않도록 주의하며 절도 있고 확실하게 하는 것이 좋다.

③ 시선처리와 표정, 목소리

    ㉠ **시선처리와 표정** : 표정은 면접에서 지원자의 첫인상을 결정하는 중요한 요소이다. 얼굴표정은 사람의 감정을 가장 잘 표현할 수 있는 의사소통 도구로 표정 하나로 상대방에게 호감을 주거나, 비호감을 사기도 한다. 호감이 가는 인상의 특징은 부드러운 눈썹, 자연스러운 미간, 적당히 볼록한 광대, 올라간 입 꼬리 등으로 가볍게 미소를 지을 때의 표정과 일치한다. 따라서 면접 중에는 밝은 표정으로 미소를 지어 호감을 형성할 수 있도록 한다. 시선은 면접관과 고르게 맞추되 생기 있는 눈빛을 띄도록 하며, 너무 빤히 쳐다본다는 인상을 주지 않도록 한다.

    ㉡ **목소리** : 면접은 주로 면접관과 지원자의 대화로 이루어지므로 목소리가 미치는 영향이 상당하다. 답변을 할 때에는 부드러우면서도 활기차고 생동감 있는 목소리로 하는 것이 면접관에게 호감을 줄 수 있으며 적당한 제스처가 더해진다면 상승효과를 얻을 수 있다. 그러나 적절한 답변을 하였음에도 불구하고 콧소리나 날카로운 목소리, 자신감 없는 작은 목소리는 답변의 신뢰성을 떨어뜨릴 수 있으므로 주의하도록 한다.

④ 자세

    ㉠ **걷는 자세**

- 면접장에 입실할 때에는 상체를 곧게 유지하고 발끝은 평행이 되게 하며 무릎을 스치듯 11자로 걷는다.
- 시선은 정면을 향하고 턱은 가볍게 당기며 어깨나 엉덩이가 흔들리지 않도록 주의한다.
- 발바닥 전체가 닿는 느낌으로 안정감 있게 걸으며 발소리가 나지 않도록 주의한다.
- 보폭은 어깨넓이만큼이 적당하지만, 스커트를 착용했을 경우 보폭을 줄인다.
- 걸을 때도 미소를 유지한다.

    ㉡ **서있는 자세**

- 몸 전체를 곧게 펴고 가슴을 자연스럽게 내민 후 등과 어깨에 힘을 주지 않는다.
- 정면을 바라본 상태에서 턱을 약간 당기고 아랫배에 힘을 주어 당기며 바르게 선다.
- 양 무릎과 발뒤꿈치는 붙이고 발끝은 11자 또는 V형을 취한다.
- 남성의 경우 팔을 자연스럽게 내리고 양손을 가볍게 쥐어 바지 옆선에 붙이고, 여성의 경우 공수자세를 유지한다.

ⓒ 앉은 자세

• 남성

> • 의자 깊숙이 앉고 등받이와 등 사이에 주먹 1개 정도의 간격을 두며 기대듯 앉지 않도록 주의한다. (남녀 공통 사항)
> • 무릎 사이에 주먹 2개 정도의 간격을 유지하고 발끝은 11자를 취한다.
> • 시선은 정면을 바라보며 턱은 가볍게 당기고 미소를 짓는다. (남녀 공통 사항)
> • 양손은 가볍게 주먹을 쥐고 무릎 위에 올려놓는다.
> • 앉고 일어날 때에는 자세가 흐트러지지 않도록 주의한다. (남녀 공통 사항)

• 여성

> • 스커트를 입었을 경우 왼손으로 뒤쪽 스커트 자락을 누르고 오른손으로 앞쪽 자락을 누르며 의자에 앉는다.
> • 무릎은 붙이고 발끝을 가지런히 하며, 다리를 왼쪽으로 비스듬히 기울이면 여성스러워 보이는 효과가 있다.
> • 양손을 모아 무릎 위에 모아 놓으며 스커트를 입었을 경우 스커트 위를 가볍게 누르듯이 올려놓는다.

(2) 면접 예절

① 행동 관련 예절

ⓐ 지각은 절대금물 : 시간을 지키는 것은 예절의 기본이다. 지각을 할 경우 면접에 응시할 수 없거나, 면접 기회가 주어지더라도 불이익을 받을 가능성이 높아진다. 따라서 면접장소가 결정되면 교통편과 소요시간을 확인하고 가능하다면 사전에 미리 방문해보는 것도 좋다. 면접 당일에는 서둘러 출발하여 면접 시간 20~30분 전에 도착하여 회사를 둘러보고 환경에 익숙해지는 것도 성공적인 면접을 위한 요령이 될 수 있다.

ⓑ 면접 대기 시간 : 지원자들은 대부분 면접장에서의 행동과 답변 등으로만 평가를 받는다고 생각하지만 그렇지 않다. 면접관이 아닌 면접진행자 역시 대부분 인사실무자이며 면접관이 면접 후 지원자에 대한 평가에 있어 확신을 위해 면접진행자의 의견을 구한다면 면접진행자의 의견이 당락에 영향을 줄 수 있다. 따라서 면접 대기 시간에도 행동과 말을 조심해야 하며, 면접을 마치고 돌아가는 순간까지도 긴장을 늦춰서는 안 된다. 면접 중 압박적인 질문에 답변을 잘 했지만, 면접장을 나와 흐트러진 모습을 보이거나 욕설을 한다면 면접 탈락의 요인이 될 수 있으므로 주의해야 한다.

ⓒ **입실 후 태도** : 본인의 차례가 되어 호명되면 또렷하게 대답하고 들어간다. 만약 면접장 문이 닫혀 있다면 상대에게 소리가 들릴 수 있을 정도로 노크를 두세 번 한 후 대답을 듣고 나서 들어가야 한다. 문을 여닫을 때에는 소리가 나지 않게 조용히 하며 공손한 자세로 인사한 후 성명과 수험번호를 말하고 면접관의 지시에 따라 자리에 앉는다. 이 경우 착석하라는 말이 없는데 먼저 의자에 앉으면 무례한 사람으로 보일 수 있으므로 주의한다. 의자에 앉을 때에는 끝에 앉지 말고 무릎 위에 양손을 가지런히 얹는 것이 예절이라고 할 수 있다.

ⓔ **옷매무새를 자주 고치지 마라.** : 일부 지원자의 경우 옷매무새 또는 헤어스타일을 자주 고치거나 확인하기도 하는데 이러한 모습은 과도하게 긴장한 것 같아 보이거나 면접에 집중하지 못하는 것으로 보일 수 있다. 남성 지원자의 경우 넥타이를 자꾸 고쳐 맨다거나 정장 상의 끝을 너무 자주 만지작거리지 않는다. 여성 지원자는 머리를 계속 쓸어 올리지 않고, 특히 짧은 치마를 입고서 신경이 쓰여 치마를 끌어 내리는 행동은 좋지 않다.

ⓜ **다리를 떨거나 산만한 시선은 면접 탈락의 지름길** : 자신도 모르게 다리를 떨거나 손가락을 만지는 등의 행동을 하는 지원자가 있는데, 이는 면접관의 주의를 끌 뿐만 아니라 불안하고 산만한 사람이라는 느낌을 주게 된다. 따라서 가능한 한 바른 자세로 앉아 있는 것이 좋다. 또한 면접관과 시선을 맞추지 못하고 여기저기 둘러보는 듯한 산만한 시선은 지원자가 거짓말을 하고 있다고 여겨지거나 신뢰할 수 없는 사람이라고 생각될 수 있다.

② 답변 관련 예절

ⓐ **면접관이나 다른 지원자와 가치 논쟁을 하지 않는다.** : 질문을 받고 답변하는 과정에서 면접관 또는 다른 지원자의 의견과 다른 의견이 있을 수 있다. 특히 평소 지원자가 관심이 많은 문제이거나 잘 알고 있는 문제인 경우 자신과 다른 의견에 대해 이의가 있을 수 있다. 하지만 주의할 것은 면접에서 면접관이나 다른 지원자와 가치 논쟁을 할 필요는 없다는 것이며 오히려 불이익을 당할 수도 있다. 정답이 정해져 있지 않은 경우에는 가치관이나 성장배경에 따라 문제를 받아들이는 태도에서 답변까지 충분히 차이가 있을 수 있으므로 굳이 면접관이나 다른 지원자의 가치관을 지적하고 고치려 드는 것은 좋지 않다.

ⓒ **답변은 항상 정직해야 한다.** : 면접이라는 것이 아무리 지원자의 장점을 부각시키고 단점을 축소시키는 것이라고 해도 절대로 거짓말을 해서는 안 된다. 거짓말을 하게 되면 지원자는 불안하거나 꺼림칙한 마음이 들게 되어 면접에 집중을 하지 못하게 되고 수많은 지원자를 상대하는 면접관은 그것을 놓치지 않는다. 거짓말은 그 지원자에 대한 신뢰성을 떨어뜨리며 이로 인해 다른 스펙이 아무리 훌륭하다고 해도 채용에서 탈락하게 될 수 있음을 명심하도록 한다.

ⓒ **경력직을 경우 전 직장에 대해 험담하지 않는다.** : 지원자가 전 직장에서 무슨 업무를 담당했고 어떤 성과를 올렸는지는 면접관이 관심을 둘 사항일 수 있지만, 이전 직장의 기업문화나 상사들이 어땠는지는 그다지 궁금해 하는 사항이 아니다. 전 직장에 대해 험담을 늘어놓는다든가, 동료와 상사에 대한 악담을 하게 된다면 오히려 지원자에 대한 부정적인 이미지만 심어줄 수 있다. 만약 전 직장에 대한 말을 해야 할 경우가 생긴다면 가능한 한 객관적으로 이야기하는 것이 좋다.

ⓔ **자기 자신이나 배경에 대해 자랑하지 않는다.** : 자신의 성취나 부모 형제 등 집안사람들이 사회 · 경제적으로 어떠한 위치에 있는지에 대한 자랑은 면접관으로 하여금 지원자에 대해 오만한 사람이거나 배경에 의존하려는 나약한 사람이라는 이미지를 갖게 할수 있다. 따라서 자기 자신이나 배경에 대해 자랑하지 않도록 하고, 자신이 한 일에 대해서 너무 자세하게 얘기하지 않도록 주의해야 한다.

3 면접 질문 및 답변 포인트

(1) 가족 및 대인관계에 관한 질문

① **당신의 가정은 어떤 가정입니까?**
면접관들은 지원자의 가정환경과 성장과정을 통해 지원자의 성향을 알고 싶어 이와 같은 질문을 한다. 비록 가정 일과 사회의 일이 완전히 일치하는 것은 아니지만 '가화만사성'이라는 말이 있듯이 가정이 화목해야 사회에서도 화목하게 지낼 수 있기 때문이다. 그러므로 답변 시에는 가족사항을 정확하게 설명하고 집안의 분위기와 특징에 대해 이야기하는 것이 좋다.

② 아버지의 직업은 무엇입니까?

아주 기본적인 질문이지만 지원자는 아버지의 직업과 내가 무슨 관련성이 있을까 생각하기 쉬워 포괄적인 답변을 하는 경우가 많다. 그러나 이는 바람직하지 않은 것으로 단답형으로 답변하면 세부적인 직종 및 근무연한 등을 물을 수 있으므로 모든 걸 한 번에 대답하는 것이 좋다.

③ 친구 관계에 대해 말해 보십시오.

지원자의 인간성을 판단하는 질문으로 교우관계를 통해 답변자의 성격과 대인관계능력을 파악할 수 있다. 새로운 환경에 적응을 잘하여 새로운 친구들이 많은 것도 좋지만, 깊고 오래 지속되어온 인간관계를 말하는 것이 더욱 바람직하다.

(2) 성격 및 가치관에 관한 질문

① 당신의 PR포인트를 말해 주십시오.

PR포인트를 말할 때에는 지나치게 겸손한 태도는 좋지 않으며 적극적으로 자기를 주장하는 것이 좋다. 앞으로 입사 후 하게 될 업무와 관련된 자기의 특성을 구체적인 일화를 더하여 이야기하도록 한다.

② 당신의 장·단점을 말해 보십시오.

지원자의 구체적인 장·단점을 알고자 하기 보다는 지원자가 자기 자신에 대해 얼마나 알고 있으며 어느 정도의 객관적인 분석을 하고 있나, 그리고 개선의 노력 등을 시도하는지를 파악하고자 하는 것이다. 따라서 장점을 말할 때는 업무와 관련된 장점을 뒷받침할 수 있는 근거와 함께 제시하며, 단점을 이야기할 때에는 극복을 위한 노력을 반드시 포함해야 한다.

③ 가장 존경하는 사람은 누구입니까?

존경하는 사람을 말하기 위해서는 우선 그 인물에 대해 알아야 한다. 잘 모르는 인물에 대해 존경한다고 말하는 것은 면접관에게 바로 지적당할 수 있으므로, 추상적이라도 좋으니 평소에 존경스럽다고 생각했던 사람에 대해 그 사람의 어떤 점이 좋고 존경스러운지 대답하도록 한다. 또한 자신에게 어떤 영향을 미쳤는지도 언급하면 좋다.

(3) 학교생활에 관한 질문

① 지금까지의 학교생활 중 가장 기억에 남는 일은 무엇입니까?

가급적 직장생활에 도움이 되는 경험을 이야기하는 것이 좋다. 또한 경험만을 간단하게 말하지 말고 그 경험을 통해서 얻을 수 있었던 교훈 등을 예시와 함께 이야기하는 것이 좋으나 너무 상투적인 답변이 되지 않도록 주의해야 한다.

② 성적은 좋은 편이었습니까?

면접관은 이미 서류심사를 통해 지원자의 성적을 알고 있다. 그럼에도 불구하고 이 질문을 하는 것은 지원자가 성적에 대해서 어떻게 인식하느냐를 알고자 하는 것이다. 성적이 나빴던 이유에 대해서 변명하려 하지 말고 담백하게 받아드리고 그것에 대한 개선노력을 했음을 밝히는 것이 적절하다.

③ 학창시절에 시위나 집회 등에 참여한 경험이 있습니까?

기업에서는 노사분규를 기업의 사활이 걸린 중대한 문제로 인식하고 거시적인 차원에서 접근한다. 이러한 기업문화를 제대로 인식하지 못하여 학창시절의 시위나 집회 참여 경험을 자랑스럽게 답변할 경우 감점요인이 되거나 심지어는 탈락할 수 있다는 사실에 주의한다. 시위나 집회에 참가한 경험을 말할 때에는 타당성과 정도에 유의하여 답변해야 한다.

(4) 지원동기 및 직업의식에 관한 질문

① 왜 우리 회사를 지원했습니까?

이 질문은 어느 회사나 가장 먼저 물어보고 싶은 것으로 지원자들은 기업의 이념, 대표의 경영능력, 재무구조, 복리후생 등 외적인 부분을 설명하는 경우가 많다. 이러한 답변도 적절하지만 지원 회사의 주력 상품에 관한 소비자의 인지도, 경쟁사 제품과의 시장점유율을 비교하면서 입사동기를 설명한다면 상당히 주목 받을 수 있을 것이다.

② 만약 이번 채용에 불합격하면 어떻게 하겠습니까?

불합격할 것을 가정하고 회사에 응시하는 지원자는 거의 없을 것이다. 이는 지원자를 궁지로 몰아넣고 어떻게 대응하는지를 살펴보며 입사 의지를 알아보려고 하는 것이다. 이 질문은 너무 깊이 들어가지 말고 침착하게 답변하는 것이 좋다.

③ 당신이 생각하는 바람직한 사원상은 무엇입니까?

직장인으로서 또는 조직의 일원으로서의 자세를 묻는 질문으로 지원하는 회사에서 어떤 인재상을 요구하는 가를 알아두는 것이 좋으며, 평소에 자신의 생각을 미리 정리해 두어 당황하지 않도록 한다.

④ 직무상의 적성과 보수의 많음 중 어느 것을 택하겠습니까?

이런 질문에서 회사 측에서 원하는 답변은 당연히 직무상의 적성에 비중을 둔다는 것이다. 그러나 적성만을 너무 강조하다 보면 오히려 솔직하지 못하다는 인상을 줄 수 있으므로 어느 한 쪽을 너무 강조하거나 경시하는 태도는 바람직하지 못하다.

⑤ 상사와 의견이 다를 때 어떻게 하겠습니까?

과거와 다르게 최근에는 상사의 명령에 무조건 따르겠다는 수동적인 자세는 바람직하지 않다. 회사에서는 때에 따라 자신이 판단하고 행동할 수 있는 직원을 원하기 때문이다. 그러나 지나치게 자신의 의견만을 고집한다면 이는 팀원 간의 불화를 야기할 수 있으며 팀 체제에 악영향을 미칠 수 있으므로 선호하지 않는다는 것에 유념하여 답해야 한다.

⑥ 근무지가 지방인데 근무가 가능합니까?

근무지가 지방 중에서도 특정 지역은 되고 다른 지역은 안 된다는 답변은 바람직하지 않다. 직장에서는 순환 근무라는 것이 있으므로 처음에 지방에서 근무를 시작했다고 해서 계속 지방에만 있는 것은 아님을 유의하고 답변하도록 한다.

(5) 여가 활용에 관한 질문

① 취미가 무엇입니까?

기초적인 질문이지만 특별한 취미가 없는 지원자의 경우 대답이 애매할 수밖에 없다. 그래서 가장 많이 대답하게 되는 것이 독서, 영화감상, 혹은 음악감상 등과 같은 흔한 취미를 말하게 되는데 이런 취미는 면접관의 주의를 끌기 어려우며 설사 정말 위와 같은 취미를 가지고 있다하더라도 제대로 답변하기는 힘든 것이 사실이다. 가능하면 독특한 취미를 말하는 것이 좋으며 이제 막 시작한 것이라도 열의를 가지고 있음을 설명할 수 있으면 그것을 취미로 답변하는 것도 좋다.

② 술자리를 좋아합니까?

이 질문은 정말로 술자리를 좋아하는 정도를 묻는 것이 아니다. 우리나라에서는 대부분 술자리가 친교의 자리로 인식되기 때문에 그것에 얼마나 적극적으로 참여할 수 있는 가를 우회적으로 묻는 것이다. 술자리를 싫어한다고 대답하게 되면 원만한 대인관계에 문제가 있을 수 있다고 평가될 수 있으므로 술을 잘 마시지 못하더라도 술자리의 분위기는 즐긴 다고 답변하는 것이 좋으며 주량에 대해서는 정확하게 말하는 것이 좋다.

(6) 여성 지원자들을 겨냥한 질문

① 결혼은 언제 할 생각입니까?

지원자가 결혼예정자일 경우 기업은 채용을 꺼리게 되는 경향이 있다. 업무를 어느 정도 인식하고 수행할 정도가 되면 퇴사하는 일이 흔하기 때문이다. 가능하면 향후 몇 년간은 결혼 계획이 없다고 답변하는 것이 현실적인 대처 요령이며, 덧붙여 결혼 후에도 일하고 자 하는 의지를 강하게 내보인다면 더욱 도움이 된다.

② 만약 결혼 후 남편이나 시댁에서 직장생활을 그만두라고 강요한다면 어떻게 하겠습니까?

결혼적령기의 여성 지원자들에게 빈번하게 묻는 질문으로 의견 대립이 생겼을 때 상대방 을 설득하고 타협하는 능력을 알아보고자 하는 것이다. 따라서 남편이나 시댁과 충분한 대화를 통해 설득하고 계속 근무하겠다는 의지를 밝히는 것이 좋다.

③ 여성의 취업을 어떻게 생각합니까?

여성 지원자들의 일에 대한 열의와 포부를 알고자 하는 질문이다. 많은 기업들이 여성들 의 섬세하고 꼼꼼한 업무능력과 감각을 높이 평가하고 있으며, 사회 전반적인 분위기 역 시 맞벌이를 이해하고 있으므로 자신의 의지를 당당하고 자신감 있게 밝히는 것이 좋다.

④ 커피나 복사 같은 잔심부름이 주어진다면 어떻게 하겠습니까?

여성 지원자들에게 가장 난감하고 자존심상하는 질문일 수 있다. 이 질문은 여성 지원자 에게 잔심부름을 시키겠다는 요구가 아니라 직장생활 중에서의 협동심이나 봉사정신, 직 업관을 알아보고자 하는 것이다. 또한 이 과정에서 압박기법을 사용해 비꼬는 투로 말하 는 수 있는데 이는 자존심이 상하거나 불쾌해질 때의 행동을 알아보려는 것이다. 이럴 경 우 흥분하여 과격하게 답변하면 탈락하게 되며, 무조건 열심히 하겠다는 대답도 신뢰성이 없는 답변이다. 직장생활을 위해 필요한 일이면 할 수 있다는 정도의 긍정적인 답변을 하 되, 한 사람의 사원으로서 당당함을 유지하는 것이 좋다.

(7) 지원자를 당황하게 하는 질문

① 성적이 좋지 않은데 이 정도의 성적으로 우리 회사에 입사할 수 있다고 생각합니까?

비록 자신의 성적이 좋지 않더라도 이미 서류심사에 통과하여 면접에 참여하였다면 기업에서는 지원자의 성적보다 성적 이외의 요소, 즉 성격·열정 등을 높이 평가했다는 것이라고 할 수 있다. 그러나 이런 질문을 받게 되면 지원자는 당황할 수 있으나 주눅 들지 말고 침착하게 대처하는 면모를 보인다면 더 좋은 인상을 남길 수 있다.

② 우리 회사 회장님 함자를 알고 있습니까?

회장이나 사장의 이름을 조사하는 것은 면접일을 통고받았을 때 이미 사전 조사되었어야 하는 사항이다. 단답형으로 이름만 말하기보다는 그 기업에 입사를 희망하는 지원자의 입장에서 답변하는 것이 좋다.

③ 당신은 이 회사에 적합하지 않은 것 같군요.

이 질문은 지원자의 입장에서 상당히 곤혹스러울 수밖에 없다. 질문을 듣는 순간 그렇다면 면접은 왜 참가시킨 것인가 하는 생각이 들 수도 있다. 하지만 당황하거나 흥분하지 말고 침착하게 자신의 어떤 면이 회사에 적당하지 않는지 겸손하게 물어보고 지적당한 부분에 대해서 고치겠다는 의지를 보인다면 오히려 자신의 능력을 어필할 수 있는 기회로 사용할 수도 있다.

④ 다시 공부할 계획이 있습니까?

이 질문은 지원자가 합격하여 직장을 다니다가 공부를 더 하기 위해 회사를 그만 두거나 학습에 더 관심을 두어 일에 대한 능률이 저하될 것을 우려하여 묻는 것이다. 이때에는 당연히 학습보다는 일을 강조해야 하며, 업무 수행에 필요한 학습이라면 업무에 지장이 없는 범위에서 야간학교를 다니거나 회사에서 제공하는 연수 프로그램 등을 활용하겠다고 답변하는 것이 적당하다.

⑤ 지원한 분야가 전공한 분야와 다른데 여기 일을 할 수 있겠습니까?

수험생의 입장에서 본다면 지원한 분야와 전공이 다르지만 서류전형과 필기전형에 합격하여 면접을 보게 된 경우라고 할 수 있다. 이는 결국 해당 회사의 채용 방침상 전공에 크게 영향을 받지 않는다는 것이므로 무엇보다 자신이 전공하지는 않았지만 어떤 업무도 적극적으로 임할 수 있다는 자신감과 능동적인 자세를 보여주도록 노력하는 것이 좋다.

02 면접기출

1 서울도시철도엔지니어링 면접기출

서울도시철도엔지니어링의 면접전형은 리더십, 업무능력, 직무태도 등에 대해 심사하며 주로 인성면접과 어렵지 않은 업무 관련 면접으로 진행된다.

① 간단하게 자기소개를 해 보시오.

② 지원동기를 말해 보시오.

③ 자신만의 스트레스 해소 방법이 있다면 말해 보시오.

④ 성격의 장단점에 대해 말해 보시오.

⑤ 본사에 대해 아는 대로 말해 보시오.

⑥ 철도공사 등 관련 기업과 협업을 하면서 문제가 발생하면 어떻게 대처할 것인지 말해 보시오.

⑦ 입사 후 포부가 있다면 말해 보시오.

⑧ 마지막으로 하고 싶은 말이 있다면 무엇인가?

2 서울교통공사 면접기출

① 자기소개를 해 보시오.

② 지원한 직무에 대해 얼마나 알고 있습니까?

③ 펌프의 종류에 대해 말해 보시오.

④ 열차 냉방기의 문제 발생 시 해결 방법은?

⑤ 최근에 읽은 책이 있다면?

⑥ 20초가량 자기 자랑을 해 보시오.

⑦ 우리 공사에 입사 후 자신이 어떤 영향을 끼칠 수 있을까?

⑧ 타인과 성격이 맞지 않아 갈등을 경험한 적이 있다면?

⑨ 서울교통공사 로고를 그려보고, 그 의미를 말해 보시오.

⑩ 지하철 내 영성평등 실현 방안(PT면접)

⑪ 블라인드 채용의 장단점(PT면접)

⑫ 지하철 무인화((PT면접)

⑬ 지하철 불법광고물 관리(PT면접)

서·원·각
동영상강의

공무원시험/자격시험/독학사/검정고시/취업대비 동영상강좌 전문 사이트

공무원	9급 공무원	서울시 기능직 일반직 전환	각 시·도 기능직 일반직 전환	교육청 기능직 일반직 전환
	관리운영직 일반직 전환	사회복지직 공무원	우정사업본부 계리직	서울시 기술계고 경력경쟁
기술직 공무원	물리	화학	생물	
	기술계 고졸자 물리/화학/생물			
경찰·소방공무원	소방특채 생활영어	소방학개론		
군 장교, 부사관	육군부사관	공군부사관	해군부사관	부사관 국사(근현대사)
	공군 학사사관후보생	공군 조종장학생	공군 예비장교후보생	공군 국사 및 핵심가치
NCS, 공기업, 기업체	공기업 NCS	공기업 고졸 NCS	코레일(한국철도공사)	한국수력원자력
	국민건강보험공단	국민연금공단	LH한국토지주택공사	한국전력공사
자격증	임상심리사 2급	건강운동관리사	사회조사분석사	한국사능력검정시험
	국어능력인증시험	청소년상담사 3급	관광통역안내사	국내여행안내사
	텔레마케팅관리사	사회복지사 1급	경비지도사	경호관리사
	신변보호사	전산회계	전산세무	
무료강의	국민건강보험공단	사회조사분석사 기출문제	독학사 1단계	대입수시적성검사
	사회복지직 기출문제	농협 인적성검사	지역농협 6급	기업체 취업 적성검사
	한국사능력검정시험 백발백중 실전 연습문제		한국사능력검정시험 실전 모의고사	

서원각 www.goseowon.co.kr
QR코드를 찍으면 동영상강의 홈페이지로 들어가실 수 있습니다.

서원각

자격시험 대비서